Reinhard Winter

JUNGEN & PUBERTÄT

In Beziehung bleiben,
wenn alles anders wird

*

BELTZ

FSC www.fsc.org MIX Papier aus verantwortungsvollen Quellen FSC® C089473

Klimaneutral Papier ClimatePartner.com/13732-1910-1001

Dieses Buch ist erhältlich als:
ISBN 978-3-407-86642-4 Print
ISBN E 978-3-407-86643-1 E-Book (EPUB)

2. Auflage 2022

in der Verlagsgruppe Beltz • Weinheim Basel
Werderstraße 10, 69469 Weinheim

Lektorat: Judith Roth, Petra Dorn
Umschlaggestaltung: www.sandraklostermeyer.de (Gestaltung), www.stephanengelke.de (Beratung)
Umschlagabbildung: © Carol Yepes/gettyimages.de

Herstellung: Myriam Frericks
Satz: Publikations Atelier, Dreieich
Gesamtherstellung: Beltz Grafische Betriebe, Bad Langensalza
Beltz Grafische Betriebe ist ein klimaneutrales Unternehmen (ID 15985-2104-100).
Printed in Germany

Weitere Informationen zu unseren Autor_innen und Titeln finden Sie unter: www.beltz.de

Für Georg

Inhalt

Ich komm und weiß nicht, woher.
Ich bin und weiß nicht, wer.
Ich geh und weiß nicht, wohin.
Mich wundert, dass ich fröhlich bin.

(Spruch aus dem Spätmittelalter,
Verfasser unbekannt)

Einleitung

Wachstum braucht Krisen, deshalb ist jede Pubertät krisenhaft. Aber sie ist auch eine fantastische Zeit der Entwicklungschancen – für alle Beteiligten. Jungen nabeln sich in dieser Zeit von ihren Eltern ab; sie werden zu jungen Männern, und ihre Mütter und Väter wachsen mit ihnen.

Erste Anzeichen der Vorpubertät lassen sich oft schon mit neun, zehn Jahren ausmachen, abgeschlossen ist die Nachpubertät je nach Ausbildung und Lebensverlauf irgendwann zwischen 23 und 25 Jahren. Pubertät ist also nicht etwa ein Ausnahmezustand, sondern Alltag während einer langen und interessanten Zeitspanne. Kein Wunder, dass wir Eltern uns darauf einstellen wollen: In fast allen Familien ist die Pubertät ein großes Thema, und besonders für ihre Söhne befürchten viele Eltern, dass sie in dieser Phase schwierig werden.

Auch bei optimaler Vorbereitung und mit den richtigen Informationen im Hintergrund sind die Pubertätsjahre kein Vergnügen, durch das Eltern mit ihren Söhnen einfach so hindurchspazieren können. Es gibt immer mal anstrengendere Zeiten, dann wieder ruhigere Wasser. Auch müssen nicht alle Jungen gleich hart in Auseinandersetzungen gehen, einige durchlaufen ihre Pubertät, ohne erschütternde Krisen bei den Eltern auszulösen. Aber hin und wieder gibt es Zuspitzungen oder Problemverdichtungen, und das ist der Teil, bei dem sich Eltern Sorgen machen.

Grundsätzlich kann man auch bei der Pubertät darauf bauen: Alle kommen rein und alle kommen auch wieder raus. Es ist zwar eine langwierige, manchmal ärgerliche oder unangenehme Angelegenheit, aber insgesamt ist es eine Phase, die wieder vergeht, wenn sie ihren Nutzen gebracht hat. Für Eltern ist es hilfreich, über die männliche Seite der Pubertät gut informiert zu sein, um entspannt durch diese unruhige Zeit zu kommen. Auch wenn der Junge Fragen stellt oder seine Eltern ihm Wichtiges mit auf den Weg geben möchten ist es sinnvoll zu wissen, was in Kopf und Körper unserer pubertierenden Söhne vor sich geht.

Jungenpubertät ist anders

Worum geht es in der Pubertät? Der Blick ins Lexikon verrät: Der Begriff »Pubertät« stammt vom lateinischen »pubertas«, das heißt »Geschlechtsreife«, aber auch »Mannbarkeit«, was man für Jungen als »zum Mann reifen« verstehen darf. Es geht also um zweierlei: einerseits um die körperliche Entwicklung und die Erlangung der Fruchtbarkeit, aber auch um die psychische Reifung zum Erwachsenen, was Wertefindung und Verantwortungsbewusstsein miteinbezieht. Ohne Zweifel gibt es zahlreiche Unterschiede zwischen Jungen und Mädchen, teilweise grundsätzlich, teilweise in der Tendenz. Mit den Besonderheiten der Pubertät bei Jungen befasst sich dieses Buch.

Unvergleichlich, eindeutig verschieden und damit speziell sind körperliche Unterschiede. Während der Pubertät entwickeln sich Körper prägnant, primäre und sekundäre Geschlechtsmerkmale prägen sich aus, sie wollen in der Sexualität auch »belebt« werden und agieren: Verschieden ist das Erleben des Körpers, die Erfahrung der Körperlichkeit, und damit, wie Pubertierende sich von innen fühlen oder sehen, wie sie ihren Körper wahrnehmen. Das Erleben einer Erektion, eines Samenergusses oder eines Schlags in die Hoden sind spezielle Erfahrungen der Jungen. Auch die Potenz, Kinder zeugen zu können, wächst männlichen Jugendlichen zu, mit der damit zusammenhängenden Verantwortung.

Im Jungenkörper wird vom Beginn der Pubertät an vermehrt Testosteron gebildet, ein Hormon, das bei Mädchen und Frauen ebenfalls nachweisbar ist, nur eben in viel geringerer Dosierung. Dies äußert sich in tendenziellen Verhaltensunterschieden: Jungen reagieren im Durchschnitt impulsiver, sie werden stark von Gleichaltrigen beeinflusst, leben riskanter. Pubertäre Konflikte entladen sich bei Jungen stärker nach außen: Sie schreien herum, drücken sich durch Signale und Gesten aus, gehen in Bewegung und Aktion. Viele Jungen fühlen sich in der Pubertät wie gefangen in den eigenen Beschränkungen, aber auch in den Aufgaben, Regeln und den Grenzen, die Eltern und Schule vorgeben. Das produziert manchmal Energie, die wie Sprengstoff wirkt, um sich etwas Platz zu schaffen. Jungen machen jetzt noch mehr Dummheiten, sie experimentieren mit Grenzüberschreitungen, begehen Regelverstöße oder Gewalttaten, verursachen Unfälle, sie tauchen in virtuelle Spielwelten ab – Phänomene, die auch bei Mädchen, tendenziell aber deutlich mehr bei Jungen vorkommen. Ähnlich bedeutsam ist jedoch, dass es sehr viele Unterschiede unter Jungen gibt, letztlich ist jeder Junge auch mit seinem Männlichsein ganz einmalig, die Zugänge und die Beziehung zu ihm gestalten sich sehr individuell.

»Für jeden brauchst du einen eigenen Schlüssel.«
(Mutter dreier Söhne, zwei in, einer nach der Pubertät)

Pubertierende Jungen taugen nicht für einen Werbeclip fürs Vater- oder Muttersein. Es ist sicher kein Zufall, dass durch Bilder von süßen Babys und kleinen Rackern der Kinderwunsch geweckt werden kann, nicht aber von pickeligen oder gereizten 14-jährigen Jungen. Gäbe es die Möglichkeit, diese Zeit auszulassen, viele Eltern würden die Chance ergreifen. Das ist aber überhaupt kein neues Phänomen, sondern wird anscheinend in jeder Epoche beklagt.

• • • • • • • • • •

Ich wollte, es gäbe gar kein Alter zwischen zehn und dreiundzwanzig,
oder die jungen Leute verschliefen die ganze Zeit:
Denn dazwischen ist nichts als den Mädchen Kinder schaffen,
die Alten ärgern, stehlen, balgen.

William Shakespeare,
Das Wintermärchen, 3. Aufzug, 3. Szene

• • • • • • • • • •

Die Pubertät zu überspringen, wäre aber natürlich kaum sinnvoll: Jungen brauchen diese Entwicklungszeit genauso, wie sie für die Eltern eine einmalige Chance bedeutet. Nicht zuletzt befördern unsere Kinder auch unsere eigene Weiterentwicklung. Pubertät gehört nun mal zum Gesamtpaket und kann Eltern sogar bereichern. Wir müssen jetzt zwar Probleme bewältigen, die wir ohne Sohn nicht hätten. Aber durch die Jungenpubertät wachsen Eltern nicht zuletzt durch ihre Erkenntnisse, ihre Sorgen und Unsicherheiten; sie bekommen Entwicklungsmöglichkeiten, die sie ohne ihn nicht hätten.

Durch die Pubertät und während dieser Zeit endet Erziehung nicht, im Gegenteil: Sie kommt in ihre entscheidende Phase. Hier bin ich ganz anderer Meinung als Jesper Juul in seinem Buch *Pubertät – wenn Erziehung nicht mehr geht*. Fürs Gelingen der Jungenpubertät sind Eltern wichtig: In dem, wie sie in Beziehung sind, wie sie mit ihrem Verhalten den Sohn weiter prägen, wie sie ihn verstehen oder was sie ihm vermitteln. Erziehung pur, aber selbstverständlich auf einer anderen Frequenz als in der Kindheit.

> Wer glaubt, in der Pubertät sei alles bereits entschieden, liegt falsch. Eltern sind auch in diesem Alter wichtig!

Jede Jungenpubertät ist eine Herausforderung, das stimmt. Aber sie birgt so viele Chancen und positive Folgen, dass wir sie lieben sollten. Das gilt für die Jungen, die in diesem Prozess allmählich zu Männern reifen. Es gilt aber auch für die Eltern, die in dieser Zeit zwar einiges mitmachen, aber viel profitieren können. Wach, mit offenen Augen und bewusst gemeinsam durch die Jungenpubertät zu ziehen, sorgt dafür, dass sie reiche Früchte tragen kann.

Augen auf und durch!

Die gute Nachricht: Ein guter Teil der Pubertätsprobleme ist selbst produziert. Nicht nur von Jungen, die sicher auch ihren Teil dazu beitragen, nein: von den Medien, der Umgebung, von den Eltern selbst. Gerade von der Pubertät ihrer Söhne scheinen heute viele Eltern schon erschöpft, bevor diese richtig loslegen. Ein bisschen Respekt vor dieser Zeit schadet sicher nicht, aber Angst braucht niemand zu haben. Informierte Eltern sorgen für weniger Drama in der Jungenpubertät und sind entspannter. Sicher, Pubertät ist eine dynamische Lebensphase, die männliche Komponente im Kind treibt Pubertätsrisiken auf die Spitze. Aber es ist keine Erkrankung, kein Wahn und auch kein Ausnahmezustand. Es kommt vor allem darauf an, was Eltern gemeinsam mit ihren Söhnen daraus machen.

Sicher ist es hilfreich, dem oft belasteten Thema Pubertät mit etwas Leichtigkeit zu begegnen, aber natürlich verdient es trotzdem ernst genommen und nicht ins Lächerliche gezogen zu werden. Die Bezeichnung »Pubertier« ist vielleicht witzig gemeint, kann aber sehr verletzend gehört werden. Spaßig ist Pubertät meistens erst hinterher, und im Rückblick lässt sich mit dem Sohn gemeinsam über manches lachen, was damals geschah. Steckt man mittendrin in dieser Phase, ist es der Ernstfall, und entsprechend wichtig sollten Eltern diese Zeit nehmen.

Ein paar Grundthemen werden verlässlich auftauchen, man kann sich in einem gewissen Maß darauf einstellen. Eltern können sich ziemlich sicher sein, dass die Pubertät eine Entwicklungszeit für alle Beteiligten wird. Konflikte werden dazugehören. Jungenpubertät ist immer eine spannende Geschichte mit unsicherem Ausgang. Das auszuhalten, fällt Eltern leichter, wenn sie dem Entstehen vertrauen. Dass Eltern in ihrer Unsicherheit gerne Stabilität und Gewissheit hätten, ist verständlich, widerspricht aber dem Sinn der Pubertät.

Zuversicht trotz Unsicherheiten lautet der Auftrag an die Eltern in dieser Zeit. Leichter gesagt als getan? Natürlich ist es unmöglich, auf jede Situation vorbereitet zu sein und sie auch noch optimal zu meistern. Perfektionsdruck ist fehl am Platz: Es ist die erste Pubertät, die der Junge durchlebt, und die erste, die seine Eltern mit ihm erleben. Unsicherheiten gehören – für Söhne wie für Eltern – zur Pubertät wie die Haare, die in dieser Zeit sprießen. Pubertät war schon immer ein kompliziertes Geschehen ohne Gewissheiten und mit offenem Ausgang. Das ist doch aber genau das, wonach sich viele Eltern mal wieder sehnen: Spannung und intensive Lebensgefühle! Wer einen pubertierenden Sohn hat, braucht keinen Fallschirmsprung und kein Bungee-Jumping! Weil es ohnehin anders läuft als erwartet, ist es besser, dabei nicht ständig mit dem Schlimmsten zu rechnen, also die ganzen Storys über Pubertierende nicht so ernst zu nehmen. In der Pubertät geht es ins Offene und Neue. Eltern sind zum Mitgehen bestimmt. Aufgrund ihres Wissens, ihrer Reife und ihrer Erfahrung können sie die Sicherheit ausstrahlen, dass es ein Danach gibt, das mit sehr hoher Wahrscheinlichkeit erreicht wird.

Zu diesem Buch

In meinem Buch beleuchte ich die Jungenpubertät von verschiedenen Seiten und immer mit dem Ziel, Ihnen und Ihrem Sohn diese Zeit so angenehm wie möglich zu machen. Was vor allem zählt, ist, dass Sie den Draht zueinander nicht verlieren. In Beziehung bleiben, wenn alles anders wird – so lautet der Untertitel, und das liegt mir am allermeisten am Herzen. Denn Nähe auch in holprigen Zeiten – sie stärkt Ihren Sohn, auch wenn er es manchmal nicht zeigen kann. Und sie bereichert unser Leben als Eltern, denn wir lernen ein ganz anderes Kind kennen und ebenso ganz andere, neue Aspekte unseres Selbst.

Im ersten Teil möchte ich Ihnen Wissen liefern, das Ihrem Verständnis für die Situation Ihres Sohnes dient, Sie aber auch kompetent macht als Gesprächspartner oder -partnerin zu diesen Themen. Denn auch in dieser Zeit, in der Jungen gerne schweigen und manche »null Bock auf Reden« haben — zumindest nicht mit ihren Eltern —, ist Kommunikation bedeutsam. In der Pubertät wächst vor allem das Bewusstsein der Jungen: Sie denken viel über sich und andere nach, bilden sich ihre eigenen Meinungen und wollen auch darüber reden. Deshalb ist es einleuchtend, dass die Gespräche zwischen Eltern und Sohn sich verändern und viel bedeutsamer werden, sie nehmen einen ähnlichen Platz ein wie der Körperkontakt in der frühen Kindheit. Gesprächsgelegenheiten ergeben sich immer wieder im Alltag, abhängig von Situationen, Interessen und Erlebnissen. Aber es gibt auch Dinge, über die Eltern mit ihren Söhnen gezielt reden sollten – darum wird es im zweiten Teil des Buchs gehen. Die Auswahl der Themen habe ich entlang der Fragen entwickelt, die nach meinen Erfahrungen Eltern und ihre Söhne am meisten beschäftigen. Mal sind diese Schlüsselthemen eher von den Eltern her gedacht, mal behandeln sie Erfahrungen, die eher die Jungen beschäftigen.

Schließlich folgt als dritter Teil ein Ausblick auf die letzte Phase der Pubertät, in der erstaunlich viele Jungen hängen bleiben, bevor sie den finalen Schritt ins Erwachsenwerden unternehmen. Viele Jungen tun sich schwer damit, den Absprung aus dem Elternhaus zu schaffen. Männliche Konstellationen bringen in der Phase der Pubertät noch eine Reihe von Schwierigkeiten mit sich. Gut, wenn die Eltern sich auch damit auskennen und den Sohn unterstützen können.

Ein Ziel des Buches liegt darin, die Jungen in ihrem Pubertieren und sich selbst als Vater oder Mutter besser zu verstehen. Das erleichtert es, mit Spannungen und Konflikten, mit Höhen und Tiefen der Jungenpubertät umzugehen. Eltern sind der Pubertät des Sohnes nicht hilflos ausgeliefert, sondern maßgeblich an ihr beteiligt, und deshalb gibt es allen Grund, sie positiv und aktiv zu gestalten.

Für dieses Buch habe ich immer wieder geforscht, zahlreiche Gespräche mit Jungen, Vätern und Müttern geführt, Bücher befragt und Essenzen meiner praktischen Arbeit einbezogen. Einer dieser Jungen begleitet uns durch das Buch. Er heißt hier Leon (in Wirklichkeit natürlich anders), ist fünfzehn Jahre alt, seine Eltern sind getrennt, er hat noch einen älteren Bruder, eine Stiefschwester und einen Stiefbruder. Mit seiner Freundin ist er seit neun Monaten zusammen. Über manche Pubertätsthemen hat er offen mit mir geredet, andere wollte er lieber nicht besprechen. Worte und Gedanken von ihm tauchen immer wieder auf, er gibt uns damit subjektive Einblicke in sein Leben und sein Denken, die aber auch etwas Typisches haben. Auch Ausschnitte aus anderen Gesprächen sind zitiert und immer wieder erzähle ich auch kurze Beispiele aus meiner Bildungs- und Beratungspraxis. Alle Namen oder Daten sind so verfremdet, dass die wirklichen Personen nicht erkennbar sind. Ihnen allen gilt mein besonderer Dank für ihre Offenheit und die Bereitschaft, mich an ihrem Leben teilhaben zu lassen.

Ich wünsche mir, dass mein Buch ein kleiner Beitrag dazu sein kann, dass Sie mit Ihrem Sohn glücklich durch die wilden Jahre kommen und sich nicht unnötig Sorgen machen.

Ihr Reinhard Winter

* TEIL 1 *

Basiswissen Jungen & Pubertät

Jungenpubertät – Krise mit Ansage

Entwicklung und Verhalten von Jungen lassen sich kaum auf *den einen* Einflussfaktor zurückführen. Jede Pubertät setzt sich aus einer Mischung von zahlreichen Zutaten, Bedingungen, Anstößen zusammen. Eine Vielzahl von Entwicklungsschritten und -aufgaben machen die Jungenpubertät aus. Dabei gerät schnell mal etwas aus dem Gleichgewicht, es kann chaotisch werden, bis sich alles wieder einigermaßen sortiert und neu organisiert hat. Alles in allem erbringen Körper und Geist eine große Leistung, die auch Verständnis und Nachsicht der Eltern verdient.

Ohne Zweifel ist die Beziehung zwischen Eltern und Kind vor der Pubertät entscheidend. Der Wandel der Bindung verläuft umso unproblematischer, je größer das Vertrauen ineinander und das Interesse aneinander ist und desto besser die Dialogfähigkeit der Familie entwickelt ist. Doch es ist nie zu spät, Nähe und Bindung zu schaffen.

In den vergangenen Jahrzehnten hat sich die Einstellung zur Erziehung verändert, das Interesse für Phänomene in der Kindheit wie auch in der Pubertät hat zugenommen. Eltern wenden sich diesen Entwicklungsthemen zu, damit sie sich ihren Kindern zuwenden können. Es birgt allerdings auch ein Risiko, wenn Eltern versuchen, mit der Pubertät des Sohnes alles richtig zu machen und diese Phase perfekt hinter sich zu bringen. Natürlich sind seine Eltern auch ein Teil des Schicksals jedes Jungen. Doch weil niemand ohne Mängel und ohne Schwächen ist, gibt es auch keine optimale Elternschaft. Eltern sollten sich ihrer Bedeutung und ihrer Verantwortung bewusst sein, aber auch nicht alles auf sich beziehen. Pubertät ist nicht die Quittung oder die Strafe für Versäumnisse im bisherigen Jungen- und Familienleben. Manche Jungen sind einfach heftiger unterwegs, andere pubertieren eher zahm – und das unabhängig von der Erziehungskunst ihrer Eltern.

> *
> Den reibungslos pubertierenden Jungen, Eltern, die nie Fehler machen, oder den idealen Verlauf einer Jungenpubertät – das gibt es alles nicht.

Seit einiger Zeit lässt sich in Medien und Erziehungsratgebern, die sich an Eltern richten, eine doppelte Dramatisierung beobachten: Die Pubertät wird oft zu einer rätselhaften Angelegenheit voller Risiken und Schwierigkeiten stilisiert, Jugendliche werden als hirnlose Zombies dargestellt. Vor allem Jungen haftet der Ruf an, in dieser Zeit auf das Niveau unkultivierter Wesen zurückzufallen. Gleichzeitig wurden die Jungen immer mehr zum Problemgeschlecht gemacht, sie wurden vom Stammhalter zu Problemträgern, zu Bildungsverlierern, absturzgefährdeten Losern, allesamt zu Sorgenkindern der Gesellschaft.

Arme Eltern, kann man da nur sagen, wenn sie mit beidem geschlagen sind: mit Jungen, und dann noch solchen in der Pubertät – kein Wunder, dass diese Kombination bei Eltern zu Schweißausbrüchen führt. Nur wird leicht Ursache und Wirkung verwechselt: Wenn Eltern beim kleinsten Entwicklungsanzeichen des Sohns die Fassung verlieren, verstärkt das seine Verunsicherung, die er ohnehin mit sich rumträgt. Wer Söhnen mit der Vorstellung von Pubertätskatastrophen begegnet, trägt viel dazu bei, dass sich diese Zeit zu einem Drama entwickelt.

Darum möchte ich Ihnen einen Teil Ihrer Ängste nehmen. Störungen, die auftauchen, sind Teil des Endergebnisses, sie sind dafür notwendig, dass es gut ausgeht. Die meisten Eltern überleben diese Zeit erstaunlich gut, sie haben im Rückblick zahlreiche Anregungen bekommen, gehen gestärkt und gereift aus der Pubertät ihres Sohnes hervor. In der Pubertät liegt eine fabelhafte Chance, und zwar für alle Beteiligten. Eine Beziehungsqualität wird erreicht, die vorher nicht möglich war. Das bietet die Möglichkeit, neue Wege im Umgang mit dem Sohn zu finden. Irgendwann und immer wieder zeigt sich der Sohn, der langsam zum Mann wird, als der, der er ist, oder der, der er sein wird. Dies wahrzunehmen, ist beglückend: Er trifft Entscheidungen, er übernimmt Aufgaben, er sorgt für sich selbst.

WAS MACHE ICH, WENN ...

Unter der Rubrik »Was mache ich, wenn« finden Sie Fragen, die Eltern von Jungen stellen, weil sie merken, dass in Pubertätszeiten vieles nicht mehr funktioniert. Fragen, die so beginnen, sind kaum seriös zu beantworten. Erziehung ist keine Maschine, und die Jungen, die Situationen, die Familien sind verschieden. Bei jedem der Themen öffnet sich mit der Pubertät Raum für Neues. Denn meistens steht hinter der Frage die Erfahrung, dass andere Versuche gescheitert sind, mit denen ein Problem gelöst werden sollte, oder eine früher erfolgreiche Strategie nicht mehr funktioniert.

So liegt die generelle Antwort auf der Hand: etwas anderes ausprobieren. Dazu hilft es, zu überlegen, was bisher ablief, und dann eine Variation oder das Gegenteil zu versuchen. Manchmal hilft ein Perspektivwechsel, oft lohnt es sich, die dahinterstehenden Aufträge oder Glaubenssätze zu überprüfen. Und meistens ist es sinnvoll, sich ins Neue zu wagen, Dinge auszuprobieren, die man vorher noch nicht im Repertoire hatte.

Dazu sollen die Anregungen dienen, die kurze Vorschläge vorstellen – aber keinesfalls als Anleitungen mit Wirkungsgarantie missverstanden werden sollten!

In unsicheren Pubertätszeiten suchen Jungen Griffe, an denen sie sich festhalten können. Gerade wenn der Sohn durch stürmische Zeiten geht, braucht er Eltern, die Zuversicht ausstrahlen und inneren Halt geben können. Ein optimistischer Blick voller Zutrauen lässt die Bewältigungskräfte von Jungen wachsen.

Jungenpubertät ist das, was die Beteiligten daraus machen. Gewiss, negative Stimmungen Jugendlicher können auf Eltern und die ganze Familie überspringen. Was viel mehr zählt, ist aber, dass sich auch die Einstellung und die Kompetenz der Eltern auf Jugendliche überträgt. Pubertät ist zwar eine unvermeidliche Tatsache, aber eine, die Eltern mitgestalten. Aristoteles soll gesagt haben: »Wir können den Wind nicht ändern, aber die Segel anders setzen.« Ob Eltern mit ihrem Sohn in den Stürmen der Pubertät untergehen, ob sie an unbekannten Ufern anlanden oder eine paradiesische Südseeinsel entdecken, das hängt auch davon ab, wie Eltern sich orientieren, wie sie die Segel ihrer Haltung setzen.

WAS MACHE ICH, WENN …

… mir die Pubertät meines Sohnes schon vorher Angst macht?

Wenn sich das Grauen der Jungenpubertät zu nähern droht, lohnt es sich, bewusst gegenzusteuern, sich umzuprogrammieren und zuversichtlich zu sein: Vielleicht wird es ja gar nicht so schlimm? Wahrscheinlich geht ja alles gut!

Natürlich gibt es auch Probleme, Schwierigkeiten, Krisen – zum Glück, denn sie sind notwendig für die Entwicklung des Sohnes genauso wie für die seiner Eltern. Menschen benötigen Krisen und Schwierigkeiten, um sich damit und daran weiterzuentwickeln. Auch deshalb bekommen Eltern Kinder und deshalb kommen Kinder in die Pubertät. Die Schwierigkeiten der Pubertät lassen sich in Chancen verwandeln. Eltern können sich als Opfer sehen oder als Gestaltende, sie sind in jedem Fall die Autoren ihres eigenen Drehbuchs des Elterndaseins.

....

Leon: »Der Kern des Themas, um Gottes willen, also – die Pubertät führt natürlich zum Erwachsenwerden. Nach und nach wird man in eine Rolle eingeführt, die man davor nur so ein bisschen im Spaß bekommen hat, wenn zum Beispiel ein kleiner Junge ›junger Mann‹ genannt wird. Aber dann kommt man nach und nach in so eine Zeit, in der immer mehr dieses Rollenbild auch erwartet wird. Viele kommen zunächst nicht damit klar und suchen sich halt Ventile, wie z. B. Computerspiele, um das besser verarbeiten zu können. Aber das große Ganze, worum es geht, ist: Wie wird man Mann? Und: Was macht man dann jetzt?«

....

Sich zu lösen, aufzubrechen und sein Ding zu machen, gelingt dem Sohn mit dem Vertrauen seiner Eltern im Rücken besser. Die Entwicklungsdynamik der Pubertät führt aber selbst mit familiärem Rückhalt bisweilen zu unerwünschten Nebenwirkungen. Dann sind Eltern in einer anderen Rolle gefragt: als kritische Begleiter, die ihren Sohn stützen, orientieren, ihm klare Ansagen geben und, wenn es sein muss, ihn auch konfrontieren. Mit ihrem Wissens- und Erfahrungsvorsprung fällt es Eltern leichter, die gelingende Zukunft im Blick zu behalten und dem Sohn das nötige Verständnis entgegenzubringen.

Leon: »Eltern sollten Verständnis haben – sie waren ja selbst mal in dem Alter. Das Problem ist nur, dass manche Eltern scheinbar vergessen haben, wie es war, Jugendlicher zu sein. Und viele Erwachsene wollen nicht zugeben, dass sie in ihrer Jugendzeit genauso waren wie die Jugendlichen heute.«

Erwachsen und männlich zu werden, lässt sich in einer komplexen Welt nicht mal eben kurz erledigen. Es benötigt eine lange Entwicklungszeit, die weder die beste Schule noch ein Initiationsritual abkürzen können. Deshalb ist es gut und für den Jungen hilfreich, wenn sich Eltern mit dieser Dauer anfreunden. Niemand würde sich lange daran freuen, wenn der Sohn in seiner Entwicklung stehen bleiben würde, oder anders gesagt: Die Pubertät macht Sinn!

Was sich im Inneren verändert

Körperlich ist die Pubertät eine Zeit des Um- und Ausbaus. Dieser beginnt nicht sichtbar innerhalb des Körpers, wenn Hormone wirken und das Gehirn sich weiterentwickelt. Früher oder später führt dies zu den äußerlich erkennbaren Veränderungen des Körpers, im Wachstum oder bei der körperlichen Erscheinung, darum wird es dann im nächsten Kapitel gehen.

Neben erblichen Vorgaben fängt die Pubertät dann an, wenn die richtige Zeit dafür gekommen ist und dieser Zustand über Botenstoffe ins Gehirn gemeldet wird. Hat sie erst einmal losgelegt, gibt es kein Zurück. Dabei hat die Natur ein schlechtes Timing: Die Biologie galoppiert voraus, während die Reifung – die psychische und soziale Entwicklung – hinterhertrabt. Viele Eltern nehmen das als Widerspruch wahr, wenn sie beispielsweise klagen: »Er ist doch jetzt schon 15, da sollte er doch …« Das ist nicht realistisch. Denn vieles können Jungen tatsächlich noch nicht: Äußerlich sind sie schon deutlich entwickelt, aber innerlich benötigt es dafür noch Zeit.

Damit die Pubertät startet, braucht der Jungenkörper gefüllte Fett- und Energiedepots. Deshalb neigen vorpubertäre Jungen dazu, etwas pummelig zu werden – das muss meist kein Grund zur Sorge sein, der nächste Wachstumsschub wird wahrscheinlich wieder für Ausgleich sorgen.

Das Gehirn im Wandel

Im Gehirn wirkt die Pubertät gleichzeitig als Umbau, Abbau, Wachstum und Neugestaltung. Damit gleicht sie dem radikalen Rückbau eines alten Gebäudes bis zum Rohbau, der dann neu ausgebaut wird. Dennoch ist das Gehirn während dieser Zeit nicht außer Kraft gesetzt, der witzig gemeinte Vorwurf, das Gehirn sei »wegen Umbau geschlossen«, stimmt so nicht. Aber das Jungengehirn verändert sich in der Pubertät erheblich, was sich auf das Denken und Verhalten auswirkt.

....

Noah, 15 Jahre: »Ich bin jetzt viel gewachsen, da meint man schon allein deshalb, dass man jetzt mehr erwachsen ist. Aber ich denke auch viel mehr über Dinge nach, die mir vorher egal waren. Was will ich, was mach ich mal aus meinem Leben, über Beziehungen, Freundschaft, Liebe – alles. Und man macht auch einfach Scheiß. In der Pubertät ist vieles irgendwie intensiver, finde ich.«

....

Etwas ist weg, das ist einfach so. Die Entwicklung des Gehirns beschleunigt sich nicht dadurch, dass auf dem fehlenden Verstand rumgehackt wird. Tatsächlich arbeitet das Gehirn beim Jugendlichen nicht normal, wenn das eines Erwachsenen zum Vergleich herangezogen wird. Betrachtet man allerdings ausschließlich pubertierende Gehirne, ist genau dieses Ungewöhnliche das Normale. So gesehen ist die Pubertät kein Ausnahmezustand kurz vor dem Wahnsinn, sondern einfach eine andere Normalität.

Auch ein Jungengehirn in der Pubertät ist kein autonomes Organ, das unabhängig von der Umgebung einfach loslegt. Vielmehr können wir Wechselwirkungen erkennen:

*
Die Gehirnentwicklung setzt die Pubertät in Gang, aber die Menschen in der Umgebung und die Lebensbedingungen beeinflussen auch das Gehirn, das dann über das Handeln und Verhalten des Jungen wieder auf die Menschen und in die Welt zurückwirkt.

Damit das Gehirn reifen kann, braucht und schafft es sich Platz für Neues. Ein großer Teil des bisher Gelernten wird aufgelöst, nur Wichtiges bleibt erhalten: häufig Genutztes, Verbindungen, die oft verwendet werden. Zudem wächst das Tempo der Denkprozesse, ab dem Jugendalter können Menschen schneller denken.

Am Anfang der Pubertät betrifft die Auflösung Abteilungen im Gehirn, die für Wahrnehmung, Sprache und Bewegungskontrolle zuständig sind. Pubertierende Jungen, die vieles gar nicht sehen, die sprachlich reduziert scheinen oder sich ungelenk bewegen, verhalten sich wie lebende Beweise für diese Ergebnisse der Hirnforschung. Dass in dieser Zeit die schulischen Leistungen nachlassen können, liegt auf der Hand. Jungen mit etwas Selbstdisziplin, wirksamen Lernstrategien oder einem inhaltlich stabilen Untergrund tun sich leichter, sich dennoch zu retten. Männliche Überheblichkeit dagegen führt schnell in die Sackgasse.

WAS MACHE ICH, WENN ...

... er Hausaufgaben »vergisst«, Klassenarbeiten vertrödelt, nichts lernt?

Klare Verhältnisse schaffen, für Strukturen und geregelte Abläufe sorgen. Hausaufgabenerledigung durchzusetzen, ist Job der Schule; Eltern können sich raushalten und müssen es aushalten,

dass es Stress gibt (für den Jungen, nicht für die Eltern). Was die Verantwortung betrifft, gilt es, den Spieß herumzudrehen: Was benötigst du, damit du die Verantwortung für deine Aufgaben übernehmen kannst? Was brauchst du von mir, worum bittest du mich, damit du das lernst?
Wenn es in der Schule nicht mehr läuft und die Versetzung gefährdet ist, hilft es, gemeinsam folgende Fragen zu klären: Was sind deine Ziele, wo willst du hin? Gibt es eine Untergrenze, unter welche Noten willst du auf keinen Fall sinken? Passt die Schule nicht? Was brauchst du von mir, wie kann ich dich unterstützen? Hilft dir eine andere Form von Unterstützung?

In der Pubertät verändern sich Denken und Psyche so stark, dass es für Erwachsene oft nicht nachvollziehbar ist. Kann sich der Sohn am einen Tag völlig für einen Musiker oder einen *YouTube*-Star begeistern, fällt er im nächsten Moment in Melancholie oder demonstrative Abschottung; aus scheinbar nichtigem Anlass reagiert der vorher ruhige Junge überzogen impulsiv, was er Minuten später bereut. Auch die emotionale Steuerung im Gehirn, der Umgang mit Gefühlen muss neu reguliert werden. Die Affektabteilung im Gehirn reift schneller als die Vernunft, ein gewisses Maß an Impulsivität ist offenbar evolutionär erwünscht.

Emil, 14: »Es sind Kleinigkeiten, die mich echt aufregen, ich werde ganz rasend und verhalte mich bescheuert. Das merk ich aber erst hinterher. Ich mein, der Grund ist da, dass ich mich aufrege. Aber meine Reaktion, die wundert mich manchmal selber, dann frag ich mich: Was war das jetzt?«

Das Sprachzentrum entwickelt sich rasch, auch wenn bei schweigsameren Jungen davon nicht viel bemerkbar ist. Es ist normal, dass in dieser Zeit verbal die Fetzen fliegen – oder auch, dass Funkstille herrscht. Denn im Rückzug verbergen viele Jungen, was sie umtreibt, nicht nur vor den Eltern, sondern auch vor sich selbst. Vieles wollen, manches können Jungen aber nicht in Worte fassen. Das ist vielleicht auch hormonell, sicher aber männerkulturell bedingt. Während in weiblichen Kulturen oft versucht wird, ein Thema verbal einzukreisen oder es von vielen verschiedenen Seiten mit Worten zu erschließen, orientiert sich der Kommunikationsstil unter Jungen eher an »ein Mann, ein Wort«.

Ihre Diskussionsfähigkeiten nutzen manche Jungen gern für Grenz- und Regeldiskussionen. Das wird den Eltern schnell zu viel, obwohl sie sich sonst oft beschweren, dass ihr Sohn zu wenig redet. Aber wenn er in nicht enden wollenden Kreisläufen mit ihnen über Ansichten oder Regeln diskutieren will, ist es ihnen auch nicht recht! Jungen hilft mehr, wenn sich Eltern darauf einlassen oder sich sogar darüber freuen, dass lang und breit diskutiert wird. Eine lebendige Diskussionskultur ermöglicht auch wieder intimere Gespräche.

Gas geben: Testosteron

Ein wesentlicher Unterschied zwischen Jungen- und Mädchenpubertät ist die Menge des Testosterons: Auch im Mädchenkörper ist es vorhanden, aber in dem der Jungen bis zu 20-mal mehr. Mit dem Beginn der Pubertät wird der Jungenkörper reichlich damit versorgt, es wirkt auf den Aufbau von Muskel- und Knochenmasse, steuert die Entwicklung der männlichen Geschlechtsorgane, ist für die Produktion von Spermien unverzichtbar und beeinflusst die sexuelle Lust. Damit ist Testosteron das Männerhormon schlechthin. Durch seinen Einfluss werden während der Pubertät die Veränderungen angestoßen, die dann in der »äußeren« Jungenpubertät sichtbar werden. Auch die Körperkraft von Jungen nimmt zu, besonders dann, wenn sie ihre Muskeln einsetzen und trainieren. Aber wohin mit der ganzen Kraft? Viele Jungen suchen nach Orten und Gelegenheiten, diese neue Potenz zu erproben und weiterzuentwickeln.

*

Ein Job für Erwachsene im Umfeld: Anregungen für gute Kraftaktionen bieten (Sport, Boxsack, Laufen), bei Bedarf auch Begrenzung setzen und vorbildliches Verhalten sind besonders in der frühen Jugendphase wichtig, um dieses Körperbedürfnis in gute Bahnen zu lenken.

Zudem setzt Testosteron auch Impulse in Richtung Aktivität, es erhöht das Energielevel im Körper, lässt Interesse an Bewegung und den Wunsch entstehen, in Aktion zu sein. Das sind Bedürfnisse, die wie andere respektiert werden sollten; sie zu entfalten und allmählich zu kultivieren, gilt es nun zu erlernen. Dazu benötigen Jungen Anregung und Anleitung, Regeln und Orientierung. Eltern tun gut daran, sich nicht aufs Verbieten zu beschränken, viel wichtiger ist das Anbieten und Erweitern von Bewegungsgelegenheiten – durchaus verbunden mit einer Prise Verpflichtung und Druck.

Schon Jean-Jacques Rousseau hat im 18. Jahrhundert die Zeit der erwachenden Leidenschaften (in seinem großen Erziehungswerk *Émile*) als eine »zweite Geburt« beschrieben, durch die der Mann zum wirklichen Leben erwache, ein gefährlich anmutendes Ereignis:

• • • • • • • • • •

»Wie das Meeresgrollen den Sturm ankündigt, so kündet sich diese stürmische Umwandlung durch das Raunen der erstarkenden Leidenschaften an: Eine dumpfe Gärung zeigt die nahende Gefahr an. Stimmungswechsel, häufige Zornausbrüche, ständige geistige Erregung machen das Kind fast unlenkbar.«

• • • • • • • • • •

Bewegungsfreude und Unruhe können deshalb ein Merkmal der Jungenpubertät sein. Sie sind oder werden »zappelig, dauernd spielen sie mit etwas herum. Dies wird oft noch angetrieben durch koffeinhaltige oder anderweitig aufputschende Limonaden, sogenannte Energydrinks.

• • • • • • • • • •

Bei Manuel ist ständig etwas in Bewegung, das macht seine Eltern nervös. Sie versuchen, ihn mit Strenge zu disziplinieren, was ihn wütend macht. Er fährt dann aus der Haut und es gibt ständig dicke Luft. Eines Tages sagt er: »Ich glaub, ich hab ADHS« – der Test beim Kinderpsychiater ergibt: Nein, das hat er nicht. Was er hat, ist Pubertät! Und nun steht er mit seinen Eltern vor der Aufgabe, besser damit umgehen zu lernen. Er macht sich auf den Weg und findet neue Sportangebote und mehr Alltagsbewegung, besorgt sich einen Stressball. Aber auch die Eltern übernehmen ihren Teil: Sie versuchen, nicht überzureagieren, wenn er rumzappelt, er zappelt halt. Wenn es sie wirklich stört, bitten sie ihn höflich: »Du, mich macht das gerade nervös, würdest du für mich bitte eine Weile damit aufhören, geht das?« Immer öfter sagt er: »Ich muss mal raus, ich muss mich bewegen« – und geht. Und die Stimmung normalisiert sich.

• • • • • • • • • •

In der Pubertät sind Jungen bisweilen heftig, direkt und impulsiv. Auch dafür kann ein Grund in der Menge des Testosterons gesehen werden, denn es spornt zum Ausagieren der Gefühle an und bringt sie in Wallung, es kann Wut und Aggression befeuern. Gleichzeitig werden Einfühlung und Mitgefühl durch Testosteron beeinträchtigt, es hemmt das »Liebes- und Kuschelhormon« Oxytocyn, was Bindungsgefühle verringert. Emotionen verlangen nach Raum, gleichzeitig aber auch nach Kultivierung und Begrenzung. Wenn sie nicht (immer) spontan, sondern kultiviert geäußert werden, ist das eindeutig sozial verträglicher. Das ist ein Lernprozess, der klare Ansagen braucht – etwa, indem Regeln wiederholt, Rückmeldungen gegeben und Aufgaben eindeutig gestellt werden.

....

Leon: »Was Jungen in der Pubertät von den Eltern brauchen – ja, also dass man ihnen sagt, was sie nicht machen dürfen. Sonst gewöhnen die sich falsche Sachen an.«
»Und gilt das nur für Kleine, für 11-Jährige?«
»Das gilt für alle (lacht).«

....

Testosteron provoziert beim Jungen zudem ein Interesse an seinem Rang – in Bezug auf etwa gleichaltrige andere Jungen, aber ebenso auf Erwachsene, und ab der Pubertät noch mal besonders auf Männer (und umgekehrt: Väter springen auf Positionskämpfe von Jungen heftiger an). Haben viele Jungen bereits in der Kindheit Interesse am Rang und Lust am Kämpfen, so erhält beides ab der Pubertät eine neue Qualität.

Viele Jungen, die sich an Vorbildern im Fußball orientieren, übernehmen deren Verhaltensweisen. Fühlen sie sich ungerecht behandelt, zeigen Fußballer in Nahkampfsituationen den aufbrausenden und rechthaberischen Habitus der Empörung, eine Impulskontrollstörung. Solche Bilder haben pubertierende Jungen vor Augen, wenn sie aus nichtigem Anlass überschäumen, sich danebenbenehmen oder gar »ausrasten«, was offensichtlich die Testosteronausschüttung noch mehr antreibt und es Jungen schwer macht, sich wieder einzukriegen.

Aber macht Testosteron Jungen aggressiv? So einfach ist es auf keinen Fall! Es ist zwar populär, Testosteron mit Imponiergehabe oder Aggression in Verbindung zu bringen, es wie ein körpereigenes Aufputschmittel zu sehen. Aber so stimmt das nicht, denn der Zusammenhang zwischen Testosteron und dem Verhalten von Jungen (und Männern) ist ziemlich komplex. Viele unterschiedliche Faktoren tragen dazu bei, wie Testosteron das Verhalten beeinflusst. Dabei spielen die Kultur und die Werte, die in ihr gelten, eine wichtige Rolle. Es zählt, was Ansehen, einen besonderen Status oder eine gute Position verspricht. Kulturelle Einflüsse bremsen oder befeuern die Wirkungen des Hormons: Verspricht Fairness Ansehen, verhalten sich Jungen fair; werden Pöbeln und Schlagen als männlich anerkannt, inspiriert sie das zu diesem Verhalten.

*

Jungen, die ihre Aggressivität oder auch ihr sexuelles Getriebensein aufs Testosteron schieben und ihre eigene Verantwortung abgeben wollen, brauchen Nachhilfe: Egal, wie viel davon im Blut ist, es lässt sich immer regulieren!

Was für die Position in einem sozialen Gefüge bedeutsam ist, kann je nach Situation oder nach sozialem Milieu variieren, also mal aggressive, aber genauso soziale, uneigennützige oder idealistische Verhaltensweisen. Testosteron heißt also nicht automatisch Gewalt, sondern zielt auf das Moment des Status.

I feel good!

Auch das Streben nach angenehmen Gefühlen wird in der Pubertät neu eingestellt. Der Botenstoff dafür ist das Dopamin. Im Gehirn gibt es in der Pubertät noch nicht so viele Rezeptoren dafür, auch sind diese von reduzierter Empfindlichkeit. Situationen, die Erwachsene schon als spannend wahrnehmen, empfinden Jugendliche als wenig aufregend. Deshalb brauchen sie mehr Risiko, um Kicks zu erfahren. Intensive Gefühle bei Gefahr oder überstandene Risiken werden vom Körper mit Euphorie belohnt, was auf Wiederholung zielt, ein Kreislauf kommt in Gang, der sich bei Jungen oft schneller dreht: »Mehr davon«, signalisiert das Gehirn nach einer spannenden Erfahrung, was das stärkere Risikoverhalten von Jungen antreibt.

Neue Erfahrungen sind interessant, Bekanntes wird schnell langweilig. Befeuert durch die Impulse des Testosterons sind viele Jungen neugierig auf Unbekanntes und sind auf Abwechslung aus. Durch die Pubertät werden sie experimentierfreudiger und offen für Risiken aller Art. Und sie zeigen sich oft kreativ darin, neue und spannende Situationen zu kreieren, im Rahmen ihrer Möglichkeiten und abhängig von den Anregungen, die sie um sich herum oder in den Medien vorfinden. Bei *YouTube* sind solche Filme beliebt, in denen Jungen den gröbsten Unfug anstellen und cool dabei rüberkommen.

Genussgifte wie Nikotin, Alkohol oder andere Drogen stimulieren das Belohnungszentrum und können zu Lerneffekten führen, die von der Lust auf solche Mittel bis zur Abhängigkeit führen können. Computer- oder Konsolenspiele sorgen für Spannung und Intensität. Sie führen zu Erfolgen und angenehmen Gefühlen, eine Erfahrung, die sich recht leicht im Gehirn verankert und auf Wiederholung zielt. Die Spiele sind auf dieses Muster programmiert und können deshalb im Jungengehirn wie eine Sucht wirken.

....

Leon: »Das Zocken bringt einem ja nichts, abgesehen von der Spannung und den persönlichen Glücksgefühlen, die beim Erfüllen einer Aufgabe ausgeschüttet werden. Es ist auch direkter, bei so einem Computerspiel kriegst du den Erfolg direkt. Das sind zwei der Hauptgründe, warum ich glaube, dass Jungen spielen: Weil es sehr viel Spaß macht und wegen diesem Belohnungsdings, was jedes Spiel hat.«

....

Auch Gemeinschaftserfahrungen fühlen sich gut an, zu einer Gruppe, zu anderen Jugendlichen dazuzugehören und mit ihnen gemeinsam etwas zu erleben: Rumhängen, Musik hören, Blödsinn machen, diskutieren, gemeinsam über die unmöglichen Eltern herziehen – das löst Hochgefühle und Begeisterung aus. Dass Jugendliche im Gemeinschaftsrausch schwelgen und dabei leicht über die Stränge schlagen, ist nichts Neues – nur die Erklärungen dafür ändern sich:

....

Ich erinnere mich, wie wir als 14-, 15-Jährige mit einer ganzen Clique das neu eröffnete und sehr feine Kulturzentrum meiner Heimatstadt belagerten, in dem es einen offenen Bereich gab. Allein das sich dort Aufhalten war beglückend: unter Jugendlichen zu sein, andere zu kennen, selbst gekannt zu werden, sich einen Raum erobert zu haben und ihn zu besetzen – ein soziales Wohlfühlbad zum Aufladen und Auftanken. Und auch Inspiration für Experimente und Unsinn aller Art: Aufzugfahren und den Notstop-Schalter betätigen zum Beispiel. (Wenige Monate nach der Eröffnung flogen wir Jugendlichen dann raus.)

• • • • • • • • • •

Der Wunsch nach Zugehörigkeit, Statusstreben und die stärkeren Risikoimpulse können sich aber auch zu einem gefährlichen Sprengstoff vermischen, besonders wenn Gleichaltrige im Spiel sind. Die Angst davor, nicht dazuzugehören oder ausgeschlossen zu werden, kann Jungen – etwa bei Mutproben – zu hochriskanten Aktionen verleiten, die lebensgefährlich werden können.

Musik ist ebenfalls ein guter Stimulator fürs Belohnungszentrum, auch Singen wird positiv und intensiv erlebt. Und warum hören Jungen dann nicht ständig Mozart und singen im Kirchenchor? Abgrenzungswünsche zu Erwachsenen und Normen der Gleichaltrigen setzen hier ein Gegengewicht, die Reize von stark rhythmusbetonter und lauter Musik sind viel höher. Musik spielt für Jugendliche eine wichtige Rolle: Wer beim Treppenputzen über Kopfhörer seine Musik hört, kann die ungeliebte Tätigkeit leichter ertragen und erhält den Eindruck, dass die Zeit nicht nutzlos verbracht wurde. Bei Livekonzerten ist das Mitsingen erlaubt, und selbst das Grölen in Fußballstadien kann als Beleg für die positiven Wirkungen des Singens herangezogen werden.

Nicht nur die eigene Erfahrung wird im Belohnungszentrum wirksam. Auch wenn andere Menschen, die mir wichtig sind, Glücksgefühle empfinden, wird dieser Bereich im Gehirn stimuliert: »Das will ich auch«, lautet dann der handlungsinitiierende Wunsch. Pubertierende ahmen deshalb glücksversprechende Handlungen anderer nach, das können echte Menschen – und ganz besonders Gleichaltrige – sein oder auch positive Figuren aus den Medien oder sozialen Netzwerken. Durch sie werden Jungen motiviert, sich ebenso zu verhalten. Unsinn und Grenzerfahrungen versprechen allerdings deutlich mehr Kick als die Freude eines Mitschülers über eine gute Note. Wer sieht, wie ein anderer beim Gamen cool rüberkommt und Statuspunkte sammelt, will das auch machen, um sein Belohnungszentrum zu versorgen.

*

Das Belohnungszentrum antwortet auf Signale der Umwelt: ein Lächeln, aufmunterndes Kopfnicken, eine anerkennende Bemerkung werden dort registriert und führen zur Motivation, sich im entsprechenden sozialen Rahmen angemessen zu verhalten, um mehr davon zu bekommen. Tipp: Das wirkt übrigens auch bei Mama, Papa, Lehrerin oder Lehrer.

… denn sie wissen nicht, was sie tun

In der Pubertät nehmen Übermut und Sorglosigkeit zu. Und das ist auch sinnvoll, denn diese Eigenschaften befeuern den Entdeckungsdrang, helfen, Bedenken beiseitezuwischen und mutig ins Neuland zu gehen. Für die Gesellschaft sind das wichtige Entwicklungskräfte. Brisant wird es aber, wenn sich bei Jungen körperlich-hormonelle Impulse mit Männlichkeitsbildern und -themen verbinden und sich daraus bisweilen Handlungen ergeben, die hinterher nicht mehr erklärbar erscheinen.

• • • • • • • • • •

Leon: »Ich zum Beispiel kann manche Sachen, die ich vor zwei Jahren gemacht habe, heute nicht mehr verstehen: Warum, zum Teufel, habe ich das damals gemacht (lacht)?«

• • • • • • • • • •

Die hohe Risikobereitschaft und die Lust am Experimentieren werden durch körperliche Vorgänge angeschoben. Das Ziel dabei ist, in der Pubertätsphase Erfahrungen zu sammeln, die im Erwachsenenleben verwertbar sind, also beispielsweise dazu beitragen, Risikokompetenz zu entwickeln. Auch deshalb suchen Jungen nach Situationen, die vermehrte Dopaminproduktion anregen, sei es durch real riskantes Verhalten oder auch durch Medienvermittlung: in Computerspielen, Horrorfilmen oder martialischer Musik. Auch die Neigung, Erfahrungen mit Drogen zu machen, lässt sich zum Teil damit erklären, denn beim Konsumieren von Rauschmitteln schüttet der Körper ebenfalls Dopamin aus.

Eine besondere Spannung entsteht dadurch, dass Risikobereitschaft und Experimentierfreude groß, die Kontrollfähigkeiten dagegen eher schwach entwickelt sind. Mit der Vernunft ist es aus Gründen der Gehirnentwicklung oft noch nicht so weit her. Gleichzeitig befeuern Gleichaltrige die Unvernunft. Deshalb brauchen pubertierende Jungen Erwachsene, die ihnen einen Rahmen vorgeben. Das schafft notwendigerweise Konflikte, die typischen Pubertätsstreitigkeiten: Was ist erlaubt, was geht gar nicht? Was darf der Sohn schon, was noch nicht?

Beim Rahmensetzen geht es weniger um Regeln, mehr um Beziehung, Vertrauen und Verantwortung. Auch im Streiten sind Jungen auf Belohnung eingestellt: Der Streit selbst, solange er respektvoll verläuft, ist auch eine Form der Wertschätzung und damit eine Belohnung.

Der Begriff »jugendlicher Leichtsinn« ist eine schöne Umschreibung für einen Zustand, den die Gehirnentwicklung bewirkt. Denn erst als letzte Abteilung im Gehirn reift der präfrontale Cortex aus, das ist das Vorderhirn hinter der Stirn. Hier lässt sich – jedenfalls vor und nach der Pubertät – die Vernunft, die Voraussicht, die Moral verorten; das sind notwendige Regulatoren für die Impulsregulation und die Fähigkeit, längerfristig zu planen. Durch die Funktionen dieser Hirnregion wird einer Person bewusst, dass ihr Handeln Konsequenzen hat, welche das sind und dass Vorsicht angebracht ist. Vernunft und das Abwägen von Argumenten vor dem Tun funktionieren nun aber momentan nicht mehr oder noch nicht. In der Tat ist vieles, was Jungen so anstellen, objektiv wirklich ziemlich unvernünftig.

• • • • • • • • • •

Ich bin als 12-Jähriger im kleinen Supermarkt in der Nähe der Schule beim Klauen erwischt worden. Ein Gleichaltriger hatte mich inspiriert, als er mir von einem erfolgreichen Diebstahl erzählte, davon, wie einfach das war, und mir von seiner Beute etwas abgab. Das wollte ich auch, war mein Taschengeld doch ohnehin viel zu knapp. Ich begab mich direkt nach der Schule in dieses aufregende, hoch spannende Erlebnis, nur wurde ich gleich beim ersten Versuch erwischt.

Es war extrem peinlich, vor dem Verkäufer meine Taschen auszuleeren, und ich hatte große Angst vor der Reaktion meiner Eltern, die schriftlich informiert werden sollten – bedrohliche Tage folgten. Aber es ging glimpflich aus: Mein Vater hat mich streng ermahnt, mir aber gleichsam einen Freischuss gestattet, den ich jetzt verbraucht hatte. Das war lehrreich: Ich habe nie wieder etwas geklaut.

....

Jugendliche gehen allein weniger Risiken ein, meist gar keine, wenn Erwachsene dabei sind – tendieren hingegen eher dazu, wenn Gleichaltrige miteinbezogen sind. Ihr jugendlicher Leichtsinn wird dann besonders angestachelt. Womöglich ist es die Aufgabe der Menschen in der Umgebung des Jungen, mit aufs richtige Maß zu achten. Das ist aus Sicherheitsgründen wichtig, aber auch, weil Verbote das Risiko verdoppeln: Rauchen, Trinken, Kiffen, Raufklettern, Runterspringen oder wildes Rumrasen sind selbst riskant, und wenn »es« rauskommt, gibt es Stress mit den Eltern. Das ist das Nachrisiko – auch das gehört schon immer zum Generationenspiel der Pubertät. Oder wie es mir ein 14-Jähriger im Interview erklärte:

....

Paul, 14: »Eltern müssen eben alles verbieten, deshalb sind sie Eltern. Jugendliche müssen probieren, das Verbotene zu machen, am besten so, dass die Eltern es nicht merken.«

....

Beim Experimentieren geht auch öfter mal was schief, aber diese Fehler sind fürs Lernen und die Entwicklung elementar wichtig. Natürlich überschätzen sich Jungen dabei häufig, Eltern nehmen das Kommende oft schon frühzeitig wahr. Allerdings ist es ein aussichtsloses Vorhaben, den pubertierenden Sohn vor Fehlern bewahren zu wollen, weil eigene Fehler zu machen für Pubertierende wichtig ist.

WAS MACHE ICH, WENN ...

... mein Sohn einen Fehler macht, den ich schon vorhergesehen und -gesagt habe?

Tief durchatmen: Es ist einfach seine Erfahrung, für die er verantwortlich ist. Nach den Fehlern helfen Jungen keine überlegenen Bemerkungen und keine vielsagenden Blicke; auch der Satz »Ich hab's dir ja gleich gesagt« ist überflüssig, er ist ja nicht doof und weiß, dass seine Eltern ihn gewarnt hatten.

Mitfühlendes Verständnis ist angesagt, und dann, wenn er offen dafür ist, Reflexion: Wie kam es dazu? Was könntest du machen, dass dir so etwas Dummes nicht mehr passiert?

Der Jungenkörper wird männlich

Pubertät macht den Jungenkörper von außen erkennbar männlich, aber bis es so weit ist, entwickelt er sich. Viele Jungen wissen zwar vor der Pubertät einigermaßen, was ihnen körperlich blüht. Und dennoch wirft sie ihre eigene Pubertät aus der gewohnten Sicherheit: Was ist denn jetzt los? Manchen Jungen geht es phasenweise mit ihrem Körper wie Gregor Samsa aus Franz Kafkas Erzählung *Die Verwandlung*: »Als Gregor Samsa eines Morgens aus unruhigen Träumen erwachte, fand er sich in seinem Bett zu einem ungeheuren Ungeziefer verwandelt.«

Etwas über seinen Körper zu wissen und etwas in und mit ihm zu erleben, sind zwei unterschiedliche Sachen. Gravierende körperliche Veränderungen sind wesentlicher Teil der Pubertät, viele Jungen nehmen sie einfach zur Kenntnis, andere erleben sie zumindest zeitweilig als unangenehm und irritierend, sie fühlen sich verletzlich. Auch wenn sich die meisten männlichen Jugendlichen in ihrem Körper wohlfühlen, wachsen dennoch Unsicherheiten. Körperlich ist dann alles unbekannt, nicht mehr kindlich, aber längst nicht so, wie es bei einem Mann sein sollte: Arme und Beine wachsen schneller als der Rest, jeder Blick in den Spiegel birgt unerwünschte Überraschungen. Flaum, aber kein Bart, keine oder nur wenige Haare auf der Brust. Dann kiekst die Stimme. Der Penis entwickelt ein Eigenleben und wird in den unmöglichsten Situationen plötzlich steif: peinlich hoch drei! Erst viel später lässt sich auch Befriedigung oder gar Stolz auf die Sichtbarwerdung eindeutig männlicher Formen erkennen, Pubertät heißt aber zuerst: Körper? Schwierig! Eine echte Bewältigungsaufgabe – und für Eltern eine Sache, über die sie mit dem Jungen reden sollten.

Auch das männliche Erscheinungsbild wird durchs Testosteron mitgeprägt. Kennzeichen der Reifung werden sicht- und hörbar, oft auch deutlich riechbar. Dass der Junge erwachsen wird, signalisiert die Körpergröße, dass er männlich ist, sieht man dann zunehmend schon aus der Ferne, an seiner Gestalt: Er hat im Vergleich zu Mädchen eher breitere Schultern, schmalere Hüften und ein kantigeres Gesicht. Für andere weniger offen wahrnehmbar, verändern sich die primären Geschlechtsmerkmale, Penis und Hoden, Nebenhoden, Samenwege, Samenbildung, Samenflüssigkeit mit den entsprechenden Fähigkeiten.

Gleichzeitig verändert sich mit dem wachsenden Körper das Schamgefühl, auch gegenüber Eltern und Geschwistern. Jungen ziehen hier ebenfalls Grenzen: Sie sorgen für sich, indem sie Türen schließen, nicht alles erzählen, ihren Körper verhüllen. Scham in der Pubertät erinnert an die Erkenntnis bei der biblischen Vertreibung aus dem Paradies. War es vorher kein Problem, beispielsweise im Schwimmbad mit anderen nackten Männern zu duschen, wird es nun eines, weil Jungen anders wahrnehmen. In Männlichkeitsbildern ist Sichschämen nicht vorgesehen, es ist unerwünscht. Früher wurden Jungen, die sich schämten, zurechtgewiesen mit den Worten: »Dir schaut schon niemand was weg.« Die Schamlosigkeit der Männer wird alltäglich in öffentlichen Geschlechterräumen verdeutlicht, in den Toiletten. Hier sind Urinale eng nebeneinander aufgereiht, oft ohne Sichtschutz (der bezeichnenderweise »Schamwand« heißt). Richtige Männer urinieren dort ohne Scham, und wer sich schämt, sollte sich schämen, er ist noch kein gestandener Mann.

WAS MACHE ICH, WENN …

… er sich im Bad einschließt?

Respektieren Sie das. Alles, was er dort tut, ist seine Sache: Wahrscheinlich pflegt er seinen Körper und will nicht, dass ihn jemand beobachtet. Vielleicht steht er vor dem Spiegel, vielleicht probiert er, sich zu rasieren, möglicherweise übt er Selfie-Posen oder er masturbiert unter der Dusche? Alles normal – und alles allein seine Sache.

Das Alter, in dem sich diese Körper-Entwicklungsschritte vollziehen, schwankt unter den Jungen teils erheblich. Die Bandbreite des Pubertätsbeginns ist groß und liegt grob zwischen neun und vierzehn Jahren. Während beim einen Jungen die Pubertät noch gar nicht richtig erkennbar ist, ist sie beim anderen schon fortgeschritten. An den statistischen Rändern befinden sich nur wenige Jungen, und es ist verständlich, dass sich deren Eltern Sorgen machen, wenn sie ihren Sohn mit anderen vergleichen. Am einfachsten haben es Jungen, die sich im Bereich der Normalverteilung befinden. »Schnelle«, vor allem aber »langsame« Jungen werden eventuell von anderen gehänselt.

Pubertätsbeginn: passend, zu früh, zu spät?

Einen objektiv optimalen Zeitpunkt für den Beginn der Pubertät gibt es nicht, aber einen Zeitraum, wann sie beginnen sollte. Körperliche Anzeichen der Pubertät treten bei Jungen nicht vor dem neunten Lebensjahr auf – wenn doch, kann es sich um eine Störung handeln (Pubertas präcox vera), die kinderärztlich diagnostiziert oder behandelt werden muss. Bleibt die Pubertätsentwicklung aus – wenn sich die Geschlechtsmerkmale also nicht entwickeln (Haarwuchs im Genitalbereich zählt hier nicht), wenn bei Jungen bis zum Alter von 14,5 Jahren noch keine Vergrößerung der Hoden getastet werden kann –, muss ebenfalls medizinisch gehandelt werden. Späte Jungen kommen manchmal unter Stress. Wenn Eltern das mitbekommen, können sie Verständnis und Gelassenheit signalisieren: »Ja, deine Sorge verstehe ich, aber mach dir nicht so viel Gedanken, du liegst doch noch voll im Rahmen.« Und das Pubertätsende: Wie lange dauert die Pubertät bei Jungen? Auf jeden Fall zu lange, sagen die meisten Eltern. Die gute Nachricht gibt es nicht, die schlechte lautet: Es dauert.

Schritt für Schritt männlicher

Das Körperwachstum beginnt in der Pubertät langsam, in der Mitte der Pubertät wächst der Jungenkörper um zehn bis zwölf Zentimeter pro Jahr, Pubertierende »schießen« in die Höhe. Die Wachstumsphase endet erst mit dem Verschluss der Wachstumszonen in den Röhrenknochen, meistens im Alter vor 20 Jahren. Die Zusammensetzung der Körpergewebe verändert sich mit dem Wachstum ebenfalls – für viele Jungen allerdings eher zu langsam, sie empfinden sich als »Spargel« und warten darauf, dass sich daran etwas ändert: der Muskelanteil nimmt zu, Schultern und Brustkorb werden breiter, die Körperform verändert sich, langsam prägt sich ein männlicheres Erscheinungsbild.

Die geschlechtliche Pubertät startet damit, dass die Hoden und der Hodensack sich verändern. Weil Jungen und Eltern nicht ständig das Genital kontrollieren, geschieht das Hodenwachstum meistens unbemerkt, im Durchschnitt mit elf Jahren und zwei Monaten. Der Hodensack wächst dann ebenfalls, seine Haut legt sich in kleine Fältchen und färbt sich meist dunkler, dafür ist die Hautpigmentierung verantwortlich. Auffälliger ist das Wachsen der Haare im Genitalbereich und unter den Achseln, oft das erste Merkmal, das die Jugendlichen selbst, Eltern oder Geschwister als sichtbaren Start in die Pubertät wahrnehmen (fachlich: »Pubes«; der Fachbegriff für den Beginn der Genitalbehaarung: »Pubarche«). Im Durchschnitt beginnt das Haarwachstum im Alter von 12,2 Jahren, in einer Bandbreite zwischen 9,2 Jahre bis 15,2 Jahre, bei Mädchen deutlich früher, im Durchschnitt bei 10,4 Jahren. Im Geschlechtervergleich sind Jungen »später dran«, der Nachsprung beim Pubertätsbeginn wird mit »etwa zwei Jahren« angegeben. Leider gibt es im Deutschen nur den dummen Begriff »Schamhaare« – wieso sollte man sich schämen? Für die Haare, für die Körperregion? Vielleicht liegt darin ein Grund dafür, warum sich heute viele die Haare im Genitalbereich wegrasieren? Zunächst wachsen feine, glatte Haare am Penisansatz, erst später werden die Haare kräftiger und kräuseln sich. Achselhaare beginnen dann ebenfalls zu sprießen, Brust, Schulter und Rücken ziehen langsam nach, das kann aber bis weit nach dem 20. Lebensjahr dauern.

Nachdem das Körperhaar zu sprießen anfing, beginnt auch der Penis zu wachsen, erst in der Länge, dann wird er allmählich dicker. Der Vergleich der Penisgröße spielt dann auch mal verschämt beim Umziehen, mal offen betrachtet eine Rolle. Penisgröße und -länge dienen unterschwellig immer noch »irgendwie« als Männlichkeitsbeweis und sind, auch weil sie relativ leicht äußerlich feststellbar sind, Anlass für Fragen und Unsicherheiten: Ist oder wird er groß genug? In den allermeisten Fällen ist diese Frage unbegründet, sie liegen einfach im Bereich der Bandbreiten zwischen kleiner und größer. Ein sehr kleiner Penis (Mikropenis) wird dagegen meistens schon bei den kinderärztlichen Untersuchungen festgestellt; einige Krankheiten können als ein Symptom einen Mikropenis zur Folge haben (etwa das Klinefelter Syndrom mit dem Geschlechtschromosomensatz XXY).

Mit durchschnittlich etwa 13 Jahren beginnt die Produktion von Spermien in den Hoden. Qualität und Menge der Spermien sind zu der Zeit noch gering, es dauert noch bis zur vollen Zeugungsfähigkeit. Dennoch sollte der Junge sich mit dieser Potenz vertraut machen: Er kann jetzt tatsächlich Vater werden. Möchte er das nicht, ist er für die Zeugungsverhütung verantwortlich. Bei der Fortpflanzungsfähigkeit liegen die Geschlechter vom Alter her dicht beieinander: Bei Jungen lassen sich erste Spermien im morgendlichen Spontanurin im Mittel mit 13,4 Jahren nachweisen (Bandbreite: 11,7 bis 15,3 Jahre). Mädchen erleben im selben Alter ihre erste Monatsblutung.

Wenn es Samen gibt, kommt es auch zu ersten Samenergüssen, der Fachbegriff dafür lautet »Spermarche«. Das Ereignis muss Jungen nicht unbedingt als »mein erster Samenerguss« bewusst sein, es geschieht oft unbemerkt im Schlaf. Allerdings können die Folgen den Jungen beim Aufwachen verunsichern: Was ist das denn? Es ist feucht – habe ich ins Bett gepinkelt? Es erleichtert das Erleben, wenn Jungen vorab Bescheid wissen. Zudem verursacht das Sperma in der Wäsche Flecken, die manchmal beim Waschen gesehen werden – sie sind ab jetzt normal und kein Anlass für peinliche Bemerkungen.

Brustwachstum: Bekomme ich jetzt einen Busen?

Bei sehr vielen Jungen (50 bis 90 Prozent!) verändert sich während der körperlichen Entwicklung auch der Bereich um die Brustwarzen. Meistens ist das Brustwachstum nur als kleine

Verhärtung um die Brustwarzen zu ertasten und bildet sich von selbst nach sechs Monaten bis eineinhalb Jahren wieder zurück: Das kann aber - gefühlt - eine sehr lange Zeit für den Jungen sein! »Das ist normal«, gehört für viele Jungen zur wichtigen Grundinformation, aber es gilt auch wahrzunehmen, wenn es »nicht mehr normal« ist, was nur selten der Fall ist. Im Zweifel wissen Kinderärzte Rat und können, falls nötig, weiterhelfen.

Die hormonellen Veränderungen in der Pubertät verursachen oftmals durch die Aktivierung der Schweißdrüsen einen verstärkten Körpergeruch – nicht unbedingt angenehm und männlich. Die Haut verändert ebenfalls ihre Struktur und ihren Charakter, Männer- und Frauenhaut unterscheidet sich in der Dicke der Hautschichten und hinsichtlich deren Empfindlichkeit; Hautprobleme wie Pickel oder Akne können in der Pubertät als Nebeneffekte auftreten.

Leon: »Also, was beim Männlichsein ungemein hilft und was ich leider noch nicht habe, ist: Bart. Also zumindest die Möglichkeit, einen Bart zu tragen (lacht).«

Auch die Barthaare beginnen zu sprießen, erst zaghaft im Bereich der Oberlippe mit glatten, dünneren Härchen, die erst langsam dicker und dunkler werden; erst später wächst der Bart dann auch an Kinn und seitlich an den Backen. Auch hier unterscheiden sich Jungen genetisch bedingt erheblich in Haarfarbe, -zahl und -dicke. Bis es zum modischen Hipstervollbart reicht, muss der Junge allerdings warten, meistens ist der dichte Bartwuchs erst nach Abschluss der Pubertät voll entwickelt.

Die Barttracht ist Moden unterworfen. In den vergangenen zehn Jahren gab es dabei einen deutlichen Wechsel. Der modische Wandel hat mit Kommerz zu tun, kann aber auch als Ausdruck für Generationenabgrenzungen und gesellschaftliche Veränderungen gedeutet werden, die Bartmode transportiert geschlechterbezogene Botschaften. In Hippiezeiten trugen Männer Bärte als Zeichen der Naturnähe. In den sozialen Bewegungen der 80er-Jahre haben sich Geschlechter angenähert, Männer trugen ihr Gesicht rasiert und unbehaart wie das der Frauen. Heute könnte es eine Gegenbewegung geben, wenn Männer mit dem Bart (wie auch mit martialischen Tattoos) deutlich machen, dass es zurückgeht zu einem traditionellen Männerbild. Mit einem Hipstervollbart protzen Männer mit ihrer symbolischen Potenz: Sie zeigen etwas, was Frauen nicht haben.

Der Stimmwechsel setzt im Durchschnitt mit etwa 13,5 Jahren ein. Dabei wächst der Kehlkopf, was äußerlich dadurch sichtbar wird, dass sich der Adamsapfel markanter abzeichnet. Die Stimme kiekst oder kratzt, sie springt in unterschiedlichen Höhen. Die Stimmbänder werden länger und die Stimme verändert sich allmählich, sie wird tiefer und liegt am Ende um rund eine Oktave tiefer als bei Frauen.

> Das Wachsen braucht sehr viel Energie. Jugendliche haben während der Wachstumsphase einen hohen Energiebedarf, den sie durch eine erhöhte Nahrungszufuhr decken müssen: Viele Jungen wirken in der Zeit »verfressen«.

Das Äußere zählt!

Unsere Zeit ist visuell geprägt. Die Ausrichtung aufs Sichtbare hat sich durch die sozialen Medien mit ihren Selfie-Moden nochmals verstärkt, das Äußere des Körpers gewann weiter an Bedeutung. Die Jugendlichen pflegen ihren Körper, arbeiten an der Verbesserung ihrer Erscheinung und stylen sich mit den »richtigen« Klamotten und Accessoires wie Turnschuhe, Baseballcap, Sonnenbrille.

....

Leon: »Mir ist aufgefallen, dass inzwischen manche Jungen mehr Schuhe haben als Mädchen, weil sich heute viele über den Preis ihrer Schuhe definieren.«

....

Auch Umgestaltungen am Körper selbst werden wichtiger, der Körper wird zum »Body«, der jugendlich und schlank, »knackig« und muskulös, gepflegt und makellos erscheinen soll. Anstrengungen von Jungen und Männern, ihren Körper zu verändern, haben zugenommen und wurden salonfähig: Es gibt kaum einen Medienstar aus der Musik- oder Sportbranche, der nicht tätowiert oder mit Piercings ausgestattet ist. Auch im Durchschnittsalltag wurde die Gestaltung des Männerkörpers normalisiert: Tattoos und Piercings sind als Körpermodifikationen toleriert.

Der Körper beeinflusst das geschlechtliche Selbstbewusstsein, es kann durch ein kritisches Körperselbstbild erheblich beeinträchtigt werden. Körper-Männlichkeitsbilder, die auf Selbstoptimierung und -perfektionierung setzen, können die in dieser Lebensphase entwicklungsbedingt ohnehin vorhandene Unzufriedenheit mit dem Körper noch verstärken und Unsicherheiten vertiefen. Männliche Jugendliche mit ihren gar nicht perfekt ausgestatteten Körpern tun sich schwer damit, diese Mängel mit anderen Mitteln zu kompensieren.

> ✱
>
> Starten Sie einfach mal eine Bildersuche, indem Sie in eine Suchmaschine das Stichwort »Männerkörper« eingeben: Sie erhalten eindrückliche Ergebnisse, mit denen Jungen tagtäglich konfrontiert sind bzw. sich selbst konfrontieren.

Weil sich die Geschlechter in vielem annähern, wurde der Körper als Bezugspunkt fürs Männliche noch wichtiger. Mädchen und Frauen gegenüber wird der Körper zum Ausdruck des Unterschieds: eine Form der männlichen Markierung und der Abgrenzung vom Weiblichen. Die gewachsene Bedeutung des Körpers ist auch ein Ausdruck dafür, dass Jungen und männliche Jugendliche (wie auch erwachsene Männer) in unsicheren Zeiten nach Orientierung für ihr Geschlecht suchen. Damit wurde und wird der Körper neu männlich besetzt, für einige Jungen ganz vordergründig, für andere eher im Hintergrund.

Dies gilt vor allem für die Pubertät, in der Jungen oft Statussymbole fehlen, um ihre Männlichkeit zu demonstrieren. Der Körper verspricht eine Garantie fürs Männlichsein, anders als Symbole oder Erfolg kann ihr »eigener« Körper Jungen und jungen Männern nicht genommen werden. Körper und Verhalten mit dem Körper – Kämpfe, Risiken eingehen, Sexualität – ist ein Gestaltungsraum für ihre Geschlechtsidentität. Über ihren Körper geben sich Jungen selbst Resonanz und zeigen sich mit ihm. Und er ist mit seiner Jugendlichkeit ein Joker in der Generationenabgrenzung, denn er lässt die Erwachsenen »alt aussehen«.

• • • • • • • • • •

Leon: »Muskulös – das ist das, was viele Mädchen interessiert: Ist er muskulös? Oder sieht er zumindest sportlich aus? Jungs selber wollen das haben, damit sie sich gegen andere behaupten können und damit sie ihren Beschützerinstinkt gegenüber ihrer Freundin ausüben können. Weil, wenn da so ein Zweimeterschrank vor einem steht, ist es halt schlecht, wenn man nur so ne Bohnenstange ist (lacht).«

• • • • • • • • • •

Jeder vierte der 11- bis 15-jährigen Jungen bewertet sich als zu dick und jeder fünfte als zu dünn (das sind jeweils nicht unbedingt die, für die das auch zutrifft). Unzufriedenheit mit dem eigenen Gewicht oder Körperbild ist oft Auslöser für eine Diät. Tatsächlich hat heute schon jeder zehnte Junge zwischen 12 und 17 Diäterfahrung, andere versuchen, Aussehen und Körpergewicht durch Sport zu verbessern. Riskant wird es dort, wo Training oder Diäten zum Selbstzweck werden und einen Zwangscharakter entfalten. Nicht jede Diät pubertierender Jungen verweist auf eine mögliche Essstörung; umgekehrt erfolgt der Einstieg in eine Essstörung häufig über Diäten. Essstörungen haben bei Jungen und männlichen Jugendlichen zugenommen, eine Schattenseite des neuen Männerkörperkults.

Auf der Suche nach der männlichen Identität

Die größte Aufgabe der Jungenpubertät ist in der Psyche zu bewältigen: Männlich zu werden und zu sein, ist vor allem psychische Arbeit. Während der Entwicklung ist das eine sensible Angelegenheit, vieles beeinflusst die Psyche, vieles kann sie aus dem Gleichgewicht bringen.

*

Psychische Pubertät ist Hochleistungsarbeit, die auf der Gegenseite viel Erholung für die Regeneration braucht. Der entspannte, inaktive Rückzug, das »Chillen«, ist ein Verhalten, das diesem Bedürfnis entspricht. Daneben sind körperliche Betätigungen und ausreichend Schlaf für die Psyche und ihre Entwicklung förderlich.

Was in und mit dem Körper des Jungen während der Pubertät geschieht, ist ein gutes Stück weit vorprogrammiert. Das Bewältigen der körperlichen Entwicklungen, das Umgehen mit diesem Geschehen und mit den neuen Möglichkeiten finden in der Jungenpsyche statt. Mit dem Ab- und Umbau im Gehirn entstehen auch für die Psyche neue offene Räume, die wieder gefüllt werden wollen und müssen: Vor allem stellen sich Fragen zur eigenen Person, die Dinge im Kopf wollen entwickelt, sortiert, gewertet, gewichtet werden. Psychisch lässt sich Pubertät übersetzen mit der Entwicklung einer eigenen Persönlichkeit, also (noch) einzigartiger zu werden und eine eigene männliche Identität zu entwickeln. Der Junge soll zu dem Mann werden, der in ihm angelegt ist. Alle Pubertierenden sind damit beschäftigt, herauszufinden, wie sie sein wollen und können, und die Antworten in ihre Selbstbilder einzubauen.

....

Leon: »Identitätskrise, das kenne ich aus meiner Klasse, aus meiner Umgebung, weil ich ja mit lauter pubertären Leuten in Kontakt bin, und ich kenne es logisch auch von mir selbst.«

....

Die unterschiedlichen psychischen Aspekte können, das kommt noch dazu, nicht einfach nebeneinanderstehen, sondern müssen abgestimmt werden und zueinander passen. Das macht das Wesen der Individualität aus, es soll ein Guss werden, zwar durchaus flexibel, aber dennoch verbunden, nicht teilbar (das meint der Begriff In-dividuum). Das Männliche durchdringt dabei alle Facetten des Selbst von Jungen, und zwar unabhängig davon, wie diese Fragen beantwortet werden: Männlich zu sein, bildet einen Grundton der Identität, auf dem sich viele Variationsmöglichkeiten entwickeln und entfalten. Der männliche Körper und die Gesellschaft mit ihren Männlichkeitsvorstellungen mischen beim Beantworten der Identitätsfragen immer mit, sie bieten Resonanzfelder für das Bewusstsein. Was Jungen in der Pubertät offen oder unterschwellig beschäftigt, sind psychische Fragen, die geschlechtlich aufgeladen sind: Wer bin ich als Mann? Was für ein Mann kann und will ich sein?

Das Finden und Stabilisieren einer geschlechtlichen Identität gehört zu den größeren Entwicklungsaufgaben in der Pubertät. In dem bunten Strauß von Identitätssegmenten ist das Geschlecht ein großes und wichtiges Modul: Wer bin ich als Mann, und wie bin ich männlich? Die Facette »Geschlecht: männlich« strahlt auf alle anderen Anteile aus, wird aber gleichzeitig von ihnen beeinflusst und muss mit ihnen in Einklang gebracht werden. Viele und ständige Abstimmungs- und Veränderungsprozesse sind notwendig, bis das alles zusammenpasst.

Der Fakt des Männlichseins steht dabei meistens außer Frage, was das Problem aber nicht löst: Ich bin männlich, okay – aber wie? Was heißt das für mich? Heute ist damit ausdrücklich nicht ein heterosexuelles Standardgeschlecht gemeint. Wie man seine eigene Männlichkeit ausgestaltet, wird zum Dauerthema in der Jugendphase und weit über sie hinaus. Viele Jungen zeigen in der Pubertät zwar Männlichkeitsstereotype, die vor allem durch die Gleichaltrigen verstärkt werden. Gleichzeitig lassen sie auch Merkmale erkennen, die von Männlichkeitsbildern abweichen: Reizbarkeit, unkontrolliertes Verhalten, Sensibilität, emotionale Aufwallungen oder Depressionen. Damit bringt die Jugendphase auch eine Chance fürs Männlichsein: um einen eigenen, individuellen – nicht stereotypen – Zugang zu sich selbst und zu *seinem* Mannsein zu finden.

Kein Mann – aber was dann?

Was aber, wenn sich herausstellt, dass der Junge kein Mann werden will? Auch das entscheidet sich meistens während der Pubertät. Noch vor wenigen Jahren wurde es als Störung verbucht, heute wird es meistens entspannter gesehen, und das ist gut so. Geschlechtszuordnung sollte nicht in Schwarz-Weiß-Kategorien erfolgen, zwischen den beiden »Hauptgeschlechtern« gibt es Zwischenstufen und Varianten. Bei einem kleinen Teil der Jungen entwickelt sich das so, dass sie sich während der Pubertät sicher werden, dass sie kein Mann sind oder werden wollen – sondern eine Frau oder intersexuell oder auch undefiniert. Gut, dass es diese Variationen gibt und dass der Druck, sich entscheiden zu müssen, vielerorts nachgelassen hat.

Gehört das Kind zu den Varianten, müssen Eltern meistens heftig schlucken, bevor sie es akzeptieren können. Je früher ihnen das gelingt, desto besser für die Entwicklung ihres pubertierenden Kindes. Bewegt sich ein Junge in diese offenen Geschlechterräume, benötigt er noch mehr Verständnis und Zuversicht seiner Eltern; sie sollten sich darüber klar sein und es positiv sehen, dass sie einen besonderen Menschen begleiten dürfen. Seine männliche Lebensphase endet damit – es beginnt etwas Neues.

Zweite Chancen

In vielerlei Hinsicht ist die Pubertät für die Psyche wie eine zweite Chance nach der Kindheit. Nun können Defizite ausgeglichen oder Konflikte und Beziehungen geklärt werden, die bisher nicht bewältigt wurden. Ohne Zweifel sind dabei die Eltern noch einmal besonders gefordert: Ihre Rolle wird hinterfragt, sie werden beurteilt und demontiert, aber sie bekommen dabei ebenfalls ihre zweite Chance.

Sättigung zu Hause oder auch Restschmerzen aus der Kindheit führen leicht dazu, dass die Jugendlichen die neuen Bindungen und Erfahrungen idealisieren. Draußen fühlt sich alles besser an: die Gleichaltrigen- und die Liebesbeziehungen, manchmal auch die zu den Eltern der Freundin oder des Freundes. Das Erleben dieses Teils der zweiten Chance kann für Eltern schmerzhaft sein. Tröstlich ist zweierlei: dass die Ablösung von der Familie, das selbstständige Hinaustreten in die soziale Welt für die Herausbildung des Selbst und der Persönlichkeit des Jungen elementar wichtig ist und dass der Sohn sich in den meisten Fällen nach der bewältigten Ablösung wieder neu den Eltern zuwendet. Deshalb ist Geduld angebracht.

WAS MACHE ICH, WENN ...

... er sich zurückzieht?

Rückzug ist in der Pubertät in gewissem Umfang normal und notwendig, um zu sich zu kommen. Viele Eltern erleben es als abweisend, wenn der Sohn nicht mehr alles mit ihnen teilt, was ihn beschäftigt; das muss er aber auch nicht, wenn er dafür jetzt gleichaltrige Ansprechpartnerinnen und -partner hat. Die entscheidende Frage lautet, was während des Rückzugs geschieht und ob er – und wie oft und intensiv – aus dem Rückzug wieder auftaucht. Exzessives Gamen, keine realen sozialen Kontakte und völliges Abkoppeln vom Familienleben sind starke Warnzeichen, die auf problematische Formen des Rückzugs und psychische Probleme hinweisen können. Im Zweifel sollten sich Eltern professionellen Rat und Hilfe holen.

Durch die Entwicklungen in Gehirn und Psyche nehmen empathische Fähigkeiten zu, also, sich in andere hineinzuversetzen, mitzufühlen, sich selbst aus den Augen anderer sehen zu können. Empathie ist eine fantastische Kompetenz, über die nur höhere Säugetiere verfügen und die maßgeblich zum Menschsein gehört. Für Jugendliche wird es damit wichtiger, wie andere sie wahrnehmen, ein weiteres wesentliches Element ihrer Identität. Oft lautet für Jungen die Frage zuerst: Wie sehen mich die anderen Jungen? (Erst später, wenn es um die Partnerwahl geht und der Junge heterosexuell orientiert ist, kommt die Perspektive der Mädchen stärker ins Spiel.) Ihre eigene Identität ist noch hauchdünn, Jungen sind sich unsicher und ringen regelrecht mit der Frage, wer sie nun eigentlich sind. Deshalb sind die Werte und Reaktionen ihrer Gleichaltrigen so wichtig; viele Jungen wirken dann überangepasst, sie nehmen mögliche negative Bewertungen der anderen vorweg und verhalten sich lieber normgerecht zu ihrer Clique.

Während der psychischen Ablösung von den Eltern und ihrer Kindheit und mit der Erweiterung ihres Lebensraums sind Pubertierende viel mit sich selbst beschäftigt. Zur Identitätsentwicklung gehört maßgeblich die Stabilisierung des Selbstbewusstseins. Pubertierende richten ihren Fokus also stark auf sich selbst und tendieren dazu, sich als Nabel der Welt zu empfinden, alles soll sich um sie drehen. Gesellen sich Männlichkeitsbilder von Autonomie und Dominanz hinzu, wirkt sich das in Richtung Größenwahn aus.

Leon: »In der Pubertät haben viele (Jungen) einen extremen Geltungsdrang, das ist normal. Man will was bedeuten, man will was bewirken, man will, dass man wahrgenommen wird. Manche machen das, indem sie freundlich sind, Leuten helfen und dann in guter Erinnerung bleiben. Manche machen Quatsch, damit sie überhaupt bemerkt werden – also, diesen negativen Geltungsdrang, den haben schon mehr die Jungs. Das gibt's schon auch mal bei Mädchen, aber das sind Ausnahmen.«

Auch das Gefühl, etwas ganz Besonderes zu sein, kann sich hier einstellen: Ich bin der Erste, der die Welt, die Politik, diesen Film, dieses Gedicht, diese Musik wirklich versteht. Wer sich ständig fragen muss: Wer bin *ich*?, wird dabei egozentrisch. Diese Prozesse bringen Jungen dazu, dass sie vor allem sich, das Persönliche, die Einzigartigkeit *ihrer* Wahrnehmung der Welt sehen. Meistens legt sich das später wieder von allein. Die Selbstfindung wird begleitet von gemischten Gefühlen: Jugendliche fühlen sich mal großartig, dann wieder zerrissen oder entfremdet; sie verwechseln leicht ihre innere und die äußerliche Wirklichkeit, Missverständnisse und Konflikte sind unvermeidlich.

Ziel der Individuation ist es nicht, egoistisch zu werden. In den heutigen individualistischen Zeiten kommen allerdings das Wir und die Gemeinschaft oft zu kurz. Jungen neigen besonders dazu, nur noch die Ellbogen auszufahren und ihren Kopf um jeden Preis durchzusetzen. Vorbilder finden sie in den Medien, in Politik und Wirtschaft. Aber was wir individuell sind, sind wir nur in und durch die Gemeinschaft. Die Familie ist der Ort, an dem dieses Prinzip vermittelt und in der Psyche verankert wird. Neigt der Junge zu übermäßigem Ego, sind Eltern als Korrektiv gefragt. Es hat den Anschein, als hätten wir Nachholbedarf in Richtung sozial orientierter Werte und Kompetenzen. Dies betrifft vor allem die Jungenerziehung, denn in globaler Unsicherheit und Krisenzeiten werden Rettungsfantasien oder Bewältigungserwartungen ins Männliche projiziert. Es gilt, sich zu stählen, um die Krisen mit »männlichen« Eigenschaften meistern zu können: mit Härte gegen sich und andere. Solche schrägen Ideen können Eltern begrenzen.

Das entstehende Selbstgefühl will nach außen präsentiert werden, es verknüpft sich mit dem Wunsch, Selbstbewusstheit zu zeigen: Coolness, Distanziertheit oder eine Mir-doch-egal-Haltung sollen bei anderen den Eindruck erwecken, dass der Junge nur so vor Selbstsicherheit strotzt, auch wenn sich dahinter gerade im Gegenteil eine dünnhäutige Identität versteckt. Entsteht und wächst das Bewusstsein und die Gewissheit der eigenen Identität, befeuert dies den Drang, sich von bisherigen Autoritäten zu emanzipieren.

> *
> Der Begriff Emanzipation bedeutet vom ursprünglichen Wortsinn her und passend zur Pubertät: »Befreiung von der väterlichen Macht oder aus der Sklaverei«.

Vor allem Eltern, aber auch Lehrkräfte, Nachbarn oder Polizisten bieten sich als diejenigen an, von denen es sich zu befreien gilt. Respektlosigkeit ist ein bewährtes Mittel dafür, den Identitätszuwachs und die eigene Autonomie zu unterstreichen. Gegen Regeln zu verstoßen, ist dazu ebenfalls geeignet, zumal es bei den Gleichaltrigen Anerkennung, Aufmerksamkeit und damit Statuspunkte verspricht. Kommt dann noch das Bedürfnis nach Aufregung, nach dem Kick hinzu, sind riskante Aktionen in Bereichen des Verbotenen oft naheliegend.

Die psychische Frage der Pubertät unterstreicht die Lösung von den Eltern: Wer bin ich ohne meine Eltern, die mich bisher gespiegelt und die mir meinen Namen gegeben haben? Elternantworten zählen nicht mehr, und auch die Zugehörigkeit ist offen, die Jungenpsyche fragt sich: Wo gehöre ich hin? Deshalb sind die Gleichaltrigenbeziehungen so wichtig: Da ist ein Platz für den Jungen, ein Probe- oder Übergangsplatz vielleicht, ein Ort der Zugehörigkeit, der Selbstfindung und -definition. Aber selbst mit sehr guten Gleichaltrigenbeziehungen lassen sich depressive Momente und Phasen nicht vermeiden.

. . . .

Leon: »Ich habe einen Freund in der Klasse, der ist arg introvertiert und hat manchmal auch so ein bisschen mit Depressionen zu kämpfen, also, der ist manchmal schwierig, aber eigentlich meistens ein sehr netter Junge und total cool drauf.«

. . . .

Depression ist ein Ausdruck für eine schwache innere Struktur; man kann sich nicht halten, und Grenzen lösen sich auf.

> ✱
> Wer sich noch nicht gefunden hat, verliert sich leichter.

Deshalb ist es zwar meist nicht schön, aber richtig und notwendig, dass die pubertären Auflösungserscheinungen in depressive (Ver-)Stimmungen führen. Wandlung und Entwicklung benötigt auch diese Krise. Für die Entwicklung von Jungen in der Pubertät kann es sich blockierend oder behindernd auswirken, dass depressive Stimmungen im Männlichen nicht vorgesehen sind. Wer an pubertäre Depression denkt, dem fallen eher traurige, niedergeschlagene, lustlose Mädchen ein; Jungen verdecken und maskieren depressive Gefühle oder Gedanken, etwa hinter Aggressivität oder exzessivem Gamen.

In der gesunden Entwicklung arbeitet sich die Jungenpsyche allmählich aus diesen Unsicherheiten heraus und bildet dabei eine eigene stabile Identität aus, die einen sicheren Ort bietet. Der Verlust von Zugehörigkeit muss dann nicht mehr so stark befürchtet werden, weil Selbstsicherheit erlangt ist, die Abhängigkeit von anderen nimmt ab. Gleichzeitig entsteht die eigene Identität durch die Zugehörigkeit zu anderen Menschen, sie wird durch andere genährt. Wir brauchen deshalb andere Menschen unbedingt.

Rückgriff aufs Nein

Viele Jungen neigen in der Pubertät dazu, alles, was von Eltern oder anderen Erwachsenen kommt, reflexhaft ablehnen zu müssen. Die Abgrenzung von den Eltern – offen konflikthaft oder als mehr innerer Prozess – ist eine wesentliche Form der pubertären Identitätsfindung. Deshalb gehört es zu den Standardaufgaben Pubertierender, die Eltern zu hinterfragen, sich mit ihnen auseinanderzusetzen und von ihnen abzusetzen. So können sie die Beziehungen zu ihnen klären.

> *
>
> Aus der Distanz betrachtet ist es also Anlass zur Freude, wenn der Sohn seine Eltern ablehnt, auch wenn es sich als Zurückweisung anfühlt: Er entwickelt gerade sein Eigenes.

Generell entsteht Identität durch zwei gegenläufige Erfahrungen und Beziehungsformen: Einerseits durch das Gleichsein, die Zugehörigkeit, das Gespiegeltwerden, die Erfahrung von Mitgefühl und Zustimmung; und andererseits durch Abgrenzung, Ausschluss, Anderssein, Unterschiedlichkeit, durch Ablehnung. Sich zugehörig zu fühlen und sich von anderem abzugrenzen, ist eine Grundfunktion der Identität. Durch den Geschlechtsunterschied erhält der Junge meistens einen etwas stärkeren psychischen Impuls zur Abgrenzung von der Mutter. Denn noch bevor der Junge

Geschlecht denken kann, signalisiert die Mutter: »Ich bin weiblich, du bist männlich – wir sind verschieden«, und bringt damit geschlechtliche Abgrenzung ins Spiel.

Gut, wenn der Junge einen nahen Vater erlebt mit seiner Botschaft: »Ich bin männlich, du bist männlich – wir sind gleich.« Aber durch Schwangerschaft, Geburt und Stillen hat die Bindung zur Mutter eine stärkere Bedeutung. Auch gesellschaftlich sind Jungen durch die häufig noch traditionelle Arbeitsteilung strukturell weniger mit dem Vater und anderen Männern vertraut: Kinderbetreuung ist immer noch größtenteils eine Aufgabe, die Frauen übernehmen oder die ihnen zugeschrieben wird. Dies kann eine Verstärkung des Abgrenzungsbedürfnisses bewirken, kann beim Jungen mehr Energie in Richtung Konflikt und Selbstbehauptung senden, Harmoniewünsche dagegen schwächen.

Das ganze Pubertätspaket an Fragen und Aufgaben muss der Junge selbst erledigen. Eltern können aber wichtige Begleiter bleiben, gerade weil der Sohn sich von ihnen löst, um sich selbst zu finden. In der Pubertät geht es psychisch um Ablösung und Abgrenzung: Der Junge fühlt sich ständig missverstanden: »Ihr habt keine Ahnung, ihr versteht überhaupt nichts, was ihr denkt, ist falsch.« Jeder Konflikt ist ein gelebtes Nein, egal, ob es um die Ordnung im Zimmer, um Schulleistungen, Computernutzung oder riskantes Verhalten geht. Anders als in der Mathematik wird zweimal negativ hier nicht positiv, ein Nein von beiden Seiten ergibt kein positives Ergebnis. Aufgabe des Jungen ist es, sich zu lösen. Nun blasen manche Eltern als Antwort ins gleiche Horn und sagen auch: »Nein, du gehörst (so) nicht zu uns.« Obwohl er sich löst, fühlt sich der Junge dann abgelehnt und ausgeschlossen.

*

Aufgabe des Sohnes ist es, sich abzulösen; der Elternjob besteht darin, ihn loszulassen – aber nicht abzulehnen.

Diese Begleitung der Entwicklung der Jungenpsyche durch die Eltern ist nicht einfach; es gilt, das Nein zu beantworten, den Jungen sich lösen zu lassen, ihn auch aktiv loszulassen. Gleichzeitig ist es für den Jungen wichtig, dass er sich zugehörig fühlen kann. Es ist fast schon paradox: Auch wenn das Nein für den Jungen so groß geschrieben wird, bleibt seine Sehnsucht nach Bindung und Zugehörigkeit. Von den Eltern erfordert das vor allem eine emotionale Leistung: Es ist ihre Aufgabe, die Bindung und die Beziehung, ihre unbedingte Liebe, das Zutrauen zu ihrem Sohn zu behalten. Dies gilt auch dann, wenn sein Verhalten indiskutabel ist: Betonen Sie dann, dass Sie sein Verhalten ablehnen, aber nicht Ihren Sohn. »Das ist unmöglich, ich werde mich mit meiner Kraft dagegenstellen; aber du selbst bist voll in Ordnung, ich liebe dich genau so, wie du bist!«

Gefühle regulieren lernen

In der Pubertät schäumen die Gefühle, Jugendliche erleben teils heftige Emotionen. Jungen müssen lernen, damit umzugehen. Ziel ist die Selbstregulation, das meint, die eigene Gefühlswelt besser zu verstehen, sich selbst zu beruhigen, um vernünftig handeln zu können. Viele pubertierende Jungen stehen sehr unter Druck, sie reagieren impulsiv oder empfindlich auf Stress, dann fällt es ihnen schwerer, sich selbst emotional zu regulieren. Dass das schwierig ist, sollten Eltern anerkennen, aber dennoch darauf bestehen, dass er den sozial verträglichen Umgang mit emotionalen Situationen lernen muss. Weil es seine Gefühle sind, muss der Junge selbst Wege finden, die ihm das erleichtern. Eltern können hier nur Tipps geben, wie sie selbst mit ihren Gefühlen oder mit Stress umgehen.

Die Fähigkeit, Gefühle zu empfinden und mit ihnen umzugehen, ist bei Menschen angeboren. *Wie* sich diese zur emotionalen Kompetenz entwickelt, hängt maßgeblich von Erziehung ab: Davon, welche Vor- oder Leitbilder es für den Umgang mit Gefühlen gibt, in welchem Maß es Kindern erlaubt ist, emotional zu sein, ob sie also ihre Emotionalität entfalten und den Umgang mit ihr üben dürfen. Oft erfolgt hier von früh an eine je nach Geschlecht unterschiedliche Prägung. Gefühle zu regulieren, ist eine schon in traditionellen Konzepten der Männlichkeit verankerte Kompetenz: Ein Mann soll sich »im Griff haben«, nicht unbedingt seine Gefühle unterdrücken, aber damit umgehen können. Die Idee, »cool« zu sein, übernimmt diese Botschaft und vermittelt eine Distanz zum Gefühlsleben, eine betont lässige oder gelassene, entspannte, souveräne oder kontrollierte emotionale Lage. Manche Gefühle sind mehr, andere weniger erlaubt.

Männlichkeitsbilder fordern Jungen auf, sich als cool, ärgerlich, wütend oder stolz zu zeigen und die anderen, als »unpassend« gewerteten Gefühle zu unterdrücken. Alle Emotionen aber sind menschlich. Scham, Ekel, Trauer oder Angst verschwinden ja nicht, nur weil sie weniger gestattet sind. Gefühle zu empfinden und zu äußern, das Mitgefühl anderer zu erleben, ist wohltuend. Gefühle zu unterdrücken, schränkt dagegen den Kontakt zu sich und zu anderen ein – man fühlt sich weniger lebendig. Mit Gefühlen passend zum Geschlecht umzugehen, ist Teil der emotionalen Kompetenz und eine Entwicklungsaufgabe. Dass Jungen manche Gefühle zu verbergen versuchen, ist nicht wünschenswert, aber sie haben auch etwas gelernt, was sie jetzt anwenden.

Gerade bei diesem Thema sind Eltern wichtig, mit ihren Rückmeldungen, aber auch als Modelle zur Orientierung für den Sohn. Das Problem: Der pubertäre Aufruhr, in dem sich der Sohn befindet, lässt Eltern ja auch nicht kalt, sondern kann bei ihnen ebenfalls für heftige Emotionen sorgen, die im Erleben negativ gewertet werden. Angst ist nur eine davon, Kränkung, Wut, Verletzung, Bedrückung, Trauer, Schmerz, Abweisung, Einsamkeit, Hilflosigkeit – die Reihe ließe sich fortsetzen. Bringen wir es auf eine Formel, können wir sagen: Heftiger Aufruhr beim Jungen sorgt bei Eltern manchmal für heftige Gefühle.

Hinzu kommt, dass manche Eltern ihre eigenen Gefühle schlecht von denen ihrer Kinder trennen können. Wenn der Sohn traurig ist oder schlechte Laune hat, fühlen diese Eltern das so, als wären es ihre eigenen Emotionen. Dann wird es für den Sohn schwierig, mit seinen Gefühlen klarzukommen, abgesehen davon wird er merken, dass er seine Mutter oder seinen Vater steuern kann, und das verleiht ihm Machtgefühle. Hilfreich für den Sohn ist es, wenn seine Eltern mit ihren Gefühlen klar sind, zwar Mitgefühl empfinden können, dann aber wissen, dass das die Gefühle des Sohns sind und nicht ihre.

> Enttäuschungen sind mit pubertierenden Jungen unvermeidlich. Wenn sie enttäuscht sind, sollten Eltern das dem Sohn gegenüber benennen und auch den Grund dafür angeben. Dann ist es aber auch wieder gut.

Eine schlechte Reaktion ist der reflexartige Gegenangriff mit einer Abwertung, also z. B.: »Aus dir wird sowieso nichts!«, »Du Loser« oder »Du taugst ja echt zu gar nichts!« Dass Eltern ärgerlich oder auch mutlos werden, gehört zur Pubertät; solche Erfahrungen sollten allerdings das bleiben, was sie sind: Ärgernisse und Enttäuschungen, und nicht zur generellen Demontage des Jugendlichen führen.

Bei einem Fehlverhalten, mit dem der Sohn die Eltern wirklich trifft, kann es eine gute Konsequenz sein, Jungen mit den Gefühlen zu konfrontieren, die er damit in seinen Eltern auslöst: mit der Wut und dem Zorn, mit dem Ärger oder der Trauer bekannt zu machen, also mit all den Emotionen, die er verursacht. Die Konfrontation kann als Gabe, als Geschenk oder auch als Zumutung gesehen werden; mit ihr geben Eltern dem Sohn etwas zu verstehen, führen ihm seine Wirkmächtigkeit vor Augen: Er ist Akteur, er mutet seinen Eltern (oder einem Elternteil) wirklich etwas zu, und das Gewicht dessen drückt sich in den Gefühlen aus. In so einem klärenden Gespräch dürfen auch die Bedürfnisse der Eltern ihren Platz bekommen. Vielleicht steht hinter dem Ärger der Wunsch nach Vertrauen und Sicherheit? Oder danach, vor anderen, den eigenen Eltern, den Nachbarn nicht schlecht dazustehen? Schließlich können auch Wünsche geäußert werden: »So etwas will ich nicht mehr sehen, hören oder erleben. Ich will, dass du das nicht noch einmal machst.« Es empfiehlt sich, dabei wirklich angemessen zu bleiben, nicht überzureagieren, aber schon eine Reaktion zu zeigen, die deutlich Position bezieht. Eltern sind hier wichtige Modelle für den Umgang mit Gefühlen: Wenn sie leicht »ausrasten«, wird ihr Verhalten selbst zum Problem. Das erleichtert es dem Jugendlichen zwar einerseits, sich von seinen Eltern (oder einem Elternteil) abzugrenzen, weil ihm deutlich wird: »So will ich nicht sein!« – nur weiß er andererseits dann leider auch nicht, wie man besser mit seinen Emotionen umgeht …

Noch Pubertät oder schon krank?

Wenn es am Ende der Kindheit beim Sohn allmählich losgeht mit dem Pubertieren, sind Eltern manchmal irritiert. Sie fragen sich: »Ist das noch normal oder ist es schon Pubertät?« Später dann, wenn es in der Pubertät mal rundgeht, lautet die Frage zugespitzt: »Ist das noch Pubertät oder doch schon verrückt?«

Pubertät ist wegen der enormen Entwicklungen und Anforderungen eine Zeit, in der Probleme verstärkt auftreten. Die Psyche befindet sich in einer heiklen Phase, sie ist sehr sensibel und gerät schnell aus der Balance. Die Grenze zwischen »nur pubertär« und »schon krank« ist meistens nicht deutlich zu ziehen. Es gibt Graubereiche, in denen es unklar ist, ob in einem Verhalten Anzeichen einer Krankheit zu erkennen sind. Diese Unklarheit auszuhalten, ist für Eltern wie für Jugendliche nicht einfach – und es gibt kein Rezept dafür, wie es gelingen kann. Pubertät heißt Aufruhr, innerlich wie nach außen, und das zeigt sich nun auch im psychischen Geschehen: Was sich im Lauf der Kindheit abgesetzt hat, wird jetzt aufgerührt, vorher Geregeltes wird über den Haufen geworfen. Chaos gehört mit dazu, was der Blick in ein Jungenzimmer oft bestätigt: Da sieht es oft mehr nach Müllhalde aus und riecht auch so. Dennoch sind Jungen keine Messies. Worauf die Aufruhrkräfte gerade wie stark gerichtet werden, das ist sehr unterschiedlich. Neben den allgemeinen Pubertätsthemen und der geschlechtsspezifischen Ausrichtung spielt auch der Charakter des Jungen eine Rolle, seine Erfahrungen, die Reize, Anregungen und Verführungen, die ihn umgeben; allein deshalb gibt es in der Pubertät wenig »Normales«, sondern viel Individuelles.

Pubertät ist nie »normal«

Eine standardisierte, normierte oder »normale« Pubertät gibt es nicht. Jugendliche finden sich selbst und ihr Eigenes, sie sind individuell unterschiedlich, deshalb ist jede Pubertät etwas Einmaliges, sehr Spezielles und Pubertätsprognosen sind unmöglich. Ich habe Jungen erlebt, die in der Kindheit nichts ausgelassen haben, es in der Pubertät aber ruhig angehen ließen, und andere, eher brave Jungen, die dann plötzlich über die Stränge schlugen – also umgekehrt! Vorher lässt sich eigentlich – nicht sehr beruhigend für Eltern, aber ehrlich – nur sagen: Es ist mal so, mal so, und wie es auch läuft – es kommt darauf an, die jeweiligen Entwicklungschancen zu nutzen. Was in der Pubertät geschieht, gibt es nur einmal; es lässt sich nicht wiederholen, wenn wir mit dem Ergebnis nicht zufrieden sind.

Jeder Junge, jede Pubertät ist einzigartig – man darf sich überraschen lassen!

Schon wegen dieser Einmaligkeit ist es für Eltern und oft auch für Fachleute schwer festzustellen, ob Schwierigkeiten von pubertierenden Jungen noch im »Normalbereich« liegen. Chaos, heftige und schwankende Gefühle oder Beziehungseruptionen können bei Erwachsenen ernst zu nehmende Hinweise auf psychische Probleme sein – bei Jugendlichen sind sie zunächst einmal Teil der Pubertät.

. . . .

Vater, ein Sohn, 15 Jahre: »Mit Alexander ist es schwierig für mich gerade, immer ist er irgendwo krank, er muss sich vergewissern, ist unsicher in allem. Und wenn ich ihm sage: ›Hey, natürlich kannst du so in die Schule gehen‹, glaubt er es mir nicht – erst wenn es der Arzt sagt. Oder er isst nichts, einfach so, er riecht immer dran, ob es noch gut ist. Und er redet nicht mit mir, über nichts, er ist immer auf Rückzug, seine Botschaft ist: ›Lass mich in Ruhe.‹ Und dann mit dem Smartphone, abgetaucht und weggetreten, schlimm. Er hat keine Energie in sich, immer so leidend, echt schwer für mich!«

. . . .

Viele der Entwicklungen im jugendlichen Gehirn wirken zwar gestört, wachsen sich im Verlauf der Jahre aber aus. Insofern sind eine gute Portion Geduld und Entspannung hilfreich. Andererseits sollten Störungen nicht übersehen werden, die bei Jungen ebenfalls häufig vorkommen. Manche entwickeln sich nämlich gerade in der Jugendphase, in der einerseits die Psyche anfällig ist für problematische Entwicklungen, andererseits vererbte Erkrankungen ausbrechen. Zwangsstörungen, Depressionen oder Essstörungen zählen dazu. Der (extreme) Konsum von Alkohol oder Cannabis kann diese Risiken deutlich erhöhen.

Auf jeden Fall: Krise

Die körperlichen, psychischen und sozialen Belastungen in der Pubertät sind enorm. Eigentlich ist es erstaunlich, dass sehr viele Jungen mit ihrer Pubertät im Großen und Ganzen – von einzelnen Ausrutschern abgesehen – gut zurechtkommen. Es kann aber auch zu viel werden, wenn sich die Bewältigungsprobleme häufen oder wechselseitig anreichern. Äußere Ereignisse, wie die Trennung oder berufliche Krisen der Eltern, Tod eines Großelternteils usw., können dann einfach zu viel sein und den Jungen überfordern. Eigentlich ist eine Pubertät immer der Prototyp für Krise, und das gilt für alle Beteiligten. Psychisch sind Krisen grundsätzlich wichtig, sie sind nötig, um sich weiterzuentwickeln und zu reifen.

> Krisen sind Entwicklungschancen!

Im Krisengebiet Pubertät ist in der Wahrnehmung des Jungen alles bedroht: die Identität, der Körper, das Geschlecht, die Beziehungen. Wie heftig solche Entwicklungskrisen ablaufen, wie stark sie sich ausprägen, da sind Jungen verschieden. Im Extrem verhalten sie sich wirklich seltsam oder führen sich auf wie verrückt, was aber kurz darauf wieder verschwunden sein kann. Deshalb ist es auch schwer zu unterscheiden, ob ein Junge mit seinem Verhalten gerade noch einfach seine Pubertät in einer schwierigeren Variante durchläuft oder ob es sich um eine Störung handelt, ob er psychisch erkrankt ist. Schuldgefühle und Selbstvorwürfe, etwas zu spät bemerkt zu haben, sind meistens nicht angebracht, weil es schwer ist, das richtig zu erkennen.

Krisen sind nie lustig, sie bekommen durch die männliche Wertung eine zusätzlich problematische Aufladung. Im Weiblichen sind Probleme Beziehungsanlässe: In der Krise bekommen sie tendenziell Zuwendung; im Männlichen gelten Schwierigkeiten als Schwäche, sind ein Einfallstor für Angriffe in Konkurrenzkämpfen und führen zur Angst vor Unterlegenheit. Jungen befürchten, dass psychische Probleme von anderen in dieser Richtung interpretiert werden. Deshalb ist die Schwelle höher, sich sein Leiden einzugestehen und damit zu zeigen. Zudem sind die Fähigkeiten, diese »inneren« Bereiche in sich wahrzunehmen und über sich und seine Befindlichkeit nachzudenken, oft nicht besonders gut entwickelt, weil Jungenkulturen stärker im Außen agieren. Eltern können deshalb nicht damit rechnen, dass ihr Sohn sich rechtzeitig meldet, wenn ihn die Lage überfordert.

Die Entwicklung im Gehirn findet in Schüben statt, indem sich viele neuronale Verbindungen schnell auflösen, um sich hinterher allmählich wiederaufzubauen und zu verbinden. Während solcher Schübe sind die Belastung und die Empfindlichkeit für Störungen groß. Pubertät ist zwar keine Krankheit, umgekehrt brechen psychische Störungen oft während der Pubertät aus. Sowohl die pubertären Prozesse im Gehirn, genetische Dispositionen, wie auch riskantes Verhalten – insbesondere der Konsum von Alkohol, Cannabis oder anderer Drogen – können dafür verantwortlich sein. Extreme Gedanken, Impulsivität, emotionale Schwankungen oder unüberlegtes, auch »krankes« Handeln – einfach mal ausprobieren, wie es sich anfühlt, wenn ich mir eine Nadel durch die Haut schiebe oder Ähnliches – tauchen bei Jungen auf. Schulschwänzen kann ein Ausdruck von Unlust sein, aber auch Anzeichen für Ängste oder eine dissoziale Entwicklung.

Viele Jungen erleben Stimmungsschwankungen oder besser: Sie agieren sie aus, ohne sie selbst bei sich zu bemerken. Auch aggressive Impulse, die mit durch die starke Produktion von Sexualhormonen ausgelöst werden, tauchen auf. Oder Identitätsfragen können sich existenziell ausprägen. Stress mit Eltern oder Gleichaltrigen, Ausgrenzungs- oder Abwertungserfahrungen können zu psychischen Irritationen führen. Hoher Leistungsdruck in einer Phase, in der das Gehirn nur eingeschränkt funktioniert, kann ebenfalls zu Stress, zu Blockaden oder zu Vermeidungsverhalten führen. Zunehmend sind auch körperliche Phänomene bei Jungen wirksam, etwa die Idee, zu dick oder zu schmächtig zu sein oder den Attraktivitätsnormen anderweitig nicht zu genügen. Fehlen echte Freunde oder stehen Eltern wegen der allgemeinen Konfliktlage nicht zur Verfügung, bekommen manche Jungen den Eindruck, es allein nicht mehr zu schaffen. In solchen belastenden Pubertätssituationen kann die Lage kippen.

Viele Verhaltensweisen und Symptome können auf psychische Belastungen und Störungen hinweisen:

* völliger sozialer Rückzug
* selbstverletzendes Verhalten
* extreme Gewichtszunahme oder -abnahme
* häufige psychosomatische Beschwerden (z. B. Kopf- oder Bauchweh)
* extremes, andauerndes Computerspielen
* Schulversagen
* Schulschwänzen
* starker Alkohol- oder Cannabiskonsum
* Störungen des Sozialverhaltens wie verbale oder körperliche Gewalt, motorische Unruhe, Lügen, Diebstahl

Ausmaß und Dauer des problematischen Verhaltens geben den Ausschlag: Ob es nur eine kurzfristige Episode ist, lässt sich daran festmachen, ob es einmalige Ereignisse sind – das ist meist unbedenklich (sie reichern die Erinnerung an die Pubertät mit Spektakulärem an). Kritisch wird es bei Wiederholungen. Aber die Symptome richtig einzuschätzen, ist schwierig. Unsicherheiten bei Eltern sind unumgänglich.

Psychische Störungen

Wenn psychische Funktionen so beeinträchtigt sind, dass eine Person nicht mehr in der Lage ist, ihr Leben wie die meisten anderen Menschen, also »normal«, zu führen, wird von einer psychischen Störung gesprochen. Aber was ist in der Pubertät schon normal? Beruhigend, dass psychische Auffälligkeiten während der Pubertät größtenteils vorübergehend sind, sie verschwinden von selbst wieder, oder sie sind gut therapierbar. Es gibt allerdings auch psychische Störungen, bei denen eine Behandlung oder ein Aufenthalt in einer Klinik notwendig wird: massive Essstörungen, manische Zustände, bipolare Störungen, starke Depressionen oder Psychosen.

Meistens müssen mehrere Faktoren zusammenkommen, bevor Jungen psychisch erkranken

Die Wahrscheinlichkeit nimmt zu, wenn

- der Junge eine Disposition mitbringt: Wenn er psychisch besonders »verletzbar« ist oder wenn ein Elternteil eine psychische Erkrankung hat, kann dies auf eine erbliche Vorbelastung hinweisen.
- ihn etwas überfordert oder stresst: vielleicht eine Belastungssituation, eine große Enttäuschung, der Verlust einer geliebten Person.
- er nicht ausreichend über Ressourcen und Bewältigungsstrategien verfügt, um das Geschehen verarbeiten zu können.

Depressionen sind in der Pubertät häufig, werden bei Jungen aber weniger erkannt, weil sie sich bei ihnen oft »maskiert« äußern, versteckt hinter Aggressivität oder Risikoverhalten, exzessivem Spielen oder Substanzkonsum. Bei depressiven Jungen besteht ein erhöhtes Risiko für Suizidgedanken und -versuche: Statistisch gilt Suizid bei Jungen hinter Unfällen als die zweithäufigste Todesursache, in der Altersgruppe der 15- bis unter 20-Jährigen nehmen sich über dreimal mehr Jungen das Leben als Mädchen. Die tatsächliche Zahl der Suizide liegt vermutlich och höher, denn hinter Unfällen können sich ebenfalls Suizide verbergen.

Phänomene, die bei Jungen in der Pubertät zumindest in schwacher Form häufig auftreten, können auch Anzeichen für psychische Störungen sein: zum Beispiel Bewusstseins-, Orientierungs- und Aufmerksamkeitsstörungen, Wahrnehmungsstörungen, Gedächtnisstörungen, wie Probleme mit dem Kurz- oder Langzeitgedächtnis, Störungen der Affekte, wie eine stark veränderte Gemütslage, entweder dauerhaft niedergeschlagen oder übersteigerte Fröhlichkeit, oder auch Antriebsstörungen, wie ein reduziertes Interesse an Aktivitäten.

Anstatt sich über längere Zeit zu sorgen, hilft es, sich rechtzeitig Rat oder Unterstützung von außen zu holen. Eltern können sich – je nach Stärke der Irritation – an entsprechende Beratungsstellen (Erziehungs-, Familien- oder Suchtberatung) wenden, dort einen Termin vereinbaren oder sich direkt telefonisch oder online beraten lassen. Kinder- und Hausärztinnen oder -ärzte sind ebenfalls gute Ansprechpersonen, besonders, wenn sie die Familien und Jugendlichen schon länger kennen. Man kann sich auch direkt an Kinder- und Jugendpsychotherapeutinnen und -therapeuten sowie die kinder- und jugendpsychiatrischen Ambulanzen der Krankenhäuser wenden.

WAS MACHE ICH, WENN …

… ich nicht mehr weiterweiß?

Im Zusammenleben mit pubertierenden Jungen gibt es häufig herausfordernde Situationen. Alte Er- und Beziehungskonzepte greifen nicht mehr. Kein Wunder, dass Eltern oft nicht mehr weiterwissen. Gut ist es, sich das rechtzeitig einzugestehen. Auch wenn sich Konflikte zuspitzen oder wenn Pattsituationen entstehen, die alles blockieren: Nehmen Sie professionelle Hilfe in Anspruch – auch wenn das Ergebnis die Gewissheit ist, dass alles normal ist. Der Blick einer Fachperson von außen hilft weiter, wenn man selbst im Sumpf eines Konflikts zu versinken droht. Die Faustregel lautet: Lieber früh einen Profi wie Kinderärztinnen und -ärzte hinzuziehen oder zu einer Erziehungs- oder Familienberatung gehen als zu lange leiden. Eltern müssen nicht warten, bis sich ihr Leidensdruck so erhöht, dass es ihnen selbst schon schadet. Unser Hilfe- und Unterstützungssystem ist relativ gut ausgebaut, von der Erziehungs-, Jugend- oder Suchtberatung über die Jugendämter bis zur Jugendpsychiatrie.

Männergesellschaft

Mit der Pubertät richtet sich die Perspektive aus dem familiären Nahraum hinaus ins größere, weitere Feld der Gesellschaft. Ein Ziel dieser Jugendphase ist es, außerhalb der Herkunftsfamilie eine eigenständige Position zu finden, erwachsen, unabhängig und selbstständig zu werden, um dann – vielleicht – einmal selbst eine Familie gründen zu können. Das gilt allgemein, für Mädchen und Jungen, etwa in Bezug auf kulturelle, wirtschaftliche oder berufliche Handlungsfähigkeit. Mal darin eingewoben, mal zusätzlich und besonders vermittelt wird ein geschlechtlicher Auftrag, der deshalb so bedeutsam ist, weil unsere Gesellschaft stark geschlechtlich organisiert ist: Für den Jungen gilt es, nun zunehmend auch öffentlich als männlich anerkannt, als Mann sozial handlungsfähig zu werden.

So wird in der Pubertät für den Jungen das Geschlecht als gesellschaftliches Geschehen interessanter, in dem er sich künftig nicht mehr als Junge, sondern als Jugendlicher und später als Mann bewegen wird. Er sammelt Informationen darüber, was in der Gesellschaft, in der er lebt, als männlich gilt, was er benötigt, um erfolgreich als männlich akzeptiert zu werden.

Die Sache wird für Jungen dadurch schwierig, dass dieses ominöse »Männliche« mindestens seit der Nachkriegszeit heftig im Wandel ist. An der Oberfläche allerdings ist davon wenig zu sehen. In Medien, Kommerz und Sport werden großartige und heldenhafte Männer präsentiert, die als Leitfiguren wirken. Gleichzeitig ahnen viele, dass das nur die Gewinnerseite des

Männlichen darstellt und sich hinter der Fassade von Stärke und Dominanz viel Unklares und Unsicheres verbirgt. Alles in allem keine gute Voraussetzung für Jungen, um ins Männliche hineinzuwachsen. Denn die Dauerkrise der Männlichkeit trifft sich mit der Pubertätskrise der Jungen, was ihnen mehr Optionen ermöglicht, es aber auch schwerer macht, sich in ihrem Männlichsein zu orientieren.

*

Von den Eltern – und möglichst auch von anderen Erwachsenen – braucht der Junge deshalb vor allem Optimismus und ein Gefühl der Zuversicht: »Keine Frage, das wird schon werden mit deinem Männlichsein!« Dies schließt natürlich nicht aus, dass seine problematischen Auswüchse auch entsprechend kritisch kommentiert und gebremst werden.

Schon während der Kindheit war es für den Jungen wichtig, wie er männlich ausstaffiert wird und welche Accessoires dafür nötig sind. In der Pubertät wird das Männliche als soziale Form der Selbstgestaltung und -bestimmung in größeren Zusammenhängen wichtiger. Neugier, Risikofreude und Leichtsinn verbinden sich mit bisherigen Erfahrungen des Männlichseins und neuen Informationen, die ständig hinzukommen. Jungen in der Pubertät ahnen, dass ihr altes Wissen über das Männliche jetzt nicht mehr gilt, und fahnden nun neu nach Mustern des Männlichen.

Wer wissen will, wie männlich geht, muss nur ein Spiel im Männerfußball mit der Geschlechterbrille anschauen – die Bravourstücke und Feldzüge, Gesten und Interaktionen zwischen den Spielern: Männlichkeit pur! Auch in der kommerziellen Werbung, in Filmen oder Computerspielen, überall finden Jungen Informationen darüber, wie *männlich* geht und welche Ziele es dabei zu erreichen gilt. Sie verarbeiten und integrieren das alles, meist nebenher, unbewusst und ohne groß darüber nachzudenken.

Bilder von Männlichkeit beinhalten Vorstellungen darüber, welches Leben Männer erwartet. Jungen nehmen mit den Männlichkeitsbildern die Erwartungen auf, die später an sie als Mann gestellt werden könnten. Diese sind nach wie vor einseitig ausgerichtet auf die Welt der Berufsarbeit. Einen verwertbaren Platz in der Arbeitswelt zu bekommen und (dadurch) für eine Familie sorgen zu können, strahlt als Leitidee von Männlichkeit. Weiblichkeitsbilder sind dagegen multioptional auf Familie und/oder Beruf sowie stärker auf Mütterlichkeit und Fürsorglichkeit konzentriert. Trotz des gesellschaftlichen Wandels sind Männlichkeitsentwürfe auch heute noch eng an Erwerbsarbeit gekoppelt, meist mit der Vorstellung lebenslänglicher Vollzeitbeschäftigung im Haupternährermodell und mit geringerer Beteiligung an Hausarbeit, Erziehung oder Pflege. Mit diesen Männlichkeitsdingen müssen sich Jungen in der Pubertät auseinandersetzen, das heißt nicht, dass sie das einfach so übernehmen, aber die Ansprüche und Aufträge sitzen ihnen im Nacken.

• • • • • • • • • •

Leon: »Jungen definieren ihre Männlichkeit auf jeden Fall auch über ihr Verhalten. Das Problem ist, viele Jungen gehen da in ihre Alpha-Position rein und tun so, als wären sie das Alpha des Rudels. Von denen gibt es so viele, von denen gibt es mehr als Rudel! (lacht) Es hat ja schon was Tolles, über anderen zu stehen – dazu muss man besser sein als die anderen. Viele tun aber nur so und stellen sich dar, als wären sie was Besseres, also nur Arroganz. Andere sind besser und reiten nicht drauf rum, machen also nicht auf Alphas, obwohl sie welche sein könnten. Als am männlichsten gilt der, der sich am besten durchsetzen kann, ob da dann viel dahinter ist – das ist eine andere Frage.«

Neben dieser Erfolgserwartung setzt die Modernisierung der Erwerbsarbeit Jungen und Männer unter einen besonderen Druck, weil der Beruf als »exklusive« Quelle für das Männlichsein eine zentrale Bedeutung erhält. Für die geschlechtliche Identität von Jungen und Männern wirken sich Ungewissheiten im Hinblick auf den Beruf besonders stark aus, die sich durch eine neoliberale Ökonomie und Politik der letzten Jahrzehnte festgesetzt haben: Ein späterer, anhaltend sicherer Berufsstatus ist für Jugendliche relativ ungewiss, berufliche Unsicherheit wurde zum Normalfall.

Andere traditionelle Arenen, um sich im Männlichen zu vergewissern, wurden ebenfalls weniger, unsicherer oder sind ganz weggefallen. Politik, Partnerschaft und Familie, Sport, Feuerwehr und sogar beim Militär: überall Wandel, Geschlechteröffnung, Gleichberechtigung (und hoffentlich führt kein Weg mehr zurück!). Wo sich Männlichkeit aber vor allem auf Dominanz und exklusive Zugänge gründet bzw. zu gründen versucht, können solche Veränderungen zu einem lädierten männlichen Selbstwertgefühl führen, das kompensiert werden möchte: durch Größenwahn von Überlegenheit, Identifikation mit tollen Produkten, Aggressivität gegenüber vermeintlich unterlegenen Gruppen, überlegenen Sportmannschaften oder durch abwertende ideologische Haltungen.

Risiko von rechts (und links)

Jungen sind in vielen Risikobereichen gefährdeter als Mädchen – dies gilt gerade auch für die Gefahr einer extremen politischen Haltung. Die Mischung aus Männlichkeitssehnsüchten und Pubertät macht sie dafür sehr anfällig. Vor allem für Ideologien aus dem rechten populistischen Lager und für nationalistische oder rechtsradikale Gruppierungen. Diese versprechen, das angeschlagene Männliche zu renovieren, eine großartige Aufgabe für echte Männer zu haben (bevorzugt die Verteidigung des Territoriums oder die Rettung eines Volkes) und die Aufnahme in eine enge Gemeinschaft Gleichdenkender. Extreme bieten sich zudem an, um sich von den Eltern abzugrenzen. Solche politische Verführbarkeit gedeiht bei geschlechtlichen und psychischen Unsicherheiten besonders gut. Eltern und andere Erwachsene müssen gegenhalten, wenn es kriminell wird auch mithilfe der Polizei.

Die anderen gleichaltrigen Jungen übernehmen auch in diesem Entwicklungsfeld eine wichtige Funktion. Sie repräsentieren die passenden Männlichkeitsbilder und -botschaften, teilen unablässig mit, was männlich richtig und was unpassend ist. Die Gleichaltrigengruppe wirkt wie ein Bindeglied zwischen der alten, nahen sozialen Gemeinschaft der Familie und den neu aufscheinenden Räumen der Gesellschaft.

Werkzeugkoffer für den Mann

Um in der Gesellschaft auftreten zu können, muss der Jugendliche lernen, wie Männlichkeit richtig »gemacht« und performed wird. Zu diesem sozialen Handwerkszeug zählen Äußerlichkeiten wie Kleidung, Accessoires, Produkte vom Turnschuh bis zum Telefon, die allesamt geschlechtlich sortiert sind: Ein schwarzes Smartphone ist super – aber in Weiß? Das geht ja gar nicht.

....

Leon: »Bei Handys ist es tatsächlich so, alleine die Farbe manchmal – ich habe jetzt brav ein schwarzes Handy, wenn ich das genau gleiche Handy in Roségold oder in Weiß hätte, würden mir alle sagen, was ich doch für ein Mädchen sei.«

....

Und auch das Verhalten muss passen. Der Werkzeugkasten des Männlichen bietet dafür allerhand Nützliches, Jungen werden dabei immer stilsicherer: das Zeigen von Distanz durch Coolness genauso wie Großspurigkeit, Abwertung anderer, Konkurrenz, das Zeigen des eigenen Status oder sich als kompetent darstellen. Auch die Überlegenheit über »primitivere« Formen des Männlichen zählt dazu, indem sich Jungen betont vom traditionell Männlichen absetzen.

Je größer er wird, desto mehr erhält der Junge aber auch eine andere Resonanz von Menschen. Sie reagieren auf ihn, stellen sich auf »männlich« ein, was ihn unmerklich in seinem Männlichsein prägt. Er wird nun nicht mehr als Kind wahrgenommen, er ist allein physisch schon größer, er hat breitere Schultern.

....

Leon: »Das deutlichste Merkmal sind zwei Sachen: Ich werde immer öfter gesiezt von Leuten, die mich nicht kennen. Neulich, der Bankangestellte, der hat mich zuerst geduzt, dann hat er meinen Ausweis gesehen und hat dann gefragt: ›Oh, darf ich noch Du sagen?‹ Oder die Ver-

wandten, bei Festen kommt halt jetzt immer der Spruch: ›Wow, du bist ja schon ein richtiger junger Mann!‹«

• • • • • • • • • •

Von einem männlichen Jugendlichen werden andere Dinge erwartet als von einem weiblichen oder von einem kleinen Jungen. Dabei ist es ziemlich egal, wie der Junge als Person wirklich ist, ob er vielleicht ängstlich, verschämt, unsicher ist; Muster und Bilder bestimmen die Erwartungen und wie andere Menschen deshalb auf sie reagieren.

*

Stellen Sie sich vor, Ihnen begegnet auf der Straße ein Ihnen unbekannter männlicher Jugendlicher. Wenn Sie allgemein »männlicher Jugendlicher« denken (und eben nicht konkret an Ihren eigenen, wohlerzogenen Sohn, sondern an andere, fremde Jugendliche): Welche Bilder kommen? Was fällt Ihnen dann ein, was denken und assoziieren Sie? Was empfinden, was fühlen Sie?

Je größer er wird, desto mehr wird auf den Jungen auch etwas Männliches projiziert, was vielleicht wirklich existent, vielleicht aber auch gar nicht vorhanden ist. Mit männlichen Jugendlichen werden ja oft eher wenig schmeichelhafte Aspekte verknüpft: Rüpelhaftigkeit, Alkoholkonsum, lautstarkes Auftreten, Sexualisierung, Protzen, Gewalt, riskante Aktivitäten, Raufereien usw. Häufig sehen wir in männliche Jugendliche Gefahren und Risiken »hinein« und verhalten uns entsprechend (während weibliche Jugendliche sexualisiert oder als hilfsbedürftig etikettiert werden). Im Kontakt sind andere Menschen deshalb Jungen gegenüber eher distanzierter oder vorsichtiger. Diese Sichtweisen, diese Art der Begegnung »machen was« mit den Jugendlichen, sie formen sie in die entsprechende Richtung, die feinen Unterschiede im Umgang verbinden sich mit dem, was im Jungen vor sich geht. Er wirkt auf andere, wie er ist, und er wird so, wie er gesehen wird; beide Seiten beeinflussen sich wechselseitig. Was andere in ihn hineinsehen, trifft sich mit Impulsen aus Körper und Psyche und wird, wie eine sich selbst erfüllende Prophezeiung, auch Wirklichkeit. Sein Selbstbild, sein Männlichsein, das in dieser Zeit entsteht, wird von solchen Erwartungen mitgeprägt: Jungen werden (auch) so männlich, wie sie gesehen werden. Umso wichtiger ist es, dass sich die Reaktionen der Eltern darauf beziehen, wie er wirklich ist und sich zeigt.

Das männliche Rätsel lösen

Jungen nehmen von Geburt an ständig auch männliche Leitideen auf. Das zeigen sie auch gerne. In der Kindheit haben zum Beispiel die Berufswünsche von Jungen einen Geschlechts- und einen Führungsgehalt: der Polizist, der Lokführer, der Müllwerker oder der Bauarbeiter. Hier geht es um Macht, Stärke, soziale Bedeutung und Befugnisse. In der späteren Kindheit werden die Vorstellungen über das Männliche vielseitiger und meist verfeinert. In der Pubertät setzt dann oft zunächst eine Phase der Reduktion ein. Jungen spitzen ihr Männliches zu, obwohl sie davor schon viel differenzierter über Geschlechtliches nachdenken konnten. Phänomene wie die Abwertung anderer, Konkurrenz oder Großspurigkeit treten dann verstärkt auf. Solche Männlichkeits-Demonstrationen stören zwar, bei aller Kritik sollten wir aber daran denken, dass sie immer nur ein Abbild des Aufgenommenen sind:

Jungen zeigen uns das, was sie um sich herum, in den Medien und in der Gesellschaft wahrnehmen. Sofern es sich dabei um überzogene Elemente des Männlichen und um Sichtweisen handelt, die übers Ziel hinausschießen, müssen sie von Eltern selbstverständlich auch liebevoll begrenzt, beantwortet und reguliert werden.

Keine Option für die meisten Jungen ist, das Männliche bleiben zu lassen und neutral »einfach ein Mensch zu sein«, wie es manche Eltern oder Lehrkräfte gerne hätten. Denn der gesellschaftliche Auftrag an Jungen ist klar, und den erfinden sich Jungen nicht: Geschlecht ist wichtig, du gehörst zum männlichen, also verhalte dich entsprechend!

Leon: »Wir haben zwar Gleichberechtigung, aber alle haben immer noch das typische Gesellschaftsbild drin, es gibt so Sachen, die halten sich ewig: Der Mann muss stark sein, und die Frau soll sich vom Mann beschützen lassen, sie darf schwach sein, Männer eher nicht. Viele Jungen kommen damit nicht klar. Als Kind durftest du weinen, aber jetzt als Älterer, da wirst du gleich als Weichei abgestempelt, wenn du Angst hast oder so.«

Der Junge muss das Rätsel lösen, wie Männlichsein funktioniert, eine schwierige Aufgabe. Jede Zeit stellt Herausforderungen an das Männlichsein. Sie liegen heute darin, dass die Grenzen der Geschlechter unschärfer geworden, aber nicht verschwunden sind. Das bringt für viele Jungen Unsicherheiten und Widersprüchlichkeiten mit sich. Jungen und Männer werden einerseits aufgefordert, sich in traditionelle Männlichkeitskonzepte der Stärke und Überlegenheit einzufädeln, die z. B. über Spielsachen, Medien oder Gleichaltrige vermittelt werden. Gleichzeitig wird ihnen signalisiert, dass männliche Überlegenheitsideen und -traditionen unerwünscht sind. Solche Widersprüche zeigen sich auch in der Privatsphäre: So wünschen Partnerinnen bzw. Partner vom Jungen und jungen Mann die starke Schulter und seine Beschützerqualitäten; gleichzeitig soll er sich aber stets emotional öffnen, soll selbstreflektiert, mitfühlend, verständnisvoll sein, darf bisweilen auch ein wenig bedürftig wirken und sollte im richtigen Moment weinen können.

Was es so besonders schwierig macht, das Rätsel Männlichsein zu lösen: Jungen fehlen oft ausgewachsene Männer, die ihnen als Modelle dienen könnten. Durch die ganze Kindheit hindurch begegnen ihnen vorwiegend Frauen, die als Vorbilder für ihre Geschlechterrolle nicht taugen.

> *
>
> Jungen sind in Geschlechterfragen weitgehend sich selbst überlassen, weil ihnen kaum Unterstützung geboten wird. Die Antwort auf ihre Männlichkeitsfragen finden sie in kommerziellen Darstellungen.

Die gesellschaftliche Unsicherheit über die Rolle des Männlichen geht durch Eltern und andere Erwachsene auf den Jungen über. Was Jungen von ihren Eltern brauchen, ist Zuversicht und Optimismus: »Heute ein Mann zu sein, bietet eine Menge toller Möglichkeiten«; »Das wird schon klappen mit deinem Männlichsein«; »Da wächst du schon rein mit der Zeit!«

Dass bei den Männlichkeitsexperimenten der Jungen Grenzen überschritten werden, ist fast unvermeidlich: die anderer Personen, des Anstands, des guten Geschmacks. In dieser Phase haben Eltern, wie auch Geschwister, Verwandte und andere Erwachsene, eine wichtige gesellschaftliche Funktion: Sie regulieren und korrigieren die Männlichkeitsexperimente, füttern Jungen mit notwendigen Informationen und geben ihnen wertschätzende und auch kritische Rückmeldungen.

Der Wandel des Männlichen wird auch von Jungen registriert, einer formulierte das in einem Interview:

....

Liam, 15: »Ich find's schwierig heutzutage zu sagen, ob sich jetzt einer männlich verhält oder weiblich, also – ich weiß nicht.«

....

Gleichzeitig sehen wir, dass die Jungen sehr wohl unterscheiden (können) zwischen Mann-Sein und – vor allem medialen – Bildern von Männlichkeit. Besonders beim Medienkonsum, wo ihnen nicht selten »Männlichkeitsextrakte« angeboten werden, distanzieren sie sich von diesen Bildern, wenn sie darüber nachdenken. Das Problem liegt darin, dass mit der Ablehnung des Alten noch nichts Neues erscheint. Mit dem Schwinden traditioneller Bilder von Männlichkeit sind noch lange keine modernen Vorstellungen greifbar. Wenn nicht Macho – was dann? Diese Frage bleibt bei vielen Jungen offen. Jenseits der Klischees fehlt es an Vorstellungen des Mannseins:

....

Liam, 15: »Machogehabe find ich blöd, und deswegen kann ich da wirklich nichts dazu sagen, was ich männlich find.«

»Ich sollte halt nicht so sein, dass – dieses Machogehabe und so. Also, das sollte man nicht haben. Was man jetzt unbedingt haben sollte, ähm – weiß ich nicht.«

....

Überzogen männliches Dominanzverhalten ist paradoxerweise ein Ausdruck von Schwäche. Dahinter sollen Ängste versteckt werden: kein richtiger Mann zu sein, Gefühle nicht im Griff zu haben, schwach oder bedürftig zu sein, zu versagen. Statt dem ins Auge zu blicken, wird die eigene Stärke und Überlegenheit betont. Stärke eines Jungen wird nicht dadurch erkennbar, dass er sich großartig findet und andere abwertet, das demonstriert eher Unreife. Wirkliche Stärke und Selbstbewusstsein zeigen sich in dem, was er macht, dass er Verantwortung übernimmt, durch gelingende Beziehungen zu anderen Menschen, durch seine Fähigkeiten, durch Werte, für die er kämpft, durch seine Energie, seine Stabilität, sein Handeln.

Jungen entwickeln sich machohaft, wenn sie sich zu viel herausnehmen können, wenn vor allem Eltern ihr Fehlverhalten übergehen und es damit erlauben. Frauenverachtung ist anerzogen, nicht angeboren. Mütter und Väter, die ihren Sohn in dem Glauben erziehen, er könne sich alles erlauben, sorgen dafür, dass er die persönlichen Grenzen und das Nein einer Frau nicht akzeptieren kann, dass er es manchmal sogar nicht einmal wahrnimmt. Solche Männer bleiben kleine, verwöhnte Jungen, die beleidigt sind, wenn eine Frau nicht so großzügig (oder dumm) ist und ihn stets bewundert wie einst seine Mutter; sie werden grenzüberschreitend, weil sie nicht gelernt haben, sich zurückzunehmen und es auszuhalten, dass sie ein Gleichwertiger unter Gleichwertigen sind.

Wer will, dass der Sohn kein Macho wird, ist als Mutter oder Vater gefragt – oder anders gesagt: Eltern sind die ersten »Machomacher« in der Jungenbiografie.

* Manche Papas produzieren sich selbst mit Elementen eines Macho-Modells, indem sie häusliche und Pflegearbeit entwerten oder männliche Sphären idealisieren; ein Vater, der

sich abwertend und abschätzig über Frauen und Weibliches auslässt oder seinen Sohn nicht konfrontiert, wenn der sich so äußert oder verhält, erzieht ihn zu Übergriffigkeit und Gewalt.

* Und auch manche Mamas machen Machos, wenn sie sich selbst nicht wichtig genug nehmen, wenn sie immer verfügbar sind, ihm alles hinterhertragen und sich als Hilfs- und Servicepersonal verstehen; eine Mutter, die ihrem Sohn von klein auf das Gefühl gibt, sich ihr gegenüber fast alles erlauben zu können, erzieht ihn zu einem frauenverachtenden Mann.

Sätze wie »So sind Jungs eben« zählen nicht als Entschuldigung. Denn die Wirklichkeit ist: Manche Jungen und manche Männer verhalten sich übergriffig und frauenverachtend – die meisten aber nicht. Unsoziales Verhalten und schlechtes Benehmen dürfen nicht entschuldigt, sondern müssen begrenzt werden. Der Junge soll damit weder durchkommen (seinen Willen bekommen) noch davonkommen, ohne Verantwortung zu übernehmen. Ganz praktisch zeigt sich das im Alltag beim Umgang mit der Hausarbeit; beim Übergang vom All-inclusive-Service zur gerechten Beteiligung verläuft die Grenze der Paschaerziehung.

• • • • • • • • • •

Leonie ist die Mutter von Sebastian, er ist jetzt 14, ziemlich begabt und auch im Tennis erfolgreich. Sie ist, wenn sie ihn so schildert, schon ein wenig stolz. Jetzt, seit er pubertiert, merkt sie aber auch, dass sie ihn zum »Pascha« erzogen hat. Erst gestern wieder kommt er nach Hause, sagt »Gib mir einen Schokoriegel« und verschwindet wortlos in sein Zimmer. Sie trägt ihm alles hinterher, erinnert ihn an Termine und Schulaufgaben, packt seine Schultasche, macht seine Wäsche – ohne dass er das registriert, von Dankbarkeit ganz zu schweigen. Und oft, wenn sie ihn an etwas erinnert, gibt es sogar Streit, er wirft ihr vor, sie würde ihn drangsalieren.

Es fällt ihr schwer zu erkennen, dass sie ihn unter seinen Möglichkeiten der Selbstverantwortung gelassen hat. Sie will ihn in die Verantwortung nehmen und ihn auch selbst machen lassen. Er soll sich um seine Dinge kümmern, um die Schule, Sport, Kleidung, Wäsche oder die Ordnung in seinem Zimmer. Sie kündigt es ihm an: »Ich werde das alles nicht mehr machen, du bist dafür groß genug. Beides gehört zusammen, du bekommst weniger Service, aber ich werde dich auch nicht mehr nerven. Wenn du mich brauchst – aber mit Respekt –, bin ich da.«

Überraschenderweise ist es für Sebastian leichter als für Leonie, er akzeptiert das. Für Leonie ist es in den folgenden Wochen richtig schmerzhaft, sich so von ihm zu lösen, ihn zu lassen. Immer wieder muss sie sich sagen: Es ist gut für mich und ihn, es ist sein Leben, er schafft das jetzt allein.

• • • • • • • • • •

Familie: die Beziehungskarten neu mischen

Pubertät kommt in den besten Familien vor. Die Pubertät des Sohnes strahlt in den Nahraum seiner Familie aus, seine Entwicklungen, Krisen und Konflikte wirken im Familienleben. Eltern sind jetzt neu gefordert, Geschwister wundern sich oder sind genervt: gut so, denn damit zeigt sich, dass in der Familie Bindungen bestehen, die nun neu abgestimmt und anders strapaziert werden. Allen Rückzügen, Schwierigkeiten und Streitereien zum Trotz ist den meisten Jungen ihre Familie wichtig; viele sind der Meinung, dass man eine Familie braucht, um glücklich leben zu können. Die Qualitäten der Familie können von Pubertierenden gleichwohl hinterfragt und hart auf die Probe gestellt werden. Dem pubertären Wesen stehen familiäre Harmoniewünsche entgegen, also die Vorstellung, in der Familie müsste sich Liebe immer nur im Gleichklang äußern.

Wegen des Widerspruchs zwischen Pubertät und Familienharmonie wird der Junge leicht zum Sündenbock. Mit seinem Verhalten bietet er sich dafür an und landet so in der Außenseiterposition. Das Aufbegehren gegen die Eltern, sein Abgrenzen, seine Emotionen, sein Chaos, seine verbalen Attacken, all das Pubertäre lässt den Jungen als Störenfried erscheinen. So einer familiären Zuschreibung muss am besten früh und bewusst entgegengesteuert werden. Gerade weil die Pubertät des Sohnes auch Unangenehmes auf den Tisch bringt, hat er nun eine Rolle übernommen, die im System Familie wichtig ist. Seine Pubertät ist mit dafür da, zu spüren, dass sich Liebe auch in der Auseinandersetzung zeigt, in der Art, wie Beziehungen halten, obwohl miteinander gestritten wird.

Klimawandel daheim

Jede Pubertät verändert das Familienklima und wenn nicht, ist das verdächtig. Um die eigene Identität zu finden und um die oft bequemere Welt des Kindes verlassen zu können, sind für Pubertierende Konflikte mit den Eltern und der ganzen Familie notwendig. Jungen müssen ihren Eltern »kündigen«. Das hat gerade bei Jungen etwas fast unvermeidlich Aggressives und geht nicht ohne Enttäuschungen und Entwertungen ab. Eltern und Familie müssen »scheiße« sein, auch damit die Sphäre außerhalb und die Gleichaltrigen besonders »cool« sein können. Es geht darum, sich abzunabeln; erst später und wenn es gut läuft, wird die Familie wieder ausgewogener bewertet.

Eltern müssen in der Pubertät mehr aushalten, die Auseinandersetzungen werden realer und härter. Der Junge entwickelt sich vom Bewunderer seiner Eltern, mit denen er sich identifizierte, zu ihrem Richter: Ablösung von den Eltern bedeutet auch, sie von einer äußeren Warte zu bewerten und beurteilen. Im jugendlichen Überschwang fällt das oft heftig aus und greift die Eltern in ihren Werten und in ihrem Wesen an. Da haben viele dran zu schlucken!

Pubertäre Stimmungen stecken auch innerhalb von Familien an; so, wie gute Laune überspringt, kann das auch bei gereizter oder schlechter Stimmung wirken. Nicht so schlimm, wenn das mal vorkommt. Wird es aber zum Dauerzustand, kann das Familienleben trostlos werden – kein guter Boden fürs Pubertieren.

*

Es verschärft die Lage, wenn sich Eltern schlecht gelaunt zeigen oder Geschwister dauergenervt sind. Wenn einer pubertiert, müssen sich nicht alle so verhalten. Besser dagegenhalten, gute Stimmung darf auch in Pubertätszeiten sein: »Du hast Pubertät, du bist schlecht drauf, schade! Mir geht es gerade trotzdem gut!«

In der Pubertät geht es immer auch um Machtverhältnisse. Die Eltern müssen Macht abgeben; das führt dazu, dass dann mehr davon in den Händen des Jungen liegt. Sowohl Eltern wie auch kleine Geschwister müssen damit klarkommen: Die Beziehungskarten werden in der ganzen Familie neu gemischt. Weil Macht mit Männlichkeit aufgeladen ist, haben viele Jungen ein gesteigertes Interesse daran, sich eine möglichst gute Position zu ergattern, und schießen mit ihren Forderungen übers gute Maß hinaus. Den Eltern erscheinen sie als größenwahnsinnig, und jüngeren Geschwistern gegenüber entpuppen sich manche als Unterdrücker – all das sind Klärungs-, Gesprächs- und Beziehungsanlässe für die Familie. Die Bindung zeigt sich in der Bereitschaft, einen Rat zu geben, wenn das – was immer weniger vorkommt – verlangt wird, und keine Empfehlung zu geben, wenn nicht darum gebeten wird. Auch das finanzielle Versorgen, das Absichern der Ausbildung sind Ausdruck der Liebe (selbst wenn dieser Beitrag gesetzlich geregelt ist).

In der frühen Familie bedeutet Zugehörigkeit, dass alle mehr oder weniger gleich sind. Unterschiede gibt es zwar, was aber vor allem zählt, ist das Wir der Gleichen. Nun, wo sich die Individuation gerade in der Abgrenzung formt, kann dieses Modell nicht mehr funktionieren. Diese Frage stellen Jungen in der Pubertät oft, offen oder indirekt: Kann ich so sein, wie ich bin? Gehöre ich dazu, auch wenn ich anders bin? Gemeinschaft entsteht in der reiferen Form dadurch, dass wir uns unterscheiden dürfen. Seine Familie ist für den Sohn das Übungsfeld, seine Sehnsucht ist, zu erfahren: »Du darfst so sein, wie du bist. Manchmal nervt das vielleicht oder bringt uns an Grenzen, aber deine Zugehörigkeit ist dadurch überhaupt nicht gefährdet.« Wenn er dies in der Familie erlebt, wächst die Sicherheit und das Selbstvertrauen, sich in seine Identität hinein zu entwickeln.

Sich auseinander-setzen

Konflikte und Auseinandersetzungen sind eine Form der Bindung und Verbindung. Ein wichtiges Moment der Pubertät für den Jungen besteht in seiner Abgrenzung: »Nein, ich bin anderer Ansicht; das sehe ich nicht ein; nein, du hast das nicht zu bestimmen.« In diesen Neins spürt der Junge, wo die anderen aufhören, und er entdeckt und erfährt sich über sein Anderssein, auch von den Ansichten und Werten setzt er sich in Distanz. Die Familie ist als Beziehungsraum der erste und der beste Ort dafür, er setzt sich auseinander und löst sich von den Eltern und der Familie, um mehr bei sich anzukommen.

Eltern haben den Vorsprung, sie wissen ja, dass die Emotionsseismografen mit den Spitzen der Konflikte während der Pubertät weit ausschlagen. Mütter haben häufig ein stärkeres Harmoniebedürfnis. Aufgabe des Vaters kann es sein, sie zu beruhigen: Manchmal knallt's halt, aber das gehört dazu.

• • • • • • • • • •

Die Lieblingsabgrenzung meines Sohnes zu seinen Eltern in der Pubertät lautete: Spießer! Wir waren Spießer, wenn er den Kehrdienst im Haus übernehmen sollte; Spießer, wenn wir wollten, dass er rechtzeitig zum Essen heimkommt; Spießer, wenn wir aus dem Fenster sahen und eine Bemerkung über einen Nachbarn auf der Straße machten, auch wenn sie freundlich oder nur beobachtend war.

Das ließ dann wieder nach und hörte schließlich auf, ohne dass wir das richtig registriert haben. Irgendwann, viel später, gab es einen Anlass, den ich mit: »Du denkst ja eh, dass wir Spießer sind« kommentierte. Worauf er antwortete: »Das habe ich aber schon lange nicht mehr gesagt«, und damit seine Bezeichnung zumindest zum Teil zurücknahm.

• • • • • • • • • •

Beim Abgrenzen gibt es in der Familie Situationen, in denen die Eltern ihren Sohn und Geschwister ihren Bruder nicht mehr verstehen. Das kann als Schlüsselerlebnis empfunden werden, er befindet sich so weit weg, dass er nicht mehr zu begreifen ist. In diesem Nicht-Verstehen bleibt spürbare Bindung erhalten: Sie verstehen ihn nicht, aber er kann sich ja selbst auch nicht erklären. Im pubertären Konflikt ist es Jungen nicht möglich, neben sich zu treten und darüber zu reflektieren, was im Sich-Auseinander-Setzen passiert; umgekehrt kann er oft auch die Reaktionen der Eltern nicht verstehen, was als Ersatz-Beziehungsbrücke wirken kann: Er versteht sich selbst nicht, die Eltern begreifen ihn auch nicht – darin sind sich ja dann alle wieder einer Meinung.

Weil Streiten während der Pubertät phasenweise die einzige Form ist, in der Jungen die Bindung zu Eltern fühlen und zeigen, können emotional aufgeladene Konflikte als »Pubertätskuscheln« bezeichnet werden. Streit hat Bedeutung, er zeigt: Wir sind uns nicht egal.

Gerade wenn Eltern oder Geschwister andere Ansichten vertreten als der Jugendliche, kann darin eine Form der Verbindung bestehen. Es ist widersprüchlich: Indem sich Eltern und jugendliche Kinder auseinandersetzen, sind sie verbunden. Intellektuelles Abwägen oder unpersönlich-nüchternes Debattieren über Fakten kann die Funktion der Auseinander-Setzung nicht erfüllen, fühlbarer ist es, zu streiten oder die Eltern zu kränken. Der Sohn sucht, findet und äußert sein Eigenes, auch wenn oder gerade damit er die Eltern trifft. Er verfügt noch nicht über die passende Kommunikationsstrategie, Trennendes ohne Kränkung zu äußern, und er will sich auch gar nicht verstellen, sondern lässt raus, was seinen Gefühlen entspricht.

Jungen suchen eigene Werte und Normen, sie entdecken andere (natürlich bessere) Lebensformen, sie erforschen Gleichaltrigenwelten und -kulturen, um sich selbst und ihre Art zu leben zu finden. Dabei wird oft das verdrängt, was sie bisher an Positivem haben und hatten. Altes ist abgenutzt und gewöhnlich, Neues dagegen interessant, wertvoller. Das führt auch zur Abwertung der Eltern und der Herkunftsfamilie. Meistens sind Jungen dabei so mit sich selbst beschäftigt, so von sich und ihrer Sichtweise überzeugt, dass sie nicht merken, was sie mit ihren Abwertungen bewirken.

WAS MACHE ICH, WENN ...

... mein Sohn mich entwertet?

Man muss nicht alles nur duldsam über sich ergehen lassen. Das Verstehen mildert zwar die Kränkung und erleichtert es, nachsichtig zu sein und dem Jungen sein Verhalten zu verzeihen. Dennoch hilft dem Sohn die Rückmeldung der Eltern, dass sie Verständnis für ihn haben, sein Verhalten sie aber trotzdem trifft oder kränkt.

Im Gespräch bleiben und sich wieder vertragen – Streiten kann so einfach sein. Vor allem nach Kränkungen ist es das aber nicht: Da sind Eltern wie Pubertierende gleichermaßen gefordert. Das ist ein Lernfeld, auf dem man sich im Verlauf der Jugendphase weiterentwickeln kann und sollte.

Gemeinschaftsaufgaben

Mit ihren Veränderungen und Konflikten betrifft Pubertät die Gemeinschaft. Die Beziehungsfrage steht dabei häufig im Raum: Wie sind wir aufeinander bezogen? Wie verstehen wir uns? Ein paar Regeln und Vereinbarungen braucht es; aber auch hier ist es eine Frage der Dosierung. Wenn Regeln zu viel Bedeutung bekommen, ist das eher ein Alarmzeichen: Im Beziehungsgefüge und im Kontakt stimmt etwas nicht.

Jans Mutter erzählt: »Jan hat zu mir gesagt: ›Ihr seid ja selber schuld, dass ich nichts im Haushalt mache.‹ ›Wieso‹, habe ich gefragt. ›Weil du früher nicht genügend konsequent warst.‹«

Wenn Jan fertig ist mit essen, soll er sein Geschirr in die Spülmaschine räumen, das verlangt seine Mutter mit Nachdruck. Er macht es und verschwindet. Geht doch, denkt sie. Dann schaut sie in die Spülmaschine: Er hat seinen Teller demonstrativ flach ins oberste Fach gelegt und das Besteck daneben.

In Bezug auf gemeinschaftliche Aufgaben zählt das Prinzip der Verantwortung. Dieses Verständnis hat letztlich auch etwas mit Ehre oder Würde zu tun: Wer aus dem großen Topf nur herausnimmt, ohne etwas beizutragen, erzielt vielleicht materiellen Gewinn oder fühlt sich gerissen, aber er verhält sich unanständig und verliert an Ansehen in dieser Gruppe. Ein Problem heute ist: In äußeren Bezügen kann so ein Verhalten positiv, z. B. als besonders »clever«, bewertet und anerkannt werden, während andere abgewertet werden, weil sie so »blöd« sind, das mit sich machen zu lassen.

Hausarbeit braucht Anerkennung. Es ist eine Selbstverständlichkeit, dass alle etwas im Haushalt tun, eine Frage von Würde und Zugehörigkeit. Und trotzdem oder gerade deshalb ist es schön, wenn die Hausarbeit erledigt wird: »Danke, dass du Getränke aus dem Keller geholt hast«, »Danke fürs Kochen, schmeckt mir prima heute!« Etwas für die Gemeinschaft zu tun, schafft Verbindung und Zugehörigkeit. Sich nur versorgen zu lassen und den Service zu genießen, mag bequem sein, ist aber nicht sozial kompetent. In stoffeligen Phasen der Jungenpubertät kann der Dank des Sohnes für Liebesdienste und Serviceleistungen der anderen leicht aus dem Blick geraten.

*

Die Methode »Showgespräch mit dem Idealsohn« kann hier helfen. Nachdem vergeblich gewartet wird, es der Mutter aber klar ist, dass sie schon gern eine Anerkennung für ihre Leistungen hätte, schlüpft sie kurz in die Rolle, wie sie den Sohn gern hätte, und redet laut als Junge: »Danke, Mama, das war echt nett, dass du trotz Stress auch noch an mein Sportzeug gedacht hast.« Später genügt dann der Ruf »Danke, Mama!« als Signal, dass eine Erwartung nicht erfüllt wurde.

Schon am Ende der Kindheit und in der Vorpubertät zeigen sich viele Jungen unwillig, ihren Beitrag für die Gemeinschaft zu leisten. Diese Abneigung bedeutet aber nicht, dass Jungen nicht geeignet oder gewillt wären, ihren Teil für die Gemeinschaft beizutragen. Besonders ab der Pubertät sagt dies zunächst mehr etwas über sie selbst aus: Es gibt anderes, was konkurriert, und die Zeit ist knapp. Ihre demonstrative Unlust ist Ausdruck dafür, auf etwas Attraktives verzichten zu müssen. Spülmaschine einräumen oder Hasenstall ausmisten steht auf der Skala interessanter Aktivitäten ganz unten. Das ist bei Eltern meistens genauso, nur verdeckter. Niemand freut sich den ganzen Tag drauf, am Abend bügeln zu dürfen. Das Ganze ist also kein Grund für Dramen, sondern für eine entspannt-konsequente Haltung: Jungen sollen ihren Beitrag leisten, auch wenn sie Unlust empfinden; sie können, wenn es sie entlastet, ihre Lustlosigkeit auch äußern.

....

Sohn: »Ich muss gleich ins Training, soll ich vorher noch die Spülmaschine ausräumen, die Küche wischen und den Müll mit runternehmen?«
Vater: »Äh – was?«
Sohn: »Nur Spaß, ich wollte nur sehen, wie blöd du guckst. Also, ich geh jetzt, tschüss.«

....

Geschwister: feindliche Koalitionspartner

Geschwisterbeziehungen gibt es in allen möglichen Schattierungen, das setzt sich in der Pubertät fort: Der Junge sieht den Bruder oder die Schwester als Unterstützung, als potenzielle Koalitionspartner gegen die Übermacht der Eltern; oder aber als Gegner im Kampf um Zuwendung oder um knappe Ressourcen. Mal bewundert er ältere Geschwister, mal will er sie kurzerhand demontieren; oder er kümmert sich nett oder sogar liebevoll um sein kleineres Geschwister, kann es aber auch ärgern und quälen. Seine Unsicherheiten und Ambivalenzen finden sich auch in den Geschwisterbeziehungen wieder.

Manche Geschwister bleiben sich auch durch die Pubertät hindurch nah und zugewandt, sie verstehen und stützen sich. Das kann schön sein, aber auch ein Alarmsignal, nämlich dann, wenn die Eltern sich zu viel streiten und das für die Kinder schwer auszuhalten ist. Umgekehrt kann der Streit unter Geschwistern ein Ausdruck für ein Gefühl der Sicherheit sein. Wenn Geschwister über die Kindheit miteinander im Streit dauerverhakt sind, kann die Pubertät für Abhilfe sorgen; der Pubertierende bewegt sich weg, findet Gleichaltrige, ist öfters aus dem Haus, das schafft Abstand und öffnet neue Beziehungschancen unter den Geschwistern.

Geschwister sind gut aufeinander eingespielte Teams, was in Pubertätsstreitigkeiten an Heftigkeit zunimmt. Zum Geschwisterstreit gehören immer beide bzw. alle Beteiligten: Jedes Kind hat Gründe für Konflikte, es will besser wahrgenommen werden, seine Position verbessern oder behaupten, in seiner Einzigartigkeit von Mutter oder Vater gesehen werden. In der Pubertät geht es um eine Reform der Rollenverteilung in der Familie; deshalb sind Rivalitätskämpfe unter Geschwistern häufig, verständlich und normal. Je dichter die Kinder aufeinander sind – altersbezogen, aber auch räumlich –, desto naheliegender sind Konflikte; auch das Geschlecht spielt eine Rolle, gleichgeschlechtliche Geschwisterpaare haben meistens mehr Zoff. (Das zu wissen, macht das Aushalten der oft laut inszenierten Streitigkeiten nicht unbedingt leichter.) Entscheidend sind aber die Beziehung der Geschwister und ihre grundsätzliche gegenseitige Wertschätzung. Wenn es daran fehlt, sollten Eltern intervenieren, ein gemeinsames Gespräch anregen oder zumindest verlangen, dass sich die Kinder aktiv aus dem Weg gehen.

Eine kleine Bemerkung, eine ungeschickte Berührung, eine Erinnerung an eine unerledigte Aufgabe – schon fliegen die Fetzen zwischen Geschwistern, werden Schimpfworte gebrüllt und Schläge angedroht. Jungen in der Pubertät sind reizbar, Geschwister verhalten sich wie Hund und Katze. Konflikte gibt es einfach, unterschiedliche Auffassungen, verschiedene Charaktere und Bedürfnisse. Streit wird auch im Kampf um knappe Güter ausgelöst, im Alltag eine häufige Lage: Aufmerksamkeit, verfügbare Zeit, Fernsehprogramme, Territorien – unendlich viele Möglichkeiten, um über knappe Ressourcen zu streiten. Deshalb bringt es wenig, Streit zu verbieten, Bedürfnisse gibt es einfach, Unterschiede dürfen sein. Streitlustige Nichtpubertierende, also ältere oder jüngere Geschwister, haben es oft auch gut raus, den pubertierenden Jungen an seinen Schwachstellen zu treffen, Salz in seine Entwicklungswunden zu streuen oder ihn mit seiner Dünnhäutigkeit so zu provozieren, dass er aus derselben fährt.

Alles nicht nett, nicht lustig, aber es sind eben Entwicklungsthemen. Auch wenn es sich nicht unbedingt so anfühlt, Geschwisterstreit hat gute Seiten. In ihm können Kinder und Jugendliche lernen, sich in nahen Beziehungen zu behaupten. Streit ist eine Form des In-Beziehung-Seins und des gleichzeitigen Sich-voneinander-Distanzierens. Allmählich kann sich aus kindlich-explosiven Streitigkeiten eine Streitkultur entwickeln, die Gewaltfreiheit, Fairness, Argumentieren, Zuhören, Bedürfnisausgleich, das Suchen nach Kompromissen und das Treffen von Vereinbarungen beinhaltet.

Der pubertierende Junge kann die Beziehung im Streit riskieren, weil er sich ihrer sicher fühlt. Unter Geschwisterjungen ist – auch körperlicher – Streit eine Form der Kommunikation und der Selbstbehauptung; dies kann während der Pubertät riskanter werden, weil die Körperkräfte wachsen und es an Impulsregulation mangelt; wenn es so eskaliert, dass es nicht mehr tragbar ist, müssen Eltern einschreiten. Das Ziel Streitkultur gilt es im Blick zu behalten, und hier sind Eltern als Unterstützer, vor allem auch als Grenzsetzer und Korrektiv hilfreich: So wie bei Gewalt sofort interveniert wird, gilt dies auch für verbale Entgleisungen oder psychische Verletzungen, Angriffe unter der Gürtellinie. Jungen (und alle Geschwister) müssen liebevoll erfahren, dass sie sich nicht alles erlauben können. Sie haben sonst keinen Anlass, ihre Impulse zu kontrollieren, und lernen nicht, sich selbst zu regulieren. Natürlich dürfen sie, gerade in der Pubertät, auch mal aus der Haut fahren oder die Lautstärke überdrehen, aber sie sollten solche Ausrutscher nicht dazu verwenden, ihre Erregung noch mehr anzutreiben.

WAS MACHE ICH, WENN …

… mein Sohn ständig mit seinen Geschwistern streitet?

Erst mal nichts. Alltagskämpfe müssen und können Teenager gut allein austragen, sie brauchen (und wollen) Eltern nicht als Korrektiv oder als Streitschlichter. Kämpfe sind immer auch eine Form der Kommunikation, die Geschwister unterhalten sich also gerade.

Aber wenn es aus dem Ruder läuft, wenn die Streitkultur unterentwickelt ist, sollten Eltern eingreifen. Sie müssen den Dauerstreitlärm nicht erdulden und dürfen sich selbst ins Spiel bringen, wenn zu viel gestritten wird und sie genervt sind.

Es gibt kein Rezept, wie erfolgreich vorgegangen werden muss, um Streitkultur zu entwickeln oder Konflikte beizulegen. Aber es kann nützlich sein, sich mit den Streitursachen zu beschäftigen und sich zu fragen, was denn nun gerade knapp ist: vielleicht die Zeitressourcen? Ständiges Gestresstsein fördert Gereiztheit, Spannungen, Streit. Es kann Konflikte verhindern, wenn die Ursachen beseitigt werden: also mehr vom Raren zur Verfügung gestellt wird. Mit ernsthaften Gesprächen außerhalb akuter Konflikte können gute Erfolge erzielt werden, in denen nicht gestritten wird, sondern über das Streiten nachgedacht und geredet wird, wo Alternativen zu ausufernden Streitformen gesucht werden.

Wenn der pubertierende Sohn das ältere Geschwister ist und der Junge Probleme mit der Impulssteuerung hat, sich öfter grenzüberschreitend verhält oder andere soziale oder psychische Probleme hat, sollten die Eltern im Blick behalten, dass kleinere Geschwister durch pubertierende Jungen gefährdet sein können: durch Aggressivität, Gewalt oder sexuelle Übergriffe.

Die elterliche Pubertätskrise

Das Leben mit pubertierenden Jungen bietet Chancen dafür, dass auch Eltern sich weiterentwickeln. Jungen sind dabei eine Herausforderung und Inspiration. Mit dem Beginn der Pubertät sind Söhne noch die Kinder der Eltern – aber sie sind keine Kinder mehr. Diese widersprüchliche Situation führt zu Spannungen. Die Beziehung zum Sohn in dieser turbulenten Lebensphase zu verändern, fordert viel von den Eltern. Aber der Aufwand lohnt sich allemal, er reicht weit über die Jugendphase hinaus auf den Rest des Elternlebens.

....

Interviewer: »Und, was würdest du deinen Eltern raten? Du weißt, sie machen sich gerade echt Sorgen um dich. Was sollen sie machen?«
Robin, 15: »Sie sollen doch einfach ihr Leben leben und mich mehr in Ruhe lassen.«

....

Eltern bleiben Eltern, Erziehung hört in der Pubertät nicht auf. Im Gegenteil: In dieser offenen Lebensphase des Jungen tut sich so viel und das Verhalten und die Haltung seines Vaters und seiner Mutter sind ähnlich bedeutsam wie in der Kindheit. Pubertierende Jungen nehmen die Meinung ihrer Eltern ernst, aber sie übernehmen sie nicht einfach, und selbst die Bewertung ihrer Einstellung als »antiquiert« oder »voll bescheuert« ist ja eine Form des Ernstnehmens. Es ist schon fast witzig: Viele Väter und Mütter leiden unter dem Zustand der Familie, wenn sich darin ein pubertierender Sohn befindet. Dem geht es allerdings ganz anders: Die meisten Jugendlichen (90 Prozent!) sagen, das Verhältnis zu den Eltern sei gut.

Der Junge braucht seine Eltern zwar noch, aber nicht mehr in ihren alten Vater- oder Mutterrollen. Die haben sich überlebt, weshalb die Eltern in dieser Zeit genauso wie ihr Sohn in etwas Neues hineinwachsen müssen. Dauerfürsorge und Einmischungen in seine inneren Angelegenheiten kann der Junge deshalb weniger brauchen. Wenn er zeigt, dass ihn solches »altes« Elternverhalten nervt und er sich dagegen wehrt, hat das seine Richtigkeit.

WAS MACHE ICH, WENN ...

... ich an meine Grenzen komme?

Wenn Eltern durch die Pubertät ihres Sohnes an ihre Grenzen stoßen, ist das keine Katastrophe, sondern im Gegenteil begrüßenswert, weil sinnvoll. Die Grenze signalisiert, dass sie sich jetzt gemeinsam mit dem Sohn im Neuland befinden: Für das existiert keine Landkarte, niemand kennt den Weg zur geradlinigen Durchquerung der Pubertät – es gilt, sich gemeinsam einen Weg zu erschließen.

Was sich Eltern vom Sohn wünschen, wenn er an seine Grenzen kommt? Dass er seine Eltern um Rat fragt. Umgekehrt kann es helfen, einfach mal ihn um einen Rat zu bitten: »Ich bin mit meinem Latein am Ende, keine Ahnung, was ich tun soll – was schlägst du vor? Was rätst du mir in dieser Situation?« Es ist erstaunlich, was Jungen hier bisweilen an kreativen Lösungen produzieren.

Allerdings kommt manchmal auch: »Das weiß ich doch nicht, ihr seid doch die Eltern.«

Kinder idealisieren ihre Eltern, aber mit der Pubertät wendet sich das Blatt, wenn es gut läuft. Die Rolle der Eltern verändert sich, sie werden zum Gegenüber, das Halt bieten und standhalten muss. Viele Eltern erkennen sich selbst in und mit ihrer Rolle nicht wieder, sie fühlen sich an ihre eigene Jugend erinnert, nur stehen sie jetzt auf der anderen Seite. Eltern haben nun auch den Wandel ihrer Führungsrolle zu verdauen: Sie werden vom Sohn offensiv hinterfragt und beurteilt, gelten als Repräsentanten von Tradition, Überholtem, Vergangenheit, sind in ihrer Art zu leben nicht mehr auf dem aktuellen Stand, sondern haben keine Ahnung.

*

Pubertätsschwierigkeiten von Jungen beruhen auf Gegenseitigkeit, immerhin müssen sie auch eine Menge mit ihren Eltern durchmachen: Allein schon deren Macken, von der Aufräumwut über Weihnachtsorgien und Kontrollzwänge, Leistungsdruck und Zukunftsängste bis zu den Smoothie- und Öko-Trips, Verwandten-, Museums- und Kirchenbesuche – das alles in der Jugendphase, wie kann da Familie nicht zur Katastrophe werden?

Jungen müssen sich mitten in der Pubertät mit den peinlichsten Eltern der Welt auf einer Schulveranstaltung zeigen, und manchmal sagen die sogar was, vor allen! Oder sie begrüßen seine Freunde, wenn schon mal einer zu Besuch kommt, und reden mit denen auch noch, meistens blödes Zeug, und stellen spießige Fragen. Oder wie sie tanzen auf dem Abschlussball! Unendlich viele und heftige Zumutungen, die Jungen da erleiden müssen!

Die Aufgabe von Eltern in der Pubertät verändert sich grundlegend. Während der Pubertät ziehen sich Eltern aus dem Leben des Jugendlichen zurück und bleiben dennoch mit ihm verbunden. Erste Bereiche werden erkennbar, in denen der Junge seine Eltern überflügelt. Hilfreich ist es, sich von alten Vorstellungen zu befreien, sich von eigenen Bildern zu lösen, wie wir als Eltern sind oder sein sollten. Ob ich eine gute Mutter, ein guter Vater bin, zeigt sich nun mal nicht daran, ob ich einen angepassten oder erfolgreichen Sohn habe.

*

»Gute Eltern« sein zu wollen, schluckt zu viel Energie, die für die Beziehung zum Sohn fehlt.

Ein Teil der elterlichen Verantwortung während der Pubertät ist es herauszufinden, wie der Sohn sich fühlt, wie es ihm geht, was ihn beschäftigt – wer er ist. Das verlangt von Eltern, sich mit ihrem Jungen zusammen mehr ins Offene zu begeben. Wir wissen alle nicht, was kommt und was sein wird. Dementsprechend können wir uns nur sehr beschränkt auf das Kommende vorbereiten. Eltern müssen nicht schon vier Jahre vor dem ersten Rausch des Sohnes wissen, wie sie sich in dem Fall verhalten werden. Das meiste erfahren wir hinterher, weil es sich in der Situation entwickelt oder durch sie verändert. Neben Begrenzungen, Vereinbarungen und Sicherheitsgurten hilft im Offenen nur das Mantra: dem Entstehen vertrauen.

*

Zeit geben oder Abwarten kann auch bei kritischen Rückmeldungen ein entwicklungsförderndes Element sein. Wenn der Junge auf Kritik sofort antworten will, wenn er sich reflexartig verteidigen oder rechtfertigen möchte, kann ein Aufschub hilfreich sein. Manchmal sind einfach der Zeitpunkt oder der Ort nicht richtig für längere Diskussionen. Dann bleiben Vater oder Mutter bei ihrer Kritik, vielleicht wiederholen sie sie noch mal und schlagen dann vor: »Denk mal drüber nach, wir reden später noch mal darüber.«

Manches, was Eltern gerne bei ihrem Sohn und seiner Pubertät abladen, bringen sie selbst mit. Auch die Eltern müssen sich lösen, und das ist oft gar nicht so einfach, weil ihre Themen meist nicht so offen zutage treten wie die des Sohnes. Auch engagierte Väter, besonders aber Mütter erleben das Loslassen der elterlichen Rolle. Weiblichkeitsbilder sind mit dem Muttersein und mit der körperlichen Attraktivität verbunden, beide Rollen verändern sich jetzt, das muss sich krisenhaft anfühlen.

Jeder kennt den Satz: »Pubertät ist die Zeit, wenn Eltern schwierig werden.« Das ist nicht nur ein netter Witz, sondern oft die reine Wahrheit. Denn die Pubertät des Sohnes konfrontiert die Eltern mit sich: vielleicht damit, wie wenig geblieben ist von ihrem jugendlichen Elan, von ihrer Risikofreude, von ihren idealistischen Träumen; aber auch damit, dass das Leben nicht kontrollierbar und nicht zu planen ist; wie die Pubertät ist das ganze Leben offen, unkalkulierbar und lässt sich nur im Jetzt leben. Weil der Sohn mehr weg ist, kommen auch kritische Paarthemen ans Licht, die sich in der Kinderbelastung gut verstecken ließen. Und durch die Pubertät merken Eltern, dass sie selbst älter werden; biologisch könnte der Sohn jetzt selbst Vater werden, damit werden die Eltern sanft in die Großelternposition geschoben. Real ist das zwar meistens noch weit entfernt, dennoch macht der Sohn die Eltern älter.

*

Eltern sollten ihr Älterwerden annehmen und nicht versuchen, durch jugendlichen Style die Realität zu verschleiern. Das Abgrenzen fällt Jugendlichen leichter, wenn sich die Eltern nicht wie Jugendliche verhalten.

Die Bilanz der Pubertät ist für Eltern und Kinder verschieden.

* Für den Jungen ist seine Pubertät zwar schwierig, aber im Ergebnis ein Gewinn: Die Familie, die Eltern sind noch da, er kann auf sie zurückgreifen, bekommt mehr Eigenständigkeit, neue Freiheiten, findet emotionale Stützpunkte in den

Gleichaltrigen; Liebes- und sogar Sexualpartnerinnen bzw. -partner kommen dazu – was will man mehr?

* Für Eltern bedeutet die Pubertät ihres Sohnes Verlust: Die Kontakte zu ihm werden seltener, sie erfahren weniger von ihm (noch weniger …), fühlen sich zurückgesetzt, nicht mehr so geliebt und gebraucht, dafür von ihm be- und verurteilt; und sie verlieren einen Lebenssinn und eine Rolle: ihr Mutter- bzw. Vatersein schrumpft.

Zudem haben viele Erwachsene in dieser Zeit noch ganz eigene Themen zu bewältigen. Sie kommen in Lebens-, Sinn- oder Beziehungskrisen, die mit ihrer Lebensphase zusammenhängen. Das Stichwort hier heißt *midlife crisis*, aber ihr Älterwerden müssten sie jetzt auch realisieren, wenn sie keinen pubertierenden Sohn hätten.

Manche Probleme, die auf die Jungenpubertät geschoben werden, haben Eltern auch unabhängig von ihrem Sohn!

Dieser Prozess ist für Eltern schwierig, und dementsprechend verhalten sie sich. Vielen Eltern ist nicht klar, dass dieser Teil des Problems eigentlich bei ihnen liegt, sie schieben die Verantwortung für die Veränderung lieber dem Jungen zu. Das ist nicht fair, stattdessen wäre es angemessen, sich die Veränderung einzugestehen, um mit ihr klarzukommen, ohne einen Schuldigen dafür zu suchen.

Sex: Thema Nummer eins

Das Denken und die Fantasien von Jungen kreisen während der Pubertät häufig um Sexuelles. Das ist völlig in Ordnung und von der Natur so gewollt: Die Zeit ist dafür da, sich mit der Fortpflanzung vertraut zu machen. Sexualität ist körperlich inspiriert, aber stark kulturell geprägt, also etwas, was Menschen sich individuell aneignen und weiterentwickeln. Der pubertierende Junge muss sich mit seinem sich verändernden Körper auseinandersetzen in einem Umfeld voll erotischer Medienbilder, unklarer Normen, sexualisierter Situationen und auch sexuell inspirierter Selbstdarstellung potenzieller Partnerinnen oder Partner.

Die Aneignung von Sexualität ist nach wie vor nicht einfach, sondern eine Entwicklungsaufgabe der Jugendphase. Wie sie bewältigt wird, ist höchst unterschiedlich.

• • • • • • • • • • •

In einer Clique von Gleichaltrigen kann alles Mögliche als »normal« gesehen und bewertet werden: Malik (17) hat schon ein paar kürzere, aber feste Beziehungen gehabt. Für Lucas (18) ist es völlig normal, immer wieder Pornos anzuschauen und zu masturbieren. Noah (17) wartet – für ihn ebenso normal – aufs erste Verliebtsein, er war noch nie richtig verknallt, eigentlich weiß er noch gar nicht, wie er sexuell orientiert ist und was genau ihn am Sex interessieren könnte. Jakob (18) hat bereits Erfahrung mit mehreren Sexualpartnerinnen und einem Sexualpartner gemacht; für Jaron (17) dagegen ist Sex irgendwie ein heikles Thema, das er sich noch fast völlig vom Leibe hält.

• • • • • • • • • • •

Was bei all diesen Jungen gleich ist, ist ihre große Offenheit – auch in Bezug darauf, wie sie sich Sexualität aneignen, ausprobieren, weiterentwickeln und leben. Immer wieder kommen Jungen dabei mit auffälligen, übergriffigen oder originellen Formen ihrer Sexualität in den Blick. Allerdings: Auch wenn solche Jungen mit ihrer Sexualität als »schwierig« bezeichnet werden – kein Junge kommt mit einer problematischen Sexualität auf die Welt. Entwickelt sie sich schwierig, ist das ein Hinweis auf eine problematische Ausgangslage.

Mit 15 hat man noch Träume

Schon in der Kindheit gibt es Sexualität, sie entwickelt sich durchs ganze Leben hindurch weiter, aber in den allermeisten Fällen wird während der Pubertät mit genitaler Sexualität bewusst begonnen. Organische, hormonelle und soziale Impulse befeuern das Interesse an sexuellen Aktivitäten; Testosteron sorgt dafür, dass Jungen sexuell impulsiver und aktiver sind. Bindungsinteressen, körperliche Sehnsüchte finden in der Sexualität einen Raum; in der Fantasie, virtuell und auch real, richten sich jetzt Zärtlichkeitswünsche, Erregung und Begehren auf konkrete Personen und Situationen. Sexualität ist wie das Geschlecht ein soziales Phänomen und entfaltet sich bei Jungen auch in der Auseinandersetzung mit ihrem Männlichsein. In der Pubertät müssen sich alle Jungen mit der (auch) sexuellen Reifung ihres Körpers befassen, mit Erektion und Samenerguss, müssen ihr Männlichsein in Bezug auf Sexuelles einordnen, überlegen, wie sie sich männlich inszenieren und wie sie Konflikte und Peinlichkeiten angehen und auflösen.

Ein spezifisches Ereignis ist die Erektion, durch die sexuelle Erregung – anders als bei Mädchen – gut zu erkennen ist. Die

Einstellung zur Erektion ist in unserer Gesellschaft problematisch. Nur theoretisch könnte es als Kompliment verstanden werden, wenn der Junge eine Erektion bekommt. Ohne Erektion ist Sex schwierig, es ist daher peinlich, keine zu haben; in sexuellen Situationen ist sie fast schon ein Muss, was Jungen stresst – die beste Voraussetzung, um die Erektion zu verlieren oder keine zu bekommen. Die allermeisten Situationen und Lebenslagen verlangen es dagegen, bloß keine Erektion zu bekommen, schon gar nicht, wenn dies sichtbar werden könnte: im Schwimmbad, beim Sport. Keine Erektion zu bekommen, ist im körperlichen Aufruhr der Pubertät oft nicht einfach. Als Folge der erektionsfeindlichen Stimmung müssen Jungen lernen, mit unerwünschten Erektionen umzugehen.

• • • • • • • • • • •

Frederik, 16 Jahre: »Also, ich hatte das (unerwünschte Erektion) einmal im Schwimmbad, und das war mir halt etwas peinlich. Hab ich gesagt: Ich hol mal mein Handy. In der Schule ist es auch ein paarmal passiert, und dann habe ich einfach so die Beine zusammen, und dann hat's halt niemand bemerkt.«

• • • • • • • • • • •

Ein Problem bei der Aneignung sexueller Kompetenzen: Weil professionelle und familiäre Erziehung meist in Frauenhand liegen, sind Jungen gerade in diesen männerspezifischen Sexualgebieten schlecht mit Informationen und Bewältigungsstrategien versorgt, ihnen fehlen Männer mit fundiertem Wissen, bei denen sie Rat einholen können.

Jungenspezifische Erfahrungen

Hier sind Jungen oft schlecht informiert. Das betrifft beispielsweise:

- die Erektion des Geschlechtsteils, das Erleben der Steife des Penis mit Lust, die Erfahrung unerwünschter Erektionen (bzw. deren Befürchtung) und die damit verbundene körperlich empfundene Scham oder Angst;
- das Sperma, die Zeugungsfähigkeit als mit dem Sperma verbundene Potenz, die Erfahrung von Samenergüssen in Verbindung mit dem sexuellen Höhepunkt und nächtliche, unwillkürliche Ejakulationen;
- die Hoden mit ihrer äußeren Position in einem besonderen Haut-Behälter (Skrotum), das Erleben von Hodenschmerzen, etwa nach stärkerem Druck, einem Sturz oder Schlag auf die Hoden, verbunden mit dem Bedürfnis nach Schutz der Hoden;
- die Erfahrung des Gefühls des lustvollen Umfasstseins des Penis bei der sexuellen Penetration (manuell, vaginal, oral oder anal);
- die männliche Fruchtbarkeit als die Fähigkeit, ein Kind zu zeugen (und die damit verknüpften Aspekte Freude, Verbindung, Lust, Stolz, dem Risiko einer unerwünschten Schwangerschaft).

Das sexuelle Neuland ist für den Sohn drängend und oft schambesetzt. Woher soll Information und Anregung kommen? Was tun bei oder gegen Masturbationsflecken? Wohin mit dem Begehren anderen Jungen gegenüber? Wie könnte ich mal praktisch sexuell werden? Schön, wenn Jungen bei all den Fragen und den drängenden sexuellen Wünschen dennoch die Gelassenheit gewinnen können: Das wird schon werden.

Wegen der großen Bedeutung des Sexuellen und dem Leistungsdruck, der auf Jungen lastet, käme der fachlichen Vermittlung, der sexuellen Bildung, ein hoher Wert zu. Dies wird aber nur selten eingelöst. Zahlreiche sexuelle Kompetenzen werden vom Jungen (vermeintlich) erwartet, aber nicht oder viel zu wenig vermittelt. Sexualkundeunterricht wird gern als Prävention missverstanden; am langen Arm staatlicher Gesundheitsförderung wird Sexualität zum Problem definiert, bei dem es nur um die Verhütung von Krankheiten, Schwangerschaften, Gewalt geht und nicht um den Kern der Sache, der Jungen mehr interessiert: um die Lust. Zu diesem Aspekt der Sexualität müssen Jungen anderswo suchen. Fündig werden sie bei Gleichaltrigen, im Internet mit zweifelhaften Informationen und in der Pornografie.

Nicht zuletzt gehören kommunikative Fähigkeiten zur sexuellen Kompetenz. Eine moderne sexuelle Norm lautet, dass alles möglich und erlaubt sei, was ausgehandelt und vereinbart wurde (Verhandlungsmoral). Schön und gut, nur wo wird intime Kommunikation gelernt und verfeinert? Pornomedien geben hier ein schlechtes Beispiel, weil alle immer alles wollen und es nie Konflikte gibt. Wie reden wir über Sexuelles? Wie gehen wir mit Wünschen um? Auch hier fehlt es an Wissensvermittlung, Gespräche mit Eltern über Sexuelles können das ein wenig ausgleichen.

Ejakulationen: unwillkürlich oder gezielt

Ab der Pubertät beginnt der Jungenkörper, Sperma zu produzieren. Der Begriff »Sperma« bedeutet »Frucht«, bezieht sich also auf Fruchtbarkeit und Zeugungsfähigkeit als männliche Potenz. Ihre erste Ejakulation erleben die meisten Jungen zwischen 13 und 14 Jahren, 90 Prozent haben mit 14 ihre erste Ejakulation erlebt.

Das Ereignis ist nach wie vor tabuisiert, mit Scham und Peinlichkeit überlagert. Während bei Mädchen die erste Menstruation oft als Initiation wirkt, wirft der Samenerguss davon nichts ab: Jungen sind und fühlen sich oft damit alleingelassen, was manchen aber wegen der Peinlichkeit nicht unrecht ist. Umgangssprachlich werden nächtliche Ejakulationen fast schon poetisch »feuchter Traum« genannt; fachlich dagegen wird ein Samenerguss, der ohne aktives Zutun meist während des Schlafes auftritt, als »Pollution« bezeichnet – ein verräterischer Begriff, bedeutet er doch übersetzt »Verschmutzung«. Flecken auf dem Laken oder an der Bettdecke sind peinlich, die Spuren werden beseitigt.

Jugendliche masturbieren (fast) alle, Jungen beginnen damit oft schon früher und tun es häufiger als Mädchen. Auf- und Erregung wechseln sich zumindest in der ersten Zeit mit Verunsicherung und Verwirrung ab. An seriöses Wissen über Masturbation zu gelangen, ist nicht einfach: In den Biologiebüchern wird das Thema schamhaft verschwiegen, unter Gleichaltrigen allenfalls zotig besprochen. In der Peergruppe wird deutlich: Sexualität schafft einen neuen Bezug zur Männlichkeit, mit ihrem genitalen Sexuellwerden verbunden (markiert durch Ejakulation und Masturbation) ist sie für Jungen ein Schritt ins Mannwerden. Sexualität wird dabei zur männlichen Inszenierung, auch deshalb ist unter Gleichaltrigen das Reden über Sex – auch in sexuellen Anspielungen oder Witzen – so bedeutsam.

»Ein Mann will immer!«

»Männer denken immer an Sex.« »Jungen wollen Beziehungen, nur um Sex zu bekommen.« Solche beschränkten Vorstellungen von Männlichkeit begegnen Jungen immer wieder. Bilder und Normen im Sexuellen können männliche Jugendliche subtil unter Druck setzen oder zu Rollenkonflikten führen. Wenn Jungen unter sexuellen Leistungsdruck geraten, kann es geschehen, dass sie im entscheidenden Moment »nicht können« und möglicherweise als Versager angesehen werden oder sich selbst dafür halten. Weniger erfahrene Jungen werden mit dem (vermeintlichen) Vorsprung anderer unter Druck gesetzt, »die anderen sind schon weiter, haben mehr Erfahrung«.

»Richtiger« Sex

Im Alter zwischen 14 und 17 Jahren passiert sexuell viel, von den 17-jährigen Jungen hatten bereits zwei Drittel Geschlechtsverkehr. In der Wertung von Jungen (und meistens auch sonst) gilt erst genitaler Sex mit einer Partnerin oder einem Partner als »richtiger« Sex. Ihren ersten Geschlechtsverkehr erleben drei Viertel der Jungen als »etwas Schönes«, den Zeitpunkt des Ereignisses bezeichnen zwei Drittel als »genau richtig«, für über ein Drittel aller Jungen stellte sich der erste Geschlechtsverkehr völlig überraschend und ungeplant ein – ein Argument dafür, auf diesen unvorhersehbaren Moment wegen der Zeugungsverhütung vorbereitet zu sein.

Aber Jungen empfinden auch Druck, beim Sex alles richtig zu machen. Werden sie gefragt, weshalb sie bisher keine partnerschaftliche Sexualität erlebt haben, dann gibt fast ein Drittel die Befürchtung an, sich ungeschickt zu verhalten. Haben Jungen auf der einen Seite den Anspruch, beim Sex kompetent zu sein und alles richtig zu machen, so gibt es auf der anderen die Angst vor dem Versagen, dass sie keine Erektion bekommen bzw. dass sie mittendrin plötzlich nachlassen könnte, dass sie zu früh ejakulieren oder dass sie die Partnerin nicht befriedigen können. Eine sexuelle Norm lautet »Ladys first«; demnach ist es Jungen fast schon verboten, vor der Freundin einen Orgasmus zu bekommen. Ein schneller, frühzeitiger Samenerguss ist deshalb beschämend und schlimm. Auch wenn die Partnerin betont, es sei ihr nicht so wichtig: Er kann ihr das nicht glauben.

Jannik, 21, rückblickend: »Das erste Mal ist immer das schlimmste: keine Erfahrung, nichts – früher Samenerguss.«

Fragen rund um »richtigen« Sex – im doppelten Sinne: Sexualverkehr wie auch sexuelle Correctness – müssen sich Jungen meist selbst beantworten, sie erhalten dazu wenig geprüftes Wissen. Gute Sexualerziehung müsste Jungen irgendwo angeboten werden, in der das Liebemachen für Anfänger, aber auch für Fortgeschrittene behandelt wird: wo es um Beziehungsanbahnung und sexuelle Kommunikation geht, wo Techniken und Stellungen behandelt werden, wo Zeugungsverhütung und Vaterschaftsförderung zum Thema werden, Infektionen wie HIV und andere Geschlechtskrankheiten nicht ausgespart sind, wo auch Fragen zu Prostitution oder Swingerklubs gestellt werden können, die manche Jungenfantasie beschäftigen.

Aufklärung heute

Neben dem Vermitteln von anatomischem und biologischem Wissen ist Sexualaufklärung häufig auf zwei Präventionsthemen beschränkt: auf den Schutz vor HIV-Infektionen und auf

Zeugungsverhütung. Die Zahl männlicher Jugendlicher, die von einer HIV-Infektion betroffen sind, ist sehr gering, sie liegt bei unter 2 von 100 000. Männliche Jugendliche werden auch selten Väter: Zwischen 2000 und 2014 zeugten durchschnittlich rund 238 minderjährige Jungen pro Jahr ein Kind (nicht mitgerechnet sind dabei allerdings diejenigen, die eine Schwangerschaft mit darauffolgendem Abbruch verursachten).

Weil sich andere aus dem Thema Sexualität heraushalten, wird die Bewältigung der Aufgabe zu einer individuellen Angelegenheit und manchmal auch zur Last. Personen oder Institutionen, die früher für Krisen und Scheitern verantwortlich gemacht werden konnten – die »repressive« Gesellschaft, die »konservativen« Eltern, die Kirche, die Schule usw. –, wurden irrelevant, sexuelle Möglichkeiten und Spielräume größer. Nun fehlen aber Widerstände, an denen man sich moralisch abarbeiten und damit selbst finden kann. Und jetzt schlagen sexuelle Schwierigkeiten und Krisen unmittelbar als persönlicher Misserfolg durch: Wer es auf diesem Gebiet nicht schafft, sieht sich als Versager – und diese Bedrohung lastet schwer auf den Jugendlichen. Dadurch steigen auch die Anforderungen an die Kompetenz. Im Geschlechtervergleich trifft das Jungen stärker, weil von ihnen erwartet wird, dass sie Bescheid wissen und sexuell initiativ werden. Die erotisch-sexuelle Praxis wird dadurch besetzt: Sie gilt als Prüfstein fürs Gelingen, oder bei Problemen als Beleg für persönlichen Misserfolg, zur Bestätigung und Absicherung dafür, den Anforderungen gewachsen zu sein.

*

Der Druck, sexuell bloß nicht zu versagen, und die Angst vor dem Versagen machen Jungen erst zu Versagern.

»Richtiger« Sex mit einer Partnerin verlangt es, auch die Zeugungsverhütung im Blick zu behalten. Gut, wenn Jungen um ihre Fruchtbarkeit wissen, ebenso wichtig ist, dass sie mit den Folgen vertraut sind und sich auch bei der Verhütung kompetent-aktiv verhalten.

Matteo, 16: »Dass ich weiß, ich bin fruchtbar, ist gut. Aber eine Frau, ein Mädchen zu schwängern in unserem Alter, das finde ich nicht so gut.«

Eine knappe Mehrheit der Jungen gibt an, immer genau auf die Verhütung zu achten; bei der Verantwortung für die Verhütung gibt es noch Luft nach oben. Eltern sollten diskret Präservative vorhalten und im Gespräch über Sex darauf bestehen, dass der Junge sich aktiv um die Zeugungsverhütung kümmert. Ebenso sollten sie mit ihm frühzeitig über die HPV-Impfung sprechen und diese – zum Beispiel beim Kinderarzt – in die Wege leiten. Und zwar vor dem ersten Geschlechtsverkehr.

HPV-Impfung

Humane Papillomviren (HPV) sind weit verbreitet, sie gehören zu den häufigsten sexuell übertragbaren Infektionserregern. Jungen können sich selbst infizieren, aber auch Überträger sein und beim Sex Mädchen oder andere Jungen anstecken. Durch die Impfung können Genitalwarzen und Karzinome verhindert werden (Penis-, Vaginal-, Vulva-, Anal-, Mund- und Rachentumore). Die HPV-Impfung wird für Jungen im Alter von 9 bis 14 Jahren empfohlen, wichtig ist, dass sie vor dem ersten Geschlechtsverkehr geimpft werden. Mehr Informationen gibt es hier: www.impfen-info.de/impfempfehlungen/fuer-jugendliche-12-17-jahre/hpv-humane-papillomaviren/ und hier: www.entschiedengegenkrebs.de

Brauchen Jungen Pornos?

Viele Väter und Mütter wissen nicht, was ihre Söhne an Pornografie konsumieren, und sie wollen es auch lieber nicht wissen. Fast alle Jungen sehen regelmäßig Pornos. Auch wenn Mädchen aufholen, Jungen nutzen deutlich mehr und intensiver pornografische Inhalte in den Medien. Sexuelles Anschauungsmaterial hat für Jungen einen hohen Reiz, wohl auch deshalb, weil sie stärker visuell orientiert und geprägt sind. Pornos sind für die männliche Wahrnehmung gemacht und dementsprechend attraktiv für Jungen, zumal das Neue daran reizt. Durch das Internet sind Zugangsschranken gefallen, Pornografie ist heute kostenlos, unbegrenzt und frei verfügbar (noch vor zwei Generationen brauchte es für ein wenig Pornomaterial viel Mut oder gute Kontakte).

Hier geht es um Sex pur, ums explizit Genitale – und dabei um Lust, aber auch um Macht und die Abgründe des Begehrens, die gesellschaftlich gern verdrängt werden. Diese Offenheit zieht viele Jungen an, fast hat man den Eindruck, als ob Jungen Pornos brauchten. Durch den oft unkontrollierbaren Zugang zu pornografischen Inhalten im Internet entstand eine neue sexuelle Situation, die kulturell nicht aufgefangen ist.

Porno-Gesetze

Das Anbieten, Zeigen, Verkaufen und sonstiges Zugänglichmachen von pornografischen Bildern, Darstellungen oder Filmen an Personen unter 18 Jahren ist strafbar (Geldstrafe bzw. Freiheitsstrafe bis zu einem Jahr).

Bereits der Besitz von Kinderpornografie ist für Jugendliche und Erwachsene verboten. Der Besitz von Jugendpornografie ist für Erwachsene strafbar. So darf z. B. ein Volljähriger keine pornografischen Bilder der minderjährigen Freundin auf dem Handy gespeichert haben. Jugendliche, die jugendpornografische Medien besitzen, die einvernehmlich entstanden sind, machen sich nicht strafbar (§ 184 ff. StGB).

Kindern unter 14 Jahren gegenüber ist jegliches Zeigen oder Erzählen pornografischer Inhalte verboten und wird mit Freiheitsstrafe bis zu 5 Jahren bestraft (§ 176 Abs. 4 Ziff. 4 StGB).

Besorgte Erwachsene vermuten, dass Pornos Jugendliche verwirren und zu viel beschäftigen, der Pornokonsum wird dramatisiert und verurteilt: »Pornografische Medien sind immer und grundsätzlich schlecht. Basta.« Dagegen ist Pornografie für viele, vor allem für ältere Jungen alltäglich und normal, eine Form der Generationenabgrenzung von antiquierten Eltern und durchaus ein gutes Gesprächsthema für Väter mit ihren Söhnen.

• • • • • • • • • •

Marga und Philipp haben in meinem Buch »Jungen brauchen klare Ansagen« das Kapitel zu Pornos gelesen. Marga behauptet: Valentin, der 15-jährige Sohn, schaut das sicher nicht. »Okay, fragen wir ihn«, sagt Philipp. Valentin kommt ins Wohnzimmer, Marga fragt ihn: »Schaust du eigentlich Pornos?« Valentin antwortet: »Nein!« Dann tref-

fen sich die Blicke von Philipp und Valentin, der grinst und sagt: »Alle schauen Pornos, klar, ich auch. Aber wenn ihre Mutter danach fragt, sagen alle, dass sie das nicht machen.« Damit war das geklärt. Und es war ein Anlass, dass Philipp und Valentin noch zwei Mal über Pornos gesprochen haben, das zweite Mal aktiv initiiert von Valentin.

• • • • • • • • • •

Weil über Pornografie nur stark (ab)wertend und moralisierend kommuniziert wird, bleibt die Abwertung auch an der Selbstbefriedigung kleben. PorNO wird unterschwellig mit OnaNIE verknüpft, was die häufigste Form männlicher Sexualität entwertet. Nüchtern betrachtet finden sich zahlreiche Gründe, um die Sache entspannter anzugehen. Pornos bieten Informationen, sind ein Bildungsmedium: Jungen erhalten die Möglichkeit, nackte, sexuell aktive Körper und sexuelle Praktiken zu sehen und zu studieren – das macht Jungen kompetent, nicht zuletzt ist es anregend für die Entwicklung eigener Vorlieben. Pornos können die Fantasie anregen und Jungen in Kontakt mit sich und ihren Lustbedürfnissen bringen. Körper und explizite Sexualität zu betrachten oder audiovisuell zu erleben, ist eine ästhetische Erfahrung. Männliche Jugendliche nutzen ihr Interesse an Pornografie, um damit ihre Geschlechtsidentität zu stabilisieren, um sich zugehörig zu fühlen oder abzugrenzen. In der Gleichaltrigengruppe kann Pornokommunikation einen Beitrag dazu leisten, sich als sexuell interessiert und damit als männlich zu markieren und eine gute soziale Position bei anderen Jungen zu bekommen. Alles Gründe, warum Jungen Pornos gebrauchen können – wiewohl es auch ohne geht.

Das sagt natürlich noch nichts über die Qualität der Pornografie aus. Gerade im Internet findet sich viel Pornomaterial von miserabler Qualität, auch reichlich Frauen entwertendes und -verachtendes Material. Darauf könnten auch Jungen gern verzichten. Nur ist diese schlechte Qualität ja eine Folge der Verdrängung des Sexuellen, wofür Jungen nichts können. Pornos sind Inszenierungen, mit einem bestimmten Zweck. So, wie Theaterstücke nicht wirkliches Leben darstellen, ist es auch mit der Pornografie. Sicher können Pornos fragwürdige Bilder und Klischees von Sexualität transportieren: stets bereite, hochleistungsfähige und willige Männer; unterwürfige, leicht erregbare Frauen; der Blick wird reduziert auf (meist) die Frau als Objekt, nicht als Subjekt. Nur: Das alles ist es ja gerade, was den Reiz der Pornografie ausmacht: das Unverschämte, Unanständige, Unkorrekte. Dennoch ist es gut, sich das auch vor Augen zu halten, denn leicht schwappt etwas von diesen Bildern in die Vorstellung von Wirklichkeit und führt dort zu Problemen. Schädliche Auswirkungen von Pornografie hängen allerdings weniger von der Nutzung ab, bedeutender ist, welche Vorstellungen von Sexualität, Beziehung und Liebe Jungen vor der Pubertät vermittelt bekommen haben. Mit einem guten Maßstab im Rücken können Pornomedien richtig eingeordnet werden.

• • • • • • • • • • •

Vater, ein Sohn, heute 15 Jahre: »Als wir dem Jonas ein Smartphone geschenkt haben, mit zwölf, da habe ich mit ihm drüber geredet (über sexuelle Darstellungen). Ich hab ihm auch gesagt, dass er wahrscheinlich bald Bilder oder Filme sieht, die Sex darstellen; was ihm nicht gefällt, soll er besser wegklicken. Und zum Schluss hab ich gesagt: Ich wünsch dir, dass du viele schöne Sachen siehst, die dir gefallen, und nichts, was dich ekelt. Weil Sex ist was Schönes.«

• • • • • • • • • • •

Die Sprengkraft von Pornos im Generationenkonflikt zeigt sich schön an den aggressiven und sexistischen Porno-Rap-Texten. Jungen merken, dass Pornotexte Eltern und andere Erwachsene reizen, sie bieten sich als demonstrative Abgrenzung von den Erwachsenen mit ihrer Geschlechterkorrektheit und ihrer blitzsauberen Sexualmoral an. Jungen spüren, dass sie damit Erwachsene schockieren, besorgen oder auf die Palme bringen, ein ganz praktisches Werkzeug also. Porno- und Gangster-Rap ist zudem ein Teil von Jugendkultur und auch darin eine Form des Protests, der Provokation und Rebellion; damit lässt sich unter Jungen Zugehörigkeit markieren, zu anderen Jungen und zu dieser jugendkulturellen Richtung.

WAS MACHE ICH, WENN ...

... er sich Pornos anschaut?

Damit können Eltern mit hoher Wahrscheinlichkeit rechnen, aber erst mal geht sie das nichts an. Eltern sollten – außer bei drohender Gefahr – nicht im Privatbereich ihres Sohnes stöbern (Smartphone, Computer). Bleiben Sie offen, signalisieren Sie Ihre Gesprächsbereitschaft für den Fall, dass er Dinge zu sehen bekommt, die ihn ängstigen, verstören oder überfordern. Führen Sie ein Gespräch über Sexuelles.

Anders ist die Lage, wenn er die Pornos so präsentiert, dass Sie das bemerken, ohne gezielt danach zu suchen. Dann verbirgt sich dahinter eine Botschaft oder ein Auftrag an Sie, fragen Sie sich oder ihn: Was will er mir damit sagen? Worum geht es gerade? Wenn Ihr Sohn offen vor Ihnen Pornos anschaut und Sie damit provoziert, ist die Provokation das Thema, Porno nur das Medium.

Die Freiräume, die Jungen in Bezug auf mediale Darstellung von Sexualität haben, sind eine Herausforderung, die sie meistern müssen. Nach einigen Jahren ungehindertem Zugang zu Internetpornografie zeigt sich, dass sie das meistens schaffen. Sie entwickeln Fähigkeiten zur Selbstregulation. Jungen sind nicht dumm oder naiv, sie wissen, dass die kommerzielle Pornowelt nicht die Wirklichkeit darstellt und gehen mit dem Internetangebot so um, dass nicht die Pornografie sie beherrscht, sondern dass ihre sexuellen Interessen und Vorlieben ihren Pornokonsum bestimmen. Für Alarmismus gibt es keinen Anlass, aber Pornokompetenz muss auch den kritischen Blick einnehmen können, wertende Distanz ermöglichen.

Hetero, homo, bi oder was? Sexuelle Orientierungen

Für die meisten Jungen und männlichen Jugendlichen ist Homosexualität heute im Bereich des Normalen und Gestatteten. Auch die meisten Eltern haben im Prinzip eine tolerante Haltung. Ist ihr Sohn dann aber schwul, müssen viele doch schlucken, weil sie andere Vorstellungen hatten oder auch weil sie denken, ihr Sohn habe es dann schwerer. Es scheint, als befänden wir uns in einem Übergangsstadium mit einem Trend zur Toleranz und glaubhafter Gleichwürdigkeit und -wertigkeit aller sexuellen Orientierungen.

WAS MACHE ICH, WENN ...

... mein Sohn schwul ist?

Freuen Sie sich mit ihm, wenn er seine sexuelle Orientierung entdeckt hat. Lebensentwürfe, die jenseits von 08/15 liegen, versprechen, interessant zu werden, auch für Eltern als indirekt Beteiligte. Die Bewältigungsanforderungen, die aus besonderen Beziehungswegen resultieren, können zu Kreativität und Selbstbewusstsein führen. Aber eigentlich ist Schwulsein inzwischen zunehmend gesellschaftlich akzeptiert und gilt nicht als besonders ungewöhnlich.

Oft ist das aber nur die Oberfläche, die Abwertung der Homosexualität wirkt unter Jungen weiter, »schwul« ist ein Begriff für negative Bewertungen, auch ausschließlich oder überwiegend heterosexuell empfindende Jungen sind davon bedroht, als schwul diffamiert zu werden. Im Konkurrenzdruck und in Positionskämpfen werden alle Merkmale herangezogen, die eine Abwertung ermöglichen, um den eigenen Status zu sichern; Homosexualität bietet sich dafür an. Jungen können das Risiko mindern, wenn sie sexuelle Erfahrungen mit Mädchen vorweisen können oder wenigstens lautstark über Heterosexuelles reden.

Jungen, die eher oder ausschließlich homosexuell orientiert sind, werden dadurch indirekt ausgegrenzt und manchmal von Ausschluss und Gewalt bedroht – auch wenn für viele Jungen Schwulsein mittlerweile wirklich als »normal« gilt. Eine Minderheit von Jungen fühlt sich aber durch Homosexualität massiv bedroht, weshalb sie umso aggressiver reagieren. In ihrer pubertären Verunsicherung ist alles bedrohlich, was von der Norm abweicht. Homosexualität zählt mit einer besonderen Aufladung dazu. Fast alle Jungen und Männer sind mindestens auch ein bisschen, viele ein bisschen mehr schwul. Weil es untergründig sein könnte – und weil es ziemlich wahrscheinlich so ist –, dass sie selbst homosexuelle Anteile und Neigungen haben, müssen manche Jungen die Homosexualität massiv abwerten und ausgrenzen.

WAS MACHE ICH, WENN ...

... ich nicht weiß, wie mein Sohn sexuell orientiert ist?

Besonders schwer fällt es Eltern, so gar nicht zu wissen, welche sexuelle Orientierung ihr Junge denn nun hat, nicht zu wissen, »was er ist«. Sie wollen ihn in eine Kategorie einordnen. Pubertät und Jugendphase sind allerdings durch Offenheiten gekennzeichnet, die Jugendlichen wissen vieles noch nicht, weil dies zu erkennen oder zu entwickeln ja Aufgabe dieser Lebensphase ist. Das bedeutet für Eltern, sich in Geduld zu üben und ihre Neugier zu zähmen, weil sonst Druck ausgeübt wird, der für die Entwicklung des Jungen nicht förderlich ist.

Dabei ist Homosexualität ein ziemlich normales Phänomen. Statistisch sind zwischen 5 und 10 Prozent aller Jungen überwiegend homosexuell orientiert, mit einer homosexuellen Tendenz sind es noch mehr. Aber nicht nur unter Gleichaltrigen, auch in der Familie, der Schule oder in Medien wird durchgängig die Norm der Heterosexualität vermittelt. So ist die Haltung zur Homosexualität bei Jungen nicht vorbehaltlos oder neutral: Heterosexualität bestimmt die Zugehörigkeit zur Normalität, mit Homosexualität droht Ausschluss, eine Spätfolge davon, dass Homosexualität lange Zeit abgewertet und geächtet wurde. Dies hat sich in den letzten Jahrzehnten entspannt, die kulturellen Nachwirkungen dauern jedoch an. Pubertierende Jungen, deren Begehren stärker oder auch nur immer wieder mal um andere Jungen kreist, kommen deshalb unter Stress. Entweder sie verleugnen sich und ihre sexuelle Orientierung oder sie müssen bei einem Bekennen zu ihren Beziehungswünschen mit Ausgrenzung, Abwertung, Mobbing rechnen, beides keine gesunde Option.

Da es mit der Akzeptanz von Homosexualität vielerorts noch nicht so weit her ist, werden viele homosexuelle Jungen depressiv, weil sie wegen ihrer sexuellen Orientierung ausgegrenzt und abgewertet werden; die Suizidrate ist bei homosexuellen Jungen viel höher als bei heterosexuellen. Damit ist klar, wohin die Energie gehen sollte, nämlich zur unbedingten Toleranz, und zwar bei allen Jungen, und zur tätigen, aktiven, demonstrativen Solidarität mit diskriminierten und ausgegrenzten Jungen. Eltern sollten bedenken, dass ihr Sohn schwul sein könnte. Sie können zu mehr Toleranz beitragen, indem sie selbst eine Haltung einnehmen, die sich grundsätzlich offen für alle sexuellen Orientierungen zeigt.

Wegweiser und Irrläufer: Gleichaltrige

Mit der Pubertät bekommen die Gleichaltrigen für den Jungen eine immer höhere Bedeutung. Sie bilden den stärkeren Resonanzraum für Gefühle, Werte oder Informationen und auch fürs Männlichsein. Aber nicht alle Jungen haben starke Bezüge in Gleichaltrigengruppen (Peers); es gibt auch Einzelgänger, eine ganz normale Gesellungsvariante, meist kein Grund zur Sorge, wenn der Junge damit einverstanden ist und sich wohlfühlt.

Leon: »Ja, wir bezeichnen uns jetzt nicht unbedingt selbst als Clique, aber das kann man schon so nennen: Wir sind halt so ein paar Freunde, mal gehen wir zusammen ins Kino – auch wenn manche untereinander nicht so toll befreundet sind, aber wir machen trotzdem was zusammen. Sie gehören irgendwie zu uns dazu und sind halt meistens dabei.«

Die meisten Jungen sind in Peergruppen eingebunden, und das aus gutem Grund: Die Gleichaltrigen haben eine wichtige Funktion bei der Ablösung von den Eltern. Die große Frage »Wer bin ich?« wird hier außerhalb der Familie beantwortet. Weil sich die frühere Identität auflöst oder fragwürdig wird und weil sich gleichzeitig die familiären Bindungen stark verändern, sind die Gefühle der Zugehörigkeit unsicher. In dieser Krise sucht sich die Identität neue Orte. Deshalb sind die Gleichaltrigenbeziehungen so wichtig: Da ist ein Platz für mich, ein Probe- oder

Übergangsplatz vielleicht, aber ein Ort. Gar keine gute Idee ist es, Kontakte zur Peergruppe zu verbieten (mal abgesehen von Extremfällen), weil der Junge sie braucht. In der Psyche und im Selbstverständnis des Jungen werden die Eltern als die gefühlte Heimat und als moralische Leitinstanz allmählich durch die wachsende Bedeutung der eigenen Person und durch die Gleichaltrigen ersetzt.

Für die Jungen werden Gleichaltrigenbeziehungen zum bestimmenden, oft faszinierenden sozialen Raum. Wegen der pubertären Entwicklungsdynamik wandelt er sich ständig. Man muss möglichst viel präsent sein, sonst riskiert man, den Anschluss zu verlieren; das reale Präsentsein am richtigen Ort und das mediale Dabeisein sind hier fast gleich wichtig; viele Jungen denken deshalb, sie müssten ständig online sein.

Gleich sein mit Gruppendruck

Das englische Wort »peer« stammt vom lateinischen »par« ab, das bedeutet: gleich. Gleichheit ist also ein Merkmal der Peergruppe, mit einer Schattenseite: Man ist gleich und man muss es auch sein! Wenn Jungen zu stark davon abweichen, kann das bestraft werden. Die Peers sind zwar auch ein Experimentierraum, dennoch dürfen gewisse Grenzen nicht überschritten werden. Wer in bestimmten Gruppen statt Heavy Metal lieber Schlager hört, wird darin nicht lange geduldet. Der Druck ist nur manchen Jungen bewusst, sie versuchen, damit aktiv und vermittelnd umzugehen; meistens bleibt er unentdeckt, wirkt aber dennoch.

Moden und Meinungen, Stile und Stimmungen sowohl von Personen als auch Institutionen werden von den Peers geprägt. Diese wechselseitige Beeinflussung geschieht überdies meist unbewusst, es wird kaum darüber nachgedacht, ähnlich wie ja auch die Werte der Familie nicht reflektiert werden. Die Meinung der anderen Jugendlichen verstärkt sich in einer Rückkoppelung und schaukelt sich hoch. Das kann auch Auswirkungen auf das Verhalten und auf die Einstellung zur Schule und zum Lernen zeigen, meistens negative.

Innerhalb der Gruppe gibt es dabei Unterschiede, Jungen mit hohem Status können sich mehr Abweichung erlauben. Jungen, die stark auf Anerkennung angewiesen sind, müssen sich überwiegend oder ausschließlich an der Resonanz der Gleichaltrigen orientieren und sich eher unterwerfen. Das ist dort problematisch, wo die Gruppe in Richtung Risiko tendiert oder wo radikale Meinungen vertreten werden.

Viele Eltern registrieren, dass ihr Sohn sich jetzt immer mehr an Gleichaltrigen orientiert. Oft sind sie darüber nicht sehr erfreut, weil sie denken, er lasse sich von ihnen negativ beeinflussen. Das gibt es schon auch, ist in dieser Einseitigkeit aber eher selten und würde von einem schwachen Selbstbewusstsein des Jungen zeugen. Bei den meisten Jungen ist das Cliquenleben ein Wechselspiel gegenseitiger Einflussnahme. Der eigene Sohn wird zwar von anderen beeinflusst, aber er trägt auch seinen Teil bei, er formt und führt seinerseits wiederum die anderen – weshalb witzigerweise die Eltern der anderen Jungen ihn verdächtigen, einen schlechten Einfluss auszuüben. Die Beziehungen von Jungen zu gleichaltrigen Geschlechtsgenossen sind für ihre Lebenswelt eine maßgebliche Größe. Die Peergruppe ist nun der emotionale Landepunkt außerhalb der Familie. Eltern haben in dieser Konstellation grundsätzlich schlechte Karten. Ihr Beitrag besteht darin, weiter liebevoll in Kontakt zu bleiben, die eigene Position zu halten, sich nicht in eine Ecke stellen zu lassen und die notwendigen Konflikte durchzustehen.

Die Peer-Treffen sind erwachsenenfreie Zonen, eher statusgleich und dementsprechend auch führungsfrei. Jungengruppen neigen zwar zu hierarchischen Strukturen, dennoch braucht und gibt es nicht unbedingt einen Anführer. Für die Jungen fühlt sich das so ganz anders an als das, was sie von Erwachsenen kennen. Dennoch ist die Erfahrung wichtig, weil Jungen auch hier Selbststeuerung als Führungselement erleben – ein wichtiger Schritt ins Erwachsenenleben. Wie jede Gruppe verfügen auch die Peergruppen über Schwarmintelligenz: Vieles funktioniert wie in einem Fischschwarm, kleine Impulse, sich in eine Richtung zu bewegen, werden wirksam, wenn die anderen folgen. Ebenso gibt es allerdings auch in allen Gruppen die Gefahr der Schwarmdummheit; auch im Problematischen oder Riskanten reagieren die Peers mit- und aufeinander. Das können witzige oder spannende Grenzaktivitäten sein, aber manchmal auch nur hirnlose oder gefährliche Verhaltensweisen, die eigentlich nichts bringen. Es braucht Wachheit und Selbstbewusstsein, um hier gegenzusteuern oder gar ganz auszusteigen. Jungen sollten schon in der Kindheit darin bestärkt werden, Zivilcourage zu zeigen, wenn ihnen etwas zuwiderläuft.

Männerclique

Viele Jugendliche beziehen sich in der ersten Pubertätsphase in ihren Kontakten stärker aufs eigene Geschlecht. Wegen ihrer gruppenorientierten Beziehungsgestaltung und ihrer stärkeren »Hordenorientierung« ist der Einfluss der Gleichaltrigengruppe bei Jungen oft größer als bei Mädchen. Hier kommt es darauf an, sich als »männlich« zu präsentieren, über Männliches Bescheid zu wissen. Ohne dass sie sich dessen bewusst sind, verhandeln Jungen mit Gleichaltrigen nebenher auch Fragen ihrer Geschlechtsidentität. Dabei orientieren sich die Jungen aneinander, obwohl keiner weiß, wo es eigentlich langgeht; sie funktionieren wie Kletterpflanzen, die sich gegenseitig als Rankhilfe nutzen.

Viele Jungen sind in ihrem Männlichsein statusorientiert. Seine Position zu klären und gegenüber anderen zu behaupten, ist umso komplizierter und aufwendiger, je größer die Gruppe ist. Um von anderen Jungen anerkannt zu werden, helfen die Normen der Erwachsenen nicht. Hier zählt, was in der Peergruppe wichtig ist, und diese Normen sind oft an Maskulinität ausgerichtet: stark, cool, roh, durchsetzungs- oder risikofreudig, damit können Jungen punkten. Verhaltensanforderungen der Eltern oder auch der Schule, die sich an Ein- und Unterordnung orientieren, sind in vielen Jungenkulturen nicht erstrebenswert; die ablehnende Haltung gegenüber Ansprüchen und Erwartungen dagegen verspricht Anerkennung. Die Ablehnung schulischer Anforderungen und Regeln, das Auflehnen gegen das System Schule sind eine Form der Inszenierung von Unabhängigkeit, die bei Gleichaltrigen Prestigegewinn verspricht. Bei den meisten Jungen ist das zwar nicht extrem ausgeprägt, aber in gewisser Tendenz vorhanden, was auf Motivation und Leistung zurückschlägt.

Männliche Normen nützen Jungen zudem in der Abgrenzung gegenüber den »braven« Mädchen zur geschlechtlichen Selbstvergewisserung, ein wesentlicher Gewinn in der unsicheren Jugendphase. Manche versuchen, durch Abwertung von Mädchen in ihrer Psychohygiene für einen Ausgleich zu sorgen. Vor allem instabile Jungen neigen zudem dazu, sich im Geschlecht abgrenzend zu definieren. Wer sein Männlichsein aus einem Negativbild zu netten, angepassten, fleißigen und kommunikativen Mädchen ableitet, der muss, um »männlich« zu sein, betont rebellisch, aufsässig, unkommunikativ und faul werden. Das betrifft nicht alle Jungen im gleichen Ausmaß, sondern z.B. solche, deren Peergruppe besonders auf Stärke, Mut oder Kameradschaftlichkeit geeicht und eher autoritär strukturiert ist.

Gleichaltrigengruppen spiegeln, was Jungen bisher erlebt haben. Wenn in Familie oder Schule eher autoritäre Tendenzen erkennbar sind, wenn Männlichkeit hochgehalten wird, wenn traditionelle Geschlechterkonzepte propagiert werden, dann verstärkt dies negative Wirkungen der Gleichaltrigen. Und umgekehrt sorgen egalitäre Geschlechterbilder und gute Beziehungen – nah und klar – dafür, dass die Peergruppe den Jungen nicht dominiert, sondern dass er mitspielen kann.

Reinrauschen ins Risiko

Schon in der Kindheit sind Jungen im Durchschnitt risikofreudiger; mit der Pubertät nimmt die Lust am Risiko bei Jungen und Mädchen zu, bei Jungen jedoch deutlich handlungsorientierter, mit Tendenz zur Waghalsigkeit. Statistiken zu Unfällen, Kriminalität oder Rauschmittelkonsum belegen das höhere Risikoverhalten von Jungen eindrücklich.

• • • • • • • • • •

Leon: »Manchmal merkt man schon währenddessen, was für einen Schwachsinn man da gerade macht – was tue ich hier?«

• • • • • • • • • •

»Wer nicht wagt, der nicht gewinnt!«, lautet die Botschaft des Risikos. Wer ins Risiko geht, will Sieger sein, ist männlich, ein Teufelskerl, ein Held! Zudem winken bei riskanten Aktionen Kicks, intensive und gute Gefühle, auch ein sozialer Nutzen wie Anerkennung oder ein besserer männlicher Status oder Vorteile in der Partnerwahl. Gleichwohl ist Risikofreude keine männliche Monokultur – und sie hängt mit dem Charakter und dem Temperament des jeweiligen Jungen zusammen, da gibt es eine große Bandbreite. Um männlich zu wirken und sich auch so zu fühlen, braucht es nicht unbedingt Risiken, aber sie können dabei schon sehr hilfreich sein.

Die Risikobereitschaft ist in Pubertätszeiten höher als in jeder anderen Lebensphase; obwohl diese Zeit relativ frei von Krankheiten ist, verdoppelt sich zwischen Kindheit und Jugend die Zahl der unfallbedingten Erkrankungen und auch die Sterblichkeit nimmt zu. Impulskontrolle und bewusste Risikofolgenabschätzung sind bei Pubertierenden noch nicht entwickelt. Für »Vernunft und Kontrolle« und für das Verarbeiten von Anreizen (Belohnung) gibt es im Gehirn unterschiedliche Bereiche, die nicht gleichzeitig reifen. Die Teile, die für die Selbstregulierung besonders wichtig sind, reifen noch bis in die frühen 20er-Jahre, und erst dann nimmt die starke Risikoneigung ab. Eine gute, stabile Kindheit mit Halt und Werten, aber auch mit kontrollierten Risikoerfahrungen zahlt sich in der Pubertät aus.

Pubertät: die Lust am Risiko

Mit der Pubertät werden neue Erfahrungen interessant, mitbefeuert durch die Impulse des Testosterons sind viele Jungen auf Erlebnisse und Abwechslung aus. Erfahrungsarme Lebenswelten, allen voran die Schule, verstärken den Drang danach, endlich mal was zu erleben. Jungen werden oft kreativ darin, sich spannende Situationen zu schaffen, kleine Lichtblicke im tristen Lebensalltag. Die körperlich-hormonellen Impulse verbinden sich bei Jungen mit Männlichkeitsbildern und -themen. Bestätigung, auch in ihrem Männlichsein, suchen Jugendliche bei Gleichaltrigen, die damit auch im Risikoverhalten ein Übergewicht bekommen können.

Das Risikoverhalten männlicher Jugendlicher ist kein Fehlverhalten, sondern eine Folge sozialer und neurobiologischer Prozesse. Hintergründe dieser Dynamik liegen in der Evolution, gesellschaftlich hat es seinen Sinn, wenn Jungen Risiken suchen. Die Entwicklung sieht das regelrecht vor, vielleicht um sich in neue

Welten, in die Wildnis vorzuwagen, vielleicht um anderswo Anregungen oder Partner zu finden. Das müssen zwar nicht alle, aber gut ist es, wenn es viele tun. Die Lust am Risiko wird mit dem Ziel angeschoben, dass sich nach der Pubertät Männer entwickelt haben, die Neues wagen, mit Gefahren umgehen können und damit Erfahrungen gesammelt haben. Auch deshalb suchen Jungen nach Situationen, die mehr Dopamin produzieren helfen: in der Realität beim riskanten Verhalten, aber auch virtuell in Medien, bei Computerspielen oder beim Hören martialischer Musik (z.B. Death Metal); die Neigung zu Erfahrungen unter Drogen oder Alkohol lassen sich ebenfalls zum Teil damit erklären.

Das Risikoverhalten lässt sich nur bedingt über den Kopf beeinflussen. Dort, wo Risikobereitschaft gleichsam natürlich ist, bewirken Informationen über Gefahren wenig, weil es während der Pubertät schwer ist, die Impulse und die Erregung zu kontrollieren, die Jungen in Richtung Risiko schieben. Der Kick bei Gefahren und überlebte Risiken werden von Körper und Psyche mit Euphorie belohnt. Werden Gefahren heil überstanden, stellen sich Glücksgefühle und Selbstbestätigung ein. Das zielt dann auf Wiederholung: Das Gehirn signalisiert: »mehr davon« – und treibt das Risikoverhalten weiter an.

Zwischen der Gefahr, die Aufregung und Nervenkitzel bringt, und der Kontrolle, dem Wissen oder auch nur dem vagen Gefühl, das Risiko im Griff zu haben, liegt die Lust am Risiko. Jugendliche dehnen diesen Bereich aus, bei Erwachsenen verengt er sich schnell und führt zu Befürchtungen oder echten Ängsten. Deshalb gehen Erwachsene weniger Risiken ein (erinnern sich aber sehnsüchtig daran, wie toll das riskante Leben in der Jugendzeit war) und versuchen, Jugendliche davon abzuhalten, allzu draufgängerisch unterwegs zu sein: Das erzeugt Unverständnis und führt zu Spannungen und Konflikten.

Jungen alleine verhalten sich oft gar nicht so riskant, aber Gleichaltrige befeuern die Dynamik, mit ihnen steigt die Wahrscheinlichkeit, dass Jungen Risiken eingehen. Studien (z.B. von Gardner/Steinberg) haben gezeigt, dass dies kein Ergebnis von Gruppenzwang ist, wie gern unterstellt wird; schon die bloße Anwesenheit anderer Jugendlicher macht sie risikofreudiger und rücksichtsloser, sie sind doppelt so risikofreudig, wenn sich Gleichaltrige in der Nähe aufhalten. Dann reagieren die Hirnareale, die dazu anregen, Verbotenes und Riskantes auszuprobieren (bei Erwachsenen gibt es diesen Effekt nicht).

Die Art der Beziehungen unter Jungen trägt dazu bei: In der Tendenz sind Jungen mehr in Cliquen, in Gruppen unterwegs, sie orientieren sich am Pulk (während für Mädchen Einzelfreundschaften bedeutender sind) und reagieren deshalb stärker auf Normen und Inspirationen der Gleichaltrigengruppe. Zudem wirken auch Männlichkeitssignale; ist Männlichkeit gefragt, steigert sich die Risikofreude der Jungen.

Bereit zum Risiko

Männlichkeit macht Jungen risikobereiter. In einer Studie der Schweizer Université de Neuchâtel von 2008 (Schmid Mast et al.) wurde ein direkter Zusammenhang zwischen dem Rasen junger Männer und Männlichkeitsbildern festgestellt. Dazu wurden junge Männer (ganz normale, nicht besonders »rasergefährdete«) in einen Fahrsimulator eingeladen und in drei Gruppen eingeteilt; während des Tests im Simulator wurden ihnen im Autoradio Wörter mit betont männlicher oder betont weiblicher Verbindung bzw. ohne Geschlechterverknüpfung vorgespielt. Zu den männlichen Ausdrücken zählten etwa »Bart«, »Muskeln«, »Ehrgeiz« oder »Tarzan«, während als weibliche Ausdrücke Begriffe wie »Lippenstift«, »Absätze«, »Strümpfe« oder »rosa« gewählt worden waren. Die neutrale Gruppe hörte Wörter wie »Tisch«, »Stuhl« oder »Buch«. Um die Aufmerksamkeit auf das Radio zu lenken waren die Fahrer angewiesen worden, jeweils beim Wort »Fahrplan« zu hupen. Nach Ende der Testfahrt waren alle Teilnehmer, die männliche Wörter gehört hatten, deutlich schneller bis doppelt so schnell (!) wie die anderen. Jene, die weibliche Ausdrücke hörten, waren dagegen langsamer unterwegs als die Neutralen.

Kriminalität: mein Sohn – ein Gangster?

Wer Pubertät und »kriminell« zusammendenkt, hat meist Jungen vor Augen, aus gutem Grund. Jungen stehen nicht nur im Ruf, mehr über die Stränge zu schlagen, sie tun es tatsächlich: Laut Statistiken sind jugendliche Täter überwiegend männlichen Geschlechts. Die Zutaten der Pubertät provozieren Jungen zu Grenzüberschreitungen, Kriminalität ist quasi der große Bruder des Risikoverhaltens. Straffällig im juristischen Sinn werden fünf bis zehn Prozent der Jungen; statistisch gesehen ist der Unfug im Dunkelfeld weit höher, vieles wird nicht entdeckt oder ohne Polizei geregelt.

Viele Jungen kommen durch die Pubertät, ohne kriminell zu werden (oder genauer: ohne dabei erwischt zu werden), und bei vielen Jungen bleiben kriminelle Episoden einmalige Angelegenheiten, sie werden einmal erwischt, und das wirkt. Beruhigend auch, dass die Kriminalität der 14- bis 21-Jährigen bei den heftigen Delikten wie Raub oder schwere Körperverletzung insgesamt in den vergangenen zehn Jahren deutlich zurückgegangen ist.

Dennoch: Jugendkriminalität ist in der Mehrzahl Jungenkriminalität, nur beim Ladendiebstahl liegen Mädchen und Jungen etwa gleichauf (14 Prozent aller Jungen, 12 Prozent aller Mädchen), alle anderen Delikte werden meistens viel häufiger von Jungen begangen. Wegen Vandalismus werden Jungen dreimal häufiger als Mädchen verurteilt, bei der schweren Körperverletzung sind es fünfmal und bei sexueller Gewalt achtmal mehr Jungen; bei Straßenverkehrsdelikten werden in der Altersgruppe der Jugendlichen (14 bis 18 Jahre) über zwanzigmal mehr Jungen als Mädchen verurteilt.

Der Zusammenhang mit der Pubertät ist dabei offensichtlich, vom Altersverlauf her nimmt bei Jungen die Kriminalität zwischen 12 und 14 Jahren rapide zu, die Spitze (der sogenannte »Belastungsgipfel«) liegt bei 21 Jahren, danach nimmt sie wieder ab. Bei Straftaten von Jungen, die erst in der Jugendphase beginnen, handelt es sich häufig um »Ausrutscher« wegen der pubertären Umstände; die meisten dieser Jungen (über 90 Prozent) gehen später straffrei ins Erwachsenenleben.

In einem gewissen Rahmen ist das Austesten von Grenzen, auch denen der Legalität, während der Pubertät nicht bedenklich. Schwierig ist es dann, wenn das illegale Verhalten chronisch wird, wenn es stark von Normen und Gesetzen abweicht oder wenn sich Freunde mit dem Jungen in einem illegalen Milieu aufhalten. Sobald Eltern merken, dass sie ihren Sohn nicht mehr erreichen, sollten sie sich Hilfe holen – je nach Problemlage bei Drogen- oder Erziehungsberatungsstellen, in sozialpsychiatrischen Zentren oder psychiatrischen Einrichtungen. Haben Sie auch den Mut, sich ans Jugendamt zu wenden.

WAS MACHE ICH, WENN …

… mein Sohn bei einer kriminellen Handlung erwischt wird?

Wird der Sohn beim Klauen, einer Sachbeschädigung, mit Drogen oder bei einer Schlägerei erwischt, ist das für Eltern meistens ein Schock. Auch der Sohn selbst ist aufgelöst. Jetzt kommt es drauf an, dass er spürt, dass seine Eltern zu ihm stehen, das Delikt aber verurteilen. Stellen Sie sich auch in Gegenwart der Polizei neben Ihren Sohn, und signalisieren Sie, dass Sie als Eltern gemeinsam mit ihm eine Lösung suchen werden.

Zu viele aktive Emotionen machen das Reden schwierig, es ist also besser, Angst, Wut oder Enttäuschung erst etwas abklingen zu lassen. Ist das Formale und Aufgewühlte vorbei, geht es rein in Gespräche: möglichst keine Vorwürfe, sondern Interesse – durchaus auch Gefühle: »Ich bin enttäuscht.« Interessant und wichtig ist, was dahintersteckt: Aggression, Gruppendynamik, Gier? Oder sind Bedürfnisse beim Sohn zu kurz gekommen, sucht er Anerkennung? Je nach Delikt und dessen Schwere kann das Elterngespräche überfordern, dann kann professionelle Unterstützung helfen.

Eltern und Jungen: gemeinsam im Risiko

Mitentscheidend für die Risikobereitschaft und den Umgang mit Risiken ist die Begleitung, die Jungen zuteil wird, die stabile Führung. Regeln und der soziale Halt prägen das Verhalten, das er jetzt an den Tag legt. Schwierigen, auffälligen, sozial unangepassten Jungen fehlt es an der äußeren Begrenzung: am Halt durch klare, stabile Eltern und andere Erwachsene. Pubertierende Jungen sind auf einen Rahmen durch Erwachsene angewiesen. Das schafft notwendigerweise Konflikte, die typischen Pubertätsstreitigkeiten: Was darf der Sohn, was noch nicht?

Für Jungen hat das Risiko eine Funktion in der Beziehung zu Eltern und Erwachsenen. Auf eigene Faust etwas zu riskieren, schafft Abstand, es ist wie ein Akt der Befreiung. Dies gilt besonders, wenn die Eltern immer darauf bestehen, auf Nummer sicher zu gehen. Oft ist das Risikoverhalten der Jungen auch ein Echo auf die Botschaften der Eltern. Eine Rundum-sorglos-Sicherheit kann die Sehnsucht danach wecken oder verstärken, sich durch das Eingehen von Risiken besser spüren zu können. Definieren sich Erwachsene über Sicherheit, ist es in der Abgrenzung naheliegend, das Eigenständige im Risiko zu suchen.

Die besorgte oder skeptische Haltung von Eltern darf und soll Jungen gegenüber auch in der Pubertät klar sein, Jungen dürfen ruhig erfahren, was Eltern befürchten und was sie überhaupt nicht gut finden. Vorschriften, soziale Vereinbarungen und oft auch Gesetze gelten aber bei vielen Jungen in dieser Zeit wenig. Normen und Werte infrage zu stellen, gehört wie die hohe Risikobereitschaft der Jungen zur Pubertät. Auch Informationen Erwachsener, die auf die Vernunft zielen, zählen wenig, allein schon, weil sie von Erwachsenen kommen. Die Herausforderung für Eltern besteht darin, zunehmend zu akzeptieren, dass ihre bisherigen Strategien – aktives Beschützen, Verbieten, Informieren – nicht mehr wirken. Stattdessen müssen sie sich zunehmend auf ihren Sohn verlassen. Wenn Beschützen und Verbieten ausgedient haben, braucht es nun im Jungen selbst etwas, was an diese Stelle tritt: seine eigene Risikokompetenz.

Die Bereitschaft, Herausforderungen anzunehmen und Risiken einzugehen, hängt mit der Impulssteuerung und mit dem Charakter des Jugendlichen zusammen, ist aber auch ein Lern- und Entwicklungsprozess. Ein wesentlicher Teil der Risikokompetenz wird in der Kindheit erworben. Erlebnisarme Umgebungen und übervorsichtige Eltern führen eher zu Verunsicherung,

Ängstlichkeit oder Zurückhaltung oder zur Suche nach Hilfsmitteln: Wer sich bei »vollem Bewusstsein« nicht traut, ein Risiko einzugehen, muss sich »Mut antrinken«, oder er versucht, Ängste durch Drogen zu übergehen.

Kompetent ist es, wenn Jungen ihr riskantes Verhalten mit Schutzmaßnahmen in ein gutes Gleichgewicht bringen: je größer das Risiko, desto stärker der nötige Schutz. Er entsteht aktiv, z.B. durch Üben (von Fähigkeiten, Fertigkeiten), den Erwerb von Wissen, durch gute Aufmerksamkeit, durch technische Kompetenzen, durch das Trainieren der körperlichen oder der mentalen Stärke; oder passiv, etwa im Selbstschutz durch die Verwendung von Helm oder Protektoren. Auch bei dieser »Schutzkompetenz« sind Eltern und besonders Väter als Vorbilder wichtig, sie zeigen, wie Sichschützen funktioniert, etwa indem sie beim Rad- oder Skifahren selbstverständlich einen Helm tragen.

* TEIL 2 *

Zehn Dinge, über die Eltern mit ihren Söhnen reden sollten

Mit Jungen reden

Nun, da Sie sich das Backgroundwissen erlesen haben, geht es aufs Ganze: ran an Ihr geliebtes, fremd und eventuell wild gewordenes, aber doch so vertrautes Wesen, auf ins Gespräch! Um zehn Themen soll es dabei gehen, Themen, die Gefahrenzonen und Entwicklungsfelder der Jungenpubertät umreißen. Aufgabe von Eltern ist es, so damit umzugehen, dass Konflikte nicht eskalieren. Wie in der Politik sind in der Pubertät Kompetenzen in der Beziehungsarbeit und auch einiges an Diplomatie gefragt. Das Miteinanderreden im Alltag ist eine Form der Verbindung, es macht einen großen Teil unserer Kommunikation aus, hier geht es ums Interesse aneinander, um Informationsaustausch, Planung oder Absprachen. Die Dinge, die Eltern mit ihren Söhnen bereden müssen, transportieren Informationen, hängen aber auch mit Erfahrungen, Meinungen, Einstellungen oder mit Gefühlen der Eltern zusammen. Diese Themen gehören auf den Gesprächstisch, auch deshalb, weil es außer den Eltern sonst niemand übernimmt.

Obwohl es sich dabei um bedeutsame Themen im Jungenleben handelt, muss der Gesprächsanlass nicht aufgeplustert werden, es sind keine Initiationsereignisse. Die Gesprächseinleitung »Mein Sohn, du wirst jetzt ein Mann, und ich muss dir ein paar Dinge sagen …« passt vielleicht, wenn es ums Erben geht. Bei den pubertären Themen kommt es mehr auf die Haltung an, nicht auf die große Geste: Die Eltern wollen ein paar Informationen mitteilen und darüber mit dem Jungen ins Gespräch kommen.

In den zehn Gesprächskapiteln sind Anregungen und Vorschläge, basierend auf meinen Erfahrungen, enthalten. Die Inhalte habe ich entlang der Fragen entwickelt, die Eltern und pubertierende Jungen nach meiner Erfahrung gemeinsam beschäftigen. Aber die Gespräche der Eltern und der Söhne verlaufen natürlich in jedem Fall individuell.

> Bei den Eltern-Sohn-Gesprächen gibt es keinen Gesprächsleitfaden, keine Checklisten, die abgearbeitet werden müssen – schon allein deshalb nicht, weil sich die Söhne so erheblich unterscheiden und die Eltern so verschieden sind.

Kommunikation mit pubertierenden Jungen ist nicht einfach. Es gibt Ausnahmen, aber meistens warten Söhne nicht darauf, mit ihren Eltern gute Gespräche zu führen. Auch hier ist Veränderung angesagt: Es gilt, eine neue Gesprächskultur zu entwickeln und zu gestalten. Eltern bleibt auch nichts anderes übrig, denn die alte Eltern-Kind-Form der Kommunikation funktioniert nicht mehr: »Ich weiß alles und will von dir alles wissen.« Auch das Predigen, das »an die Jungen Hinreden«, sorgt nur für schlechte Laune beim Sohn. Für die Beziehung zu unseren Söhnen ist es zudem besser, wenn sich das Reden mit ihnen nicht auf Konflikte beschränkt, sondern sich auch Gesprächsthemen finden, die beide Seiten interessieren.

Mein Sohn hat mir einmal während eines Gesprächs (dachte ich) bzw. eines Verhörs (so empfand er es) nur noch halb im Spaß gesagt: »Ich sag jetzt nichts mehr ohne meinen Anwalt!«, und hat damit die Veranstaltung beendet. Er hat gespürt, dass es kein Gespräch war, in dem jeder vom anderen etwas erfährt, sondern dass er sich in der Rolle des Verdächtigten befand.

Oft schrumpft die Kommunikation der Söhne mit ihren Eltern mit dem Beginn der Pubertät. Kein Wunder, sie gewinnen ja mit den Gleichaltrigen wichtige Gesprächspartner hinzu; was sie fortan mit wem besprechen, wen sie um Rat fragen oder wem sie sich mitteilen, das verteilt sich nun (auch) auf andere Personen. Eltern werden deshalb weniger angefragt und weniger mit Informationen über den Zustand des Sohnes versorgt.

....

Britta erzählt, dass Jan, der Ältere, zu Hause praktisch gar nichts mehr sagt, und erinnert sich an ein Gespräch ihrer beiden sehr unterschiedlichen Söhne, beide in der Pubertät. Der kleinere, quirlige Nico sagt zu seinem Bruder beim Essen: »Du redest ja sowieso gar nicht mehr!« Der eher wortkarge Jan antwortet trocken: »Ich rede schon was. Aber nicht hier.«

....

In Jungenkulturen wird ohnehin weniger über Beziehungsdinge und Befindlichkeiten kommuniziert, den reduzierten Gesprächsstil bringen Jungen dann mit nach Hause. Ihr Rückzug hängt aber auch damit zusammen, dass sie mehr unterscheiden, was sie Eltern sagen wollen und was nicht; viele Söhne entscheiden sich im Zweifel eher fürs Nichtsagen. Andere Jungen ziehen sich mehr unbewusst zurück, in einer Phase der Introversion, sie wirken abgeschottet, fast autistisch. Das auszuhalten, kann für Eltern schwer werden.

Allerdings wissen wir ja auch, dass das gesprochene Wort nur ein Teil der Kommunikation ist, viele sagen sogar: der kleinere Teil. Allein das Da-Sein, dass Sie Ihren Sohn wahrnehmen können, ist bereits Kommunikation, er zeigt sich ohne Worte mit seinen Zuständen. Werfen Sie einen Blick ins Zimmer Ihres Sohnes, dann wissen Sie alles, das kann mit Worten gar nicht besser ausgedrückt werden. Tatsächlich wissen Pubertierende oft wirklich nicht, was gerade mit ihnen los ist und wie es ihnen geht. Warum-Fragen können nicht beantwortet werden, außer mit: »Keine Ahnung. Weiß nicht.« Vor allem in weiblichen Kulturen und in der Familie gilt: Wer redet, ist in Beziehung. Viele Jungen ziehen daraus den Schluss: »Aha, dann ist das Nichtreden ja eine ideale Form der Ablösung, der Distanz. Also halte ich meine Klappe und fühle mich autonom. Reden ist Silber und Schweigen ist Macht.« (Ein Modell, das sie sich oft von ihren Vätern abschauen.) Funkstille halten Eltern schwer aus – bedrängen sie ihren Sohn aber mit Fragen, macht dieser erst recht zu.

Sich in dem neuen Zustand zu artikulieren, ist für Jungen wirklich nicht einfach. Die Redeabteilung im Gehirn muss sich neu zusammenfügen. Wo es aktuell nur wenige Nervenverbindungen gibt, ist es schwer, Informationen im Fluss zu koordinieren – dies wäre aber eine wichtige Basis, um sich äußern zu können. Wegen der Neugestaltung des Gehirns wird vom Gesagten oft nicht viel gespeichert, es bleibt wenig »hängen«. Auch wenn Eltern sich seltsam vorkommen, der Junge braucht die Wiederholung, weil vieles untergeht, und damit müssen Eltern rechnen: Was sie ihm »doch schon vor drei Wochen gesagt« haben, hat nichts zu bedeuten, die Information ist längst verloren gegangen.

Während der Pubertät reift der Junge, deshalb muss in der Beziehung und in der Kommunikation immer wieder nachjustiert werden. Es verlangt Aufmerksamkeit, um weder streng noch nachlässig zu werden. Jungen in der Jugendphase sind oft sensibel im Hinblick darauf, ob sie als Gegenüber ernst genommen werden, ob sie sich gleichwürdig und geachtet fühlen. Was sie schätzen, sind Dialoge auf Augenhöhe, Interesse, Freundlichkeit, Erfahrungen, die von den Beteiligten positiv erlebt werden. Wenn es klappt, gewinnen beide Seiten an Wissen, Kontakt und Vertrauen.

WAS MACHE ICH, WENN ...

.... mein Sohn nur einsilbig antwortet?

»Was hast du an Hausaufgaben auf?« »Nichts.« »Wie war es heute in der Schule?« »Gut.« »Das regt mich echt auf!« »Egal.« »Wie kann es sein, dass das Fahrrad einfach verschwunden ist?« »Weiß nicht.«

Ein-Wort-Antworten können Formen der Abgrenzung oder Ausdruck geringer Kommunikationslust des Jungen sein, aber auch die Antwort auf eine Kommunikation im Verhörstil. Eltern können Gespräche anders gestalten, eher offene Fragen stellen, etwas von sich erzählen oder nachhaken: »Ah, interessant - geht es noch ein wenig genauer?«

Jungen spüren, wenn sie nur belehrt oder zugetextet werden, und meiden das. Ihnen ist schon wichtig, was Eltern sagen, auch wenn sie deren Meinung nicht teilen. Aber ein echter Dialog sieht anders aus: Alle Gesprächspartner sollten sich öffnen, etwas von sich zeigen und auch bereit sein, sich zu bewegen. »Machen wir doch immer«, sagen Eltern dann, aber wenn wir genauer hinschauen, sind viele Formen des Sprechens kein Dialog. Im Verlauf der Pubertät spielen sich problematische Muster ein, statt Gesprächen finden Interviews, Verhöre, Aufträge, belehrende Monologe statt. Der Junge erwartet das schon aufgrund seiner Erfahrung und stellt sich darauf ein. Der Vater oder die Mutter denken: Er sagt ja eh nichts und verhalten sich entsprechend. Eingespielte Muster sind nicht leicht zu verändern. Umgekehrt heißt Veränderung immer, dass experimentiert werden darf, dass man etwas wagen muss. Das gilt auch für die Kommunikation. Zu merken, dass ein Versuch überhaupt nicht funktioniert hat, dass ein Gespräch gut anfing und schlecht ausging, dass wir den Kontakt verlieren, dass wir ins Monologisieren kommen – solche misslungenen Experimente sind wichtige Meilensteine, wenn sie bemerkt und korrigiert werden. Darin liegen ja Reiz und Nutzen eines Experiments: Man probiert etwas Neues, um sein Ziel zu erreichen – trotz des Risikos des Misslingens, das aber auch Erfahrungszuwachs bringt und die Chancen künftigen Gelingens erhöht.

Von-sich-Reden und Zuhören sind die Kernbestandteile der neuen Gespräche mit dem Sohn, Eltern möchten etwas von sich mitteilen und auch etwas von ihrem Sohn erfahren.

> *
>
> »Ich rede von mir. Ich will dir etwas sagen,
> was mir wichtig ist. Mich interessiert, was du denkst,
> und was du machst, entscheidest du selbst.«

Viele Gespräche entstehen, wenn sie sich ergeben, eingebettet ins pubertäre Leben. Aber dort, wo das nicht »einfach so« passiert, sollten Eltern von sich aus aktiv werden: sich Zeit nehmen, sich mit dem Sohn verabreden, es sich dabei schön machen – mit Chips zu Hause oder vielleicht besser auf neutralem Boden in der Lieblingspizzeria des Sohnes? Das ist gut, um angenehm im Gespräch zu bleiben und nicht nur in Konfliktsituationen Kontakt zu suchen – Problemgespräche führt man allerdings besser in einem geschützten Rahmen. Was passend ist, müssen die Beteiligten miteinander herausfinden. Es hat sich bewährt, wenn die Eltern noch vor der Hochphase der Pubertät eine entsprechende Kultur etablieren, um entspannt über wichtige oder anstehende Dinge zu reden.

* Verdächtig sind Du-Ansprachen, also »Gespräche«, in denen viele Dus vorkommen und keine Ichs: Du sollst, du musst mehr, du machst immer, du hast schon wieder nicht; warum hast du, wann machst du, wieso geht es nicht, dass du; du bist

gerade in einer Phase, in der du; die anderen Jungen sind dir viel zu wichtig, deshalb lässt du dich …

* Ähnlich suspekt sind Gespräche, in denen Eltern Fragen stellen und Antworten erwarten, in denen also zu viele Fragezeichen auftauchen und zu wenige Punkte hinter Sätzen, in denen Eltern etwas von sich mitteilen.

In einem Dialog tauchen Gefühle, das Erleben, die Gedanken von beiden Seiten auf, die Beziehung wird zum Gegenstand. Gespräche werden authentisch erlebt, wenn eine Person dahinter erkennbar und spürbar wird. Ab der Pubertät wird es wichtiger, dass Eltern sich zeigen. Das bedeutet, weniger Du-Aussagen zu treffen und weniger Fragen zu stellen und mehr etwas von sich mitzuteilen: Gedanken, Ideen, Gefühle, eigene Erlebnisse, Standpunkte, Ansichten, Unsicherheiten und auch Sorgen, ohne dabei den Jungen mit eigenen Themen und Schwierigkeiten zu überfordern (z.B. Beziehungskrisen, Sexualität der Eltern).

Dialoge zielen aufs Verstehen. Die Sicht des Sohnes ist eine andere als die des Vaters oder der Mutter. Eltern müssen sich klarmachen, dass sie ihren Sohn jetzt nicht mehr richtig kennen, und können sich vorstellen, so mit ihm umzugehen wie mit jemandem aus einer anderen Kultur: interessiert und respektvoll.

Gute Ratschläge?

Eltern sehen wegen ihrer Erfahrung und mit ihrem Wissen mehr Risiken, daraus wächst die Idee, dem Sohn gute Ratschläge zu erteilen. Die Risikosicht der Eltern in den richtigen Ton zu bringen, ist nicht einfach, weil bei Eltern die Erwartung mitschwingt, dass sich der Sohn den Rat sofort zu Herzen nimmt.

Ratschläge sind Erwartungsauslöser: Eltern stellen sich vor, ihr Sohn würde nur auf ihren weisen Rat warten und ihn umgehend befolgen. Sagt die Mutter: »Zieh einen Helm auf, du kannst dich bei einem Unfall schlimm am Kopf verletzen«, hofft sie, dass ihr Junge antwortet: »Ja, da hast du recht, da habe ich nicht dran gedacht, mach ich sofort«, den Helm aufsetzt und erst so aufs Rad steigt. Oder wenn vor einer Party der Vater den Sohn vor den Gefahren des Alkoholkonsums warnt, wäre die gewünschte Reaktion: »Ach, Mensch, danke, das wusste ich gar nicht, dass Alkohol so gefährlich ist. Gut, wenn das so ist, da habt ihr recht, ich trinke keinen!« Solche Erwartungen erfüllen sich nur sehr selten.

Es ist keine persönliche Beleidigung, wenn der Sohn die gut gemeinten Ratschläge nicht umsetzt. Das ist angesichts von Risiken schwer auszuhalten. Eltern tun gut daran, ihre Ratschläge mit Sätzen zu ergänzen, die auf Selbstverantwortung und Vertrauen zielen: Ich vertraue dir, schütze dich gut; ich verlasse mich drauf, dass du nicht mehr trinkst, als du noch gut verträgst; ich sorge mich um dich, weil du mir so wichtig bist.

Kritik am Gesprächsstil von Jungen erleben diese leicht als Zurückweisung. Obwohl Jungen manchmal selbst recht ruppig kommunizieren, kann zu viel und zu deutliche Kritik schaden. Hinter der rauen Schale und demonstrativen Stärke verbergen sich Unsicherheiten. Kritik führt dazu, dass der Junge sich zurückzieht wie die Schnecke in ihr Haus. Wenn Eltern erst einmal zuhören, nachfragen und Verständnis zeigen, können sie leichter – dezent! – ihre Kritik anbringen oder auf Alternativen zum schwierigen Verhalten der Jungen hinweisen.

Allerdings können Eltern manches, was ihnen beim Jungen gegen den Strich geht, auch bei sich selbst entdecken, vor allem dann, wenn Gespräche angespannt sind oder zu eskalieren drohen. Damit es klatscht, sind zwei Hände nötig. Es lohnt sich, das eigene Redeverhalten selbstkritisch zu hinterfragen: Wie sind meine Tonlage und mein Tonfall, besonders wenn ich verärgert, gestresst oder genervt bin?

Probleme besprechen

Solange sich Jungen mit einem Entwicklungsthema beschäftigen oder wenn sie in echten Schwierigkeiten stecken, fällt es ihnen oft schwer, darüber zu reflektieren und zu reden. Deshalb haben viele Jungen mit Problemgesprächen ein Problem. Dies zu akzeptieren, ist für Eltern oft nicht leicht, vor allem für Mütter, die eine andere Bewältigungskultur haben. Jungen und Männer kommunizieren oft linearer, direkter, kurz angebunden, lösungsorientiert – oder gar nicht.

• • • • • • • • • •

Leon: »Ja, wenn man in der aktuellen Situation drin ist, fühlt es sich natürlich viel komplexer an, weil ja auch die ganzen Zwischenfaktoren noch drin sind, die man in zwei Jahren wieder vergessen hat, aber jetzt gerade – wenn ich dir jetzt sagen müsste, was momentan gerade für mich das Wichtigste ist –, da fällt mir nichts ein, da würde ich in mir auf Granit beißen.«

• • • • • • • • • •

Viele Jungen denken, Reden sei keine legitime männliche Form der Bewältigung. Männlichkeitsnormen geben etwas anderes vor: »Ein Mann hat keine Probleme. Er löst sie.« Sich einzugestehen, dass man nicht weiterweiß oder Hilfe braucht, passt nicht dazu. Männliche Gleichaltrigengruppen mit ihren Status- und Positionskämpfen verhindern die Fähigkeit, Schwächen wahrzunehmen und zu zeigen; ein Problem zu haben, heißt, schlechter zu sein oder den Bewältigungserwartungen nicht zu genügen, deshalb sind Schwierigkeiten beschämend. Das alles macht es schwer, in der Gegenwart, im Problemsumpf, darüber zu reden. Im Rückblick dagegen, wenn die Schwierigkeiten schon bewältigt wurden, fällt es Jungen leichter zu erzählen, nachträglich können sie besser darüber reden. Darin kann ein sinnvoller Zwischenschritt liegen: Beim Sprechen über zurückliegende Schwierigkeiten können sie erleben, dass es hilfreich ist, über Probleme zu reden. Vielleicht ermutigt sie diese Erfahrung dazu, sich auch über ihre aktuelle Situation mitzuteilen.

Bisweilen klappt es ja auch, mit dem Sohn zu reden, während das Thema noch gärt und er im Problemsumpf steckt. Geduldiges, einfühlsames Vorgehen ist vonnöten, um den Jungen zum Reden zu bringen, manchmal braucht es auch mehrere Anläufe.

*

Gesprächseinladungen am besten auffordernd formulieren: »Magst du erzählen, was passiert ist?« oder: »Ich habe den Eindruck, irgendwas stimmt gerade nicht« oder: »Ich mache mir echt Sorgen um dich. Können wir darüber reden?«

Magisches Zuhören

Lebenswirklichkeiten von Eltern und Pubertierenden sind weit voneinander entfernt. Normalerweise umgeben wir uns mit Menschen, die unsere Ansichten teilen, sodass wir uns gegenseitig ständig bestätigen. Im Zusammenleben mit einem Sohn in der Pubertät ist das anders, hier begegnen sich Unterschiede im dichten Raum der Familie. Wahrscheinlich wurde uns die Pubertät von der Natur auch deshalb geschenkt, um mit dieser Konfrontation umgehen zu lernen. Ein Schlüssel fürs Gelingen ist das Zuhören. Das gilt für beide Seiten, aber der Sohn lernt das Zuhören dadurch, dass ihm zugehört wird, Eltern müssen in Vorleistung gehen.

Eine der wichtigsten Aufgaben der Eltern während der Pubertät des Sohnes ist es, herauszufinden, wer er eigentlich ist und wie es ihm geht. Viele Jungen sind hier misstrauisch: Interessieren sich die Eltern wirklich für mich oder nur dafür, wie der Englischtest ausgefallen ist? Wenn Jungen echtes Interesse spüren und nicht befürchten müssen, dass man sie nur aushorchen will, um sie besser kontrollieren zu können, fällt ihnen das Reden leichter. Weiß der Sohn, dass Vater oder Mutter wirklich und offen zuhören, wenn es darauf ankommt, dann steigt die Chance, dass er etwas mitteilt, wenn er Sorgen hat und Unterstützung braucht. Zuhören ist im Gespräch oft wichtiger, als etwas zu sagen. Offene Fragen erleichtern das Erzählen: »Magst du mir mal erklären, was dich an *Fortnite* so fasziniert?« oder »Was treibt dich denn gerade um?«

Beim Reden mit Jungen sollten Eltern die Bereitschaft mitbringen, sich in die Perspektive des Sohnes hineinzudenken. Das heißt nicht, dass man seine Ansichten unbedingt teilen muss, sondern dass man erfahren will, was er zu sagen hat, und überzeugt ist, dass er etwas mitzuteilen hat. Dass er in vielem eine andere Meinung hat, ist interessant und kein Grund, ihn abzuwerten, er ist deshalb nicht dümmer, böswillig, egoistisch oder schlecht informiert. Pubertierende Jungen denken oft, mit ihren Eltern könnten sie nicht reden. Manche haben es von sich aus gar nicht probiert, aber viele haben die Erfahrung gemacht, dass Eltern sich schwertun, ihnen zuzuhören; manche interessieren die Dinge nicht, die ihren Sohn umtreiben, oder sie wollen nichts über ihn lernen, sie schalten ab.

Es ist eigentlich ganz einfach: Jugendliche wollen ernst genommen werden, und das erfahren sie auch über echtes Interesse an dem, was sie sagen, am guten Zuhören. In der Pubertät ereifern sich Jungen gerne und schießen übers Ziel hinaus, sie werden emotional, fallen in die Sprache, die sie mit Gleichaltrigen pflegen. Selbstverständlich sollten Eltern dann darauf hinweisen, dass sie nicht als Deppchef oder Vollpfosten bezeichnet werden wollen. Aber um im Gespräch zu bleiben, ist es oft besser, sich nicht so sehr bei der Form der Äußerungen aufzuhalten, sondern auf den Inhalt zu hören: »Worum geht es eigentlich? Warum regst du dich auf, was empört oder stört dich?« Eltern brauchen fürs Zuhören zwei Frequenzen:

* Das Hin- und Einhören, das sich in den Jungen hineinversetzt, das ihm folgen will; die Aufmerksamkeit liegt beim Jungen als Person, bei seinen Gefühlen, beim Wahrnehmen seiner Wünsche, Ideen und Probleme.
* Das Weghören oder Überhören: Gutes Zuhören steuert aktiv mit; dabei können bewusst Informationen oder Emotionen ignoriert werden. Auch bei Sticheleien oder Beleidigungen kann es manchmal besser sein, etwas deeskalierend zu überhören, weil das Ziel eines Gesprächs ein anderes ist, als einen (erneuten) Konflikt zu entfachen.

Das Zuhören erweitert die Handlungsspielräume von Eltern, es entlastet und signalisiert dem Sohn: Eltern müssen jetzt nicht mehr alles wissen, er weiß seinen Teil, darauf kommt es jetzt zunehmend an. Eltern können ihren Sohn nicht grundlegend ändern, aber sie können ihn besser verstehen und sich immer wieder neu in Beziehung zu ihm setzen. In solchen Kontakten entstehen Verbindung und Resonanz.

Streitgespräche

Gerade der Streit um Regeln, Formen und Gesetze ist in der Familie wie in der Gesellschaft notwendig, weil er Wandel ermöglicht: Altes wird über Bord geworfen, Platz für Neues entsteht. Beziehungen brauchen diese Energie, den Schwung der Jugend. Auch hier will ja Neues entstehen, deshalb müssen die alten Formen hinterfragt und aufgelöst werden. Das ist im Alltag schon lästig, weil es unendlich viele Anlässe für Streit gibt, bei denen Jungen aus dem Stand vehement werden können: »Warum soll ich meine Hand beim Essen auf den Tisch legen?«, »Warum soll ich andere anschauen, wenn ich mit ihnen rede?«, »Warum soll ich meine Cap im Unterricht absetzen, das ist doch Schwachsinn!«, »Ich geh morgen nicht in die Schule. Nö, sehe ich gar nicht ein!« Dies auszuhalten, ständig dagegenzuhalten, sich hinterfragen zu lassen, die eigenen Werte zu vertreten, ist anstrengend.

Konflikte interpretiert das Jungengehirn auf einer körperlichen Ebene als Form der Statusbehauptung, eine Art sozialer Überlebenskampf. Der in der Pubertät ohnehin erhöhte Stresspegel schlägt nach oben aus. Bei vielen Jungen befeuert ihr Testosteronüberschuss die Auseinandersetzung in Intensität und Heftigkeit. Ihr Gehirnareal im Vorderhirn, das für Vernunft, Voraussicht oder Moral zuständig ist, kann nur wenig zur Regulation beitragen, weil sich hier gerade einiges im Umbau befindet. Dass Jungen in dieser Situation die Grenze überschreiten, ist nicht nett, aber naheliegend.

Dies erklärt, warum Konflikte leicht eskalieren, dabei geht es Jungen meist nicht darum, die Eltern als Personen zu attackieren, sondern mehr in ihrer Rolle: Sie meinen nicht Sebastian oder Elke, sondern ihren Vater oder ihre Mutter. Im besten Falle gelingt es Eltern, so zu reagieren, dass klar wird, dass der Sohn in der Pubertät steckt – und nicht die Eltern. Impulsives Beantworten der pubertären Provokation führt dagegen zur Eskalation.

WAS MACHE ICH, WENN ...

... mein Sohn mich provoziert?

Vor der Reaktion kurz durchatmen. Provokationen sind eine beliebte Form der Abgrenzung. Die Jungen legen sie wie Köder aus, nicht jeden muss man fressen. Sie wahrzunehmen, aber nicht darauf anzuspringen, also etwas Distanz zu bewahren, ist meist hilfreicher, als über jedes Stöckchen zu springen: Wann ich mich provozieren lasse, bestimme ich immer noch selbst! Der Junge grenzt sich nicht von Ihnen als Person, sondern von Ihrer Rolle – von seinem Vater, seiner Mutter – ab; er meint Sie nicht persönlich. Viele Jungen erschrecken, wenn sie merken, dass sie es überzogen und ihre Eltern verletzt haben.

Beim Streiten verwirren zu viele Worte das pubertäre Jungenhirn, in der Tendenz erwartet es prägnante Botschaften und erweitert sich erst allmählich in Richtung Komplexität. Jungen fühlen sich schnell »zugetextet«; sie nehmen dann nur ein diffuses Rauschen wahr und warten darauf, dass es wieder aufhört. Die Botschaft selbst geht dabei unter. Von elterlichen Ansprachen bleibt meist wenig oder gar nichts hängen. Die Kraft der Führung entwertet sich durch einen Wasserfall von Wörtern. Wenn es um Positionen und das Sichdurchsetzen geht, sollten Eltern auf den Punkt kommen. In Stresssituationen – und das sind solche Statuskonflikte – wird ein gesprochener Satz unverständlich, wenn er zu lang wird; als Faustregel gilt: maximal sieben Wörter.

*

Kommen Sie auf den Punkt und lassen Sie Ihre Worte nachklingen. Weniger ist mehr und deutlich wirkungsvoller.

Ob Jungen mit ihren Eltern reden und wie viel, hängt auch vom Familienklima und dem Erziehungsverhalten der Eltern ab. Auseinandersetzungen in der Pubertät werden dann heftiger und schärfer, wenn die Eltern Konflikte nicht in Gesprächen lösen, sondern autoritär auftreten, wenn sie die Jungen kontrollieren oder ihnen zu enge Grenzen setzen wollen.

Emotionen dürfen im Konflikt auch erkennbar werden, aber sie müssen nicht agiert werden. Nach einer Kränkung kann der Satz »jetzt denk mal drüber nach, was du da gerade gesagt hast« hilfreicher sein, als sich beleidigt aus der Beziehung zu verabschieden. Eltern dürfen durchaus signalisieren: »So sollst du nicht mit mir reden.« Aber sie sollten auch nicht nachtragend sein oder aggressiv werden und den Jungen mit einem Gegenschlag attackieren. Als Leitidee sollten Eltern im Streit berechenbar und klar bleiben, aber auch mal mit sich verhandeln lassen und bereit sein, Kompromisse zu finden. Und wenn die Sache geklärt ist, sollte sie hinter sich gelassen werden: Auch das ist eine Form erwachsener Souveränität.

Stoppkommunikation

Gröbere Entgleisungen erfordern entsprechende Antworten, eine klare Grenzsetzung, die dem Jungen deutlich macht, dass er sich nicht alles erlauben kann. Der Junge wird dann vermutlich sauer, ja, wütend sein, aber es gehört zu den Lernthemen in der Pubertät, mit Impulsen kultiviert umzugehen. Ein Junge, der aufgebracht ist und deshalb andere schlimm beschimpft, beleidigt, im erregten Zustand rumbrüllt oder Dinge beschädigt, benötigt eine Antwort auf sein Verhalten, die genauso markant und dem Auslöser angemessen ist. Auch bei dieser Stoppkommunikation und dem, was darauf folgt, trägt die Beziehung, was durch Gefühle oder die Namensnennung unterstrichen wird.

* Markieren, was Sache ist, klar formulieren, was gilt: »Ich will nicht von dir beleidigt werden, Jakob!«
* Gefühle? Raus damit: Gefühle sind Beziehungsträger – sie dürfen und sollen erkennbar sein: »Ich krieg so einen Hals, wenn du mich so anschreist.«
* Wenn sich der Rauch ein wenig verzogen hat, gilt es, Alternativen zum unerwünschten Verhalten zu finden. Lösungsorientiertes Nachfragen bringt den Jungen weiter: »Du bist sauer, darfst du auch sein. Wie kannst du das rüberbringen, ohne mich zu beleidigen, Jakob?«
* Wenn die Grenzverletzung in der Gegenwart anderer geschah oder wenn andere beteiligt waren, kann es hilfreich sein, diese einzubeziehen oder nach deren Meinung zu fragen: »Könnt ihr mal sagen, wie so ein Verhalten bei euch ankommt?«
* Wiedergutmachung: Nach der Klarstellung muss die Sache wieder in Ordnung gebracht werden. Hier ist die Kreativität des Grenzverletzers(!) gefragt. Was ist notwendig, dass die

Sache tatsächlich wieder gut wird: »Wie bringst du die Sache wieder in Ordnung, was meinst du, Jakob, was kannst du dafür tun?« Der Wiedergutmachungsvorschlag ist ein Angebot. Der Preis des Ausgleichs sollte nicht zu hoch angesetzt werden und aus der Jungensicht machbar sein.

Nachdem die Sache wiedergutgemacht ist, ist sie erledigt. Um dies zu unterstreichen, kann ein ritueller Abschluss angebracht sein, viele machen das spontan: Handschlag, auf die Schulter klopfen, Fäuste aneinanderstoßen, ein Blick in die Augen, »Schwamm drüber« oder »Danke, jetzt geht es mir wieder gut mit dir«.

1 Vertrauen und Verantwortung

Pubertierende Jungen brauchen von ihren Eltern vor allem eines: ihr Vertrauen: »Mein Sohn schafft das«; »Ich vertraue darauf, dass du das Beste mit dem machst, was wir dir in der Kindheit mitgegeben haben, und dass du das in deiner Verantwortung gut hinbekommst.« Vertrauen und Verantwortung sind Schlüsselbegriffe der Jungenpubertät: Das Vertrauen zielt darauf, dass der Sohn mehr Selbstverantwortung übernimmt, und wenn er das tut, können Eltern ihm vertrauen. Diese Entwicklung beginnt schon in der Kindheit, mit dem Flüggewerden in der Pubertät wird sie aber zum Ernstfall. Das zeigt sich in der Beziehung; Eltern behandeln ihren Sohn allmählich wie einen Erwachsenen, im Bewusstsein, dass er es (noch) nicht ist. Die elterlichen Sorgen sind der Prüfstein: Eltern, die sich zu viele Sorgen machen, vertrauen ihrem Sohn nicht.

Paradoxes Vertrauen

Gerade in der Pubertät, wo bei Jungen der Leichtsinn tobt, die Neugier drängt und die Risiken reizen, gerade in dieser Zeit, in der es so naheliegt, Jungen zu misstrauen, kommt es aufs Vertrauen an! Fakten und Vorgänge in der Jungenpubertät sprechen vom Verstand her klar dagegen, dem Sohn zu vertrauen, trotzdem brauchen Jungen in der Pubertät viel davon. Und deshalb ist es auch gut, Gespräche über Vertrauen und Verantwortung zu führen.

Dabei kann es sich nicht um blindes Vertrauen handeln, sondern um eine andere Qualität: Vertrauen darauf, dass er diese Lebensphase so bewältigt, wie er es mit dem Rüstzeug eben kann, das ihm mitgegeben wurde – nicht nur, aber auch von den Eltern selbst. Es hilft, sich zu sagen: Er macht es, so gut er kann, er gibt sein Bestes, mehr hat oder kann er im Moment noch nicht. Eltern gehen in Vorleistung, sie geben einen Vertrauensvorschuss, ohne sicher zu wissen, ob das gerechtfertigt ist. Nur: Wer die Garantie hat, dass etwas gut ausgeht, braucht kein Vertrauen! Seinem Sohn zu vertrauen, ist Ausdruck elterlicher Liebe, darin drückt sich Respekt und Wertschätzung aus. Wenn Eltern durch ihr Vertrauen Gutes in ihrem Sohn sehen, verankert sich das in ihm, und die Wahrscheinlichkeit wächst, dass er sich tatsächlich gut entwickeln wird (wenn auch vielleicht mit Umwegen).

Wie stark das Vertrauen ist, zeigt sich oft erst in den Herausforderungen der Pubertät, wenn der Junge es drauf ankommen lässt und sich seine Eltern fragen, ob sie sich auf ihn verlassen können. Fehlt es an Vertrauen, gewinnen Ängste die Oberhand. Dann fällt es schwer, sich auf Beziehungen, Situationen, das Leben überhaupt einzulassen. Umgekehrt entzieht das Vertrauen der Angst ihre Macht. Während Vertrauen lebendigen Kontakt ermöglicht, bewirkt Ängstlichkeit das Gegenteil: Überzogenes Sicherheitsbedürfnis führt zu einer Atmosphäre von Kontrolle und starrer Begrenzung.

In allen Schwierigkeiten im Detail steckt auch die Frage nach dem »großen« Vertrauen, dass der Junge und alles, was mit ihm geschieht, schon richtig ist: das Verlassen auf das Werden, dass er wächst und gedeiht, seinen Weg geht, dass es mit ihm ein gutes Ende nehmen wird. In diesem großen Zusammenhang fragen sich Pubertierende zusammen mit ihren Eltern gerade in den Krisen der Übergänge: Wird alles gut werden, auch wenn ich Fehler mache und vieles nicht in der Hand habe?

Selbstverständlich gehören Krisen oder Zweifel dazu, sie sind unvermeidlich. Gerade dann ist es hilfreich, sich bewusst ins Vertrauen zu begeben und das dem Jungen zu vermitteln: »Ganz schön schwierig gerade, aber es wird schon gut ausgehen!« So entsteht Zuversicht; Eltern und Söhne fühlen sich trotz oder in den Ungewissheiten sicherer, aufgehoben und entspannter.

• • • • • • • • • • •

Malte, 20: »Doch, meine Eltern haben mir schon viel vertraut, auch im Vergleich zu den anderen Jungs. Manchmal denke ich, das war ein Trick meiner Eltern. Meine Kumpel haben viel Scheiß gemacht, weil ihre Eltern ihnen alles verboten haben, die hatten die Angst ihrer Eltern im Nacken. Ich hab das Vertrauen meiner Eltern gehabt und hab immer gedacht, Mist, wenn das rauskommt, dann enttäusche ich sie. Die andern haben Stress gekriegt, weil sie ein Verbot überschritten haben, ich hatte Stress, weil ich nicht dem Vertrauen entsprochen habe; ich hatte mehr Verantwortung bei mir. Ich glaub, deshalb habe ich manche Sachen auch nicht gemacht, anderes schon, weil ich es wollte. Und als es rauskam, dann habe ich das auch ausgehalten, dann waren sie halt enttäuscht, aber ich hatte meinen Spaß.«

Filip, 19: »Meine Mutter hat irgendwann gemerkt, dass sie sich auf mich verlassen konnte. Sie hat mich nicht verurteilt, sie hat mir vertraut, mit ihr konnte ich über alles reden. Ich habe ihr nicht alles erzählt, aber viel mit ihr besprochen. Ich habe schon auch viel Mist gemacht, aber als ich gemerkt habe, dass sie mir vertraut und ich meiner Mutter vertrauen kann, habe ich ihr erzählt, was wichtig war. Als ich älter war, auch wenn ich Stress mit der Polizei hatte oder so.«

• • • • • • • • • • •

Brüche, Fehler oder Scheitern gehören mit zum Gesamtpaket der Pubertät. Der Jugendliche ist heftig in Entwicklung, seine Vertrauenswürdigkeit wächst erst, entwicklungsbedingte Fehler müssen sein. Dann ist es durchaus Teil des elterlichen Vertrauens, zu kritisieren, sich zu ärgern, die eigene Meinung ehrlich zu äußern. Das ist wichtig, damit sich der Sohn orientieren kann. Vertrauen kann angeknackst werden und muss dann neu wachsen. Auch im Vertrauensmodus gibt es für den Sohn Orientierung, in Form von Erwartungen oder Bedingungen, die aus den Bedürfnissen der Eltern entstehen: Der 15-Jährige geht zum Feiern – und es wird die Uhrzeit der Heimkehr vereinbart, damit die Eltern gut schlafen können, das Smartphone ist dabei, aufgeladen und auf Empfang gestellt; der 18-Jährige bekommt das Auto und trinkt null Alkohol, natürlich kifft er auch nicht usw.

Über das Vertrauen verlagert sich die Verantwortung für sein Verhalten stärker auf den Sohn. Das Signal des Vertrauens lautet: Ich verlasse mich darauf, dass du gut für dich sorgst. Zumindest mittelfristig und mit Schwankungen übernimmt er die Verantwortung und verhält sich entsprechend. Umgekehrt sorgt Misstrauen eher für Unsicherheit oder die Vorstellung, dass die Eltern für das Verhalten des Sohnes immer die richtigen Sicherheitsgurte einbauen. Dem Sohn zu vertrauen, bedeutet nicht, die Risiken zu verdrängen oder zu leugnen. Aber man verlässt sich darauf, dass der Sohn mit den Risiken und Schwierigkeiten umgehen kann oder das lernen wird.

Hier ist eine Unterscheidung zwischen dem großen, unbedingten Vertrauen und den kleineren Details hilfreich: Ich vertraue meinem Sohn, aber unter dem Schirm des großen Vertrauens dürfen Fragen und Unsicherheiten ebenso selbstverständlich aufbrechen. Wenn der Junge lügt oder stiehlt, ist es offensichtlich, dass es durch das Dach des Vertrauens hereinregnet. Eltern können und dürfen sich ärgern, wenn sie angelogen, ausgetrickst oder beklaut werden. Sie müssen dann ernsthaft klarmachen, dass das nicht in Ordnung ist: »Ich will dir vertrauen. Deshalb sollst du mir die Wahrheit sagen!« Aber es gibt noch eine zweite Ebene: Vertrauensbrüche können auch dazu beitragen, das Vertrauen zu stabilisieren. Sie sind immer auch Anfragen, ob das große Vertrauen bleibt, wenn das kleine Vertrauen in Seitenaspekten gebrochen wird. Insgeheim können Eltern dann ein bisschen stolz darauf sein, was der Sohn alles unternimmt, um ihr Vertrauen auf die Probe zu stellen, oder wie viel Fantasie er entwickelt, um seine Ziele zu verfolgen und dabei Regeln zu umgehen oder um sich in einem guten Licht dastehen zu lassen. Größere Vertrauensbrüche sind dagegen Hinweise auf Konflikte und wollen ergründet werden.

• • • • • • • • • •

Maria sucht Rat, weil ihr Sohn Mirko lügt und klaut: Er hat schon Geld aus dem Familiengeldbeutel genommen und sich auch bei seiner Schwester »bedient«. Selbst wenn er ertappt wird, streitet er alles ab. Die Stimmung ist mies. Auf die Schnelle möchte Maria konsequent sein. Der erste Schritt, so blöd das ist: Das bisher zugängliche Haushaltsgeld wird ab sofort verschlossen aufbewahrt, um Verführung zu vermeiden. Das sagt sie Mirko auch so, und sie teilt ihm mit, dass sie ihm auch in Gelddingen gern wieder vertrauen möchte, aber dass sie ihm in den wichtigen Dingen immer noch vertraut. Auch darauf, dass er den Schaden bei seiner Schwester wiedergutmacht. Das verspricht er (und hält es).

Dann forschen wir gemeinsam nach möglichen Gründen. Mirko ist in einem Dilemma gefangen. Er möchte gleichzeitig Geld haben und es für »sinnlose« Sachen ausgeben. Allgemein geht es in der Familie eher enger, vernünftig und wenig emotional zu. Auch finanziell werden die

Kinder eher knappgehalten. Das schlägt sich in seinem Konflikt nieder. Wir finden Lösungen: Mirko bekommt mehr Taschengeld, und zwar explizit einen kräftigen Zuschlag nur »zum Verplempern«. Und die ganze Familie kümmert sich darum, wieder mehr Spaß und Lebensfreude in den Alltag zu bringen. Nach einiger Zeit wird die Vertrauenssperre aufgehoben: Der Familiengeldbeutel liegt offen in der Schublade. Erst mal ist das Vertrauen noch nicht ganz wieder da, die Eltern rechnen nach. Das Klauen kommt nicht wieder vor.

Kontrolle ist die Kehrseite des Vertrauens. Ihr Vertrauen können Eltern an ihrem Bedürfnis messen, den pubertierenden Sohn zu kontrollieren. Hintergrund für ihr Kontrollbedürfnis können Sorgen der Eltern sein – vielleicht, weil sie vor der Pubertät zu wenig Vertrauen zu ihm aufgebaut haben; oder es kann ein traditionelles Selbstverständnis sein, früher wurden Eltern daran gemessen, ob sie ihre Kinder wirklich im Griff und unter Kontrolle hatten (besonders in Fragen von Beziehungen, Sex oder Selbstbefriedigung). Gegen das Misstrauen hilft als Überlebensstrategie aus der Sicht der Jugendlichen, die Kontrolle zu umgehen, sich ihr geschickt zu entziehen und oft eben unehrlich zu sein. Stimmt das Vertrauen, sinkt das Bedürfnis zu kontrollieren; was mehr zählt, ist das Wissen um die Kompetenz des Jungen, die Einfühlung in ihn, die es erspüren lässt, wenn wirklich etwas nicht stimmt, das Verlassen drauf, dass er bei Schwierigkeiten oder in Notfällen mit den Eltern redet.

Vertrauen ist kein grenzenloses Gefühl, irgendwann ist dessen Ende erreicht. Große Vertrauensbrüche belasten Eltern. Nur vernünftig, dass sie sich dann Unterstützung oder Hilfe holen. Dass sie das tun werden, wenn sie sich zu stark belastet oder überfordert fühlen, die pubertären Auswüchse zu eskalieren drohen, können sie ihrem Sohn ankündigen. Dabei geht es nicht um Erpressung (wenn du nicht, dann …), vielmehr unterstreicht es den Ernst der Lage. Das Leben von Jungen in der Pubertät bringt zwar nicht sehr häufig, aber bisweilen doch Anlässe mit sich, die sich Eltern vorher nicht träumen lassen. Alkohol, Drogen, Kriminalität, Unfälle können Eltern verzweifeln lassen. Es ist ein Irrtum, dass Eltern ihren Sohn verraten oder im Stich lassen, wenn sie sich von Experten Unterstützung holen oder wenn sie die Polizei einschalten, so es sein muss. Bei Gefahr müssen Eltern handeln, damit signalisieren Eltern Souveränität, ihre Fürsorge für den Sohn und ihr Interesse an ihm.

Verantwortung abgeben

Pubertät ist die Selbstfindungsphase des Lebens, nicht nur für Pubertierende, sondern auch für Eltern. Die elterliche Verantwortung wächst dem Sohn selbst zu, er selbst entscheidet, was er tut und lässt; Eltern vertrauen darauf, dass dieses Experiment gelingt. Auch formal wird zunehmende Verantwortung unterstrichen, etwa im Wahlrecht oder durch die Strafmündigkeit. Die Entwicklungsaufgabe des Jungen ist es, immer mehr Verantwortung zu übernehmen, die der Eltern, ihm zu vertrauen. Wie der Sohn sich in der Pubertät von den Eltern entfernt, ist es Aufgabe der Eltern, den Sohn in seine Verantwortung zu entlassen. Das Problem liegt in einem Widerspruch. Jungen sind aufgrund ihrer geringen Lebenserfahrung, des desolaten Zustands ihres Gehirns, der Risikofreude und ihrer noch nicht entwickelten Persönlichkeit nicht besonders gut darin, die Folgen ihres Handelns, die Tragweiten dessen, was sie tun, zu überblicken – und wollen und sollen dennoch gerade in dieser Zeit mehr und mehr Verantwortung übernehmen. Eltern dagegen können sich ausrechnen, was passieren könnte; sie können die Konsequenzen abschätzen, sind rechtlich dafür verantwortlich oder werden von anderen dafür verantwortlich gemacht, was der minderjährige Sohn alles anstellt – und sollen dann frohgemut Verantwortung abgeben.

Das fällt deshalb vielen Jungeneltern nicht leicht! Eltern denken immer noch, sie müssten da nachhelfen und die Verantwortung selbst übernehmen, weil der Sohn noch nicht so weit ist, sie müssten ihn beschützen und bewahren. Sie sehen ihn scheitern, wenn er sich nicht richtig um alles kümmert (so wie sie sich das vorstellen). Umgekehrt geben viele pubertierende Jungen auch nicht gerade viel Anlass zu der Annahme, dass sie sich selbst und verantwortlich um ihr Zeug kümmern, denken wir nur an die Unordnung, die vergammelten Zustände im Zimmer, die zahlreichen verlorenen Sachen und die Menge an vergessenen Aufgaben. Aber beides beeinflusst sich gegenseitig: Weil die Eltern zu viel Verantwortung übernehmen, brauchen es Jungen weniger zu tun, weil sie hier weniger gefordert sind, können sie es auch schlechter, und die Eltern kompensieren das, indem sie weiterhin zu viel Verantwortung übernehmen. Wer die Verantwortung an den Sohn abgeben kann, braucht keine Kämpfe und keine Kränkungen mehr, stattdessen entsteht Raum für Erfahrung auf beiden Seiten. Das gelingt nicht von heute auf morgen, zum Glück dauert ja die Pubertät auch einige Jahre. Eltern bewegen sich dabei ins Offene, am besten ohne Selber-Schuld-Vorwurf, also nicht: »Du wirst schon sehen, was passiert«, sondern: »Schauen wir mal, was geschieht: spannend!«

Sicher dürfen Eltern auch Hinweise geben, was sie gerade für nötig oder wichtig halten, sie sehen es ja. Hirnphysiologisch sind pubertierende Jungen auf Wiederholungen und klare Ansagen angewiesen, manchmal müssen sich Eltern auch vergewissern, ob

Botschaften angekommen sind. Aber dann halten sie sich heraus und überlassen ihm das weitere Vorgehen. Die Lage ändert sich, wenn er um Hilfe bittet oder nach Unterstützungsmöglichkeiten fragt: »Ja, komm wir überlegen mal gemeinsam, wo du dich noch bewerben könntest«, »Oh, schon ziemlich spät fürs Referat, aber gut, eine Stunde können wir noch dran schaffen, dann will ich aber ins Bett.« Herausfordernd kann es sein herauszufinden, welche Verantwortung er selbst schon wirklich übernehmen könnte, nicht, ob er es dann tut. Ihm von jetzt auf nachher zuzumuten, ab morgen selbst für seinen Lebensunterhalt verantwortlich zu sein, wäre eine Überforderung, aber alles das, was möglich und zumutbar ist, geht an ihn über. Das bedeutet, allmählich die volle Verantwortung für seine eigenen Bereiche zu übernehmen.

Die Verantwortung für ihre eigenen Belange zu bekommen, betrifft folgende Bereiche:

* Ordnung und Sauberkeit in der »Privatzone« bzw. im eigenen Zimmer;
* Körperhygiene und -pflege, inklusive Haarschnitt und -style;
* Schule: Schulaufgaben, Vorbereitung auf Tests und Prüfungen, regelmäßiger Unterrichtsbesuch;
* Schlafmanagement, rechtzeitig ins Bett gehen, sich selbst wecken und aufstehen;
* Kleidung selbst einkaufen und pflegen: waschen, trocknen, zusammenlegen;
* Essen planen, einkaufen und zubereiten;
* Freundschaften pflegen;
* Liebesbeziehungen führen;
* seine Sexualität gestalten, incl. verantwortliche Zeugungsverhütung.

Auch Gemeinschaftsaufgaben und die Mithilfe bei der Hausarbeit gehen in die Verantwortung des Sohnes über. Eltern sind nicht das Servicepersonal fauler oder arroganter Jungen. Dass sich alle altersentsprechend auch an Arbeiten im Haushalt beteiligen, ist selbstverständlich, eine Pflicht, das Mithelfenmüssen steht sogar im Gesetz. Manche Jungen fragen, wenn sie eine Aufgabe übertragen bekommen: Warum muss ich das machen? Ganz unterhaltsam kann es sein, wenn Eltern statt den üblichen Vorhaltungen einfach mal das Gesetzbuch zitieren.

§ 1619 Bürgerliches Gesetzbuch – Dienstleistungen in Haus und Geschäft:

»Das Kind ist, solange es dem elterlichen Hausstand angehört und von den Eltern erzogen oder unterhalten wird, verpflichtet, in einer seinen Kräften und seiner Lebensstellung entsprechenden Weise den Eltern in ihrem Hauswesen und Geschäft Dienste zu leisten.«

Dabei sind Eltern allerdings an das Jugendarbeitsschutzgesetz gebunden; es erlaubt, Kinder für »geringfügige Hilfeleistungen [...] aufgrund familienrechtlicher Vorschriften« einzusetzen. Vorausgesetzt wird, dass die Arbeiten der Entwicklung, dem Alter und der Kraft des Kindes entspricht. 3,5 bis 7 Stunden pro Woche hält die Rechtsprechung bei 12-jährigen Kindern für zumutbar.

2 Körper und Kopf

Ihre Pubertät ist für Jungen ein eher selbstverständliches, nicht so beunruhigendes Ereignis, wenn sie davor gut informiert und vorbereitet wurden. Sicher treiben pubertäre Erfahrungen die meisten Jungen um; sie sehen sich mit körperlichen Themen und mit Aufgaben konfrontiert, die bewältigt werden müssen. Viele Informationen erhalten Jungen nicht, wenn sie sie nicht von Eltern bekommen, und wichtige Themen gehen unter, wenn sie nicht bewusst auf den Tisch geholt werden. Ein Junge sollte wissen, wie er mit seinem körperlichen Männlichsein umgehen kann, wie er seine Körperkräfte mithilfe seines Verstandes intelligent einsetzt und was gerade aktuelle Idealvorstellungen von männlichen Muskelkörpern bewirken können. Er sollte darüber informiert sein, warum sein Penis morgens steif wird, warum er nachts ejakuliert und warum er masturbieren will. Jungen müssen wissen, dass depressive Phasen zur Pubertät gehören, dass Männlichkeitsbilder Stress verursachen oder Gleichaltrige sie beeinflussen. Gründe gibt es also genug, warum Eltern mit pubertierenden Jungen Gespräche über Körper und Geist führen.

Aufgabe von Eltern ist es, zunächst einmal zu registrieren, was ihr Sohn an Gesundem so treibt, und ihn darin zu bestätigen. Salopp gesagt: Wenn er gar nichts für seine körperliche Gesundheit tun würde, wäre er tot; würde er nichts für die Psyche tun, müssten sie ihn in der Psychiatrie besuchen. Sein Risikoverhalten beurteilen Eltern ja vor allem deshalb kritisch, weil sie Körper und Geist gefährdet sehen. Die Gefahr nimmt ab, wenn Eltern im

Gespräch bleiben, ihre Sorgen mitteilen und ihr Vertrauen ausbauen können.

Das Umfeld des Teenagers bemerkt den Beginn seiner Pubertät oft deutlich daran, dass er zunehmend müffelt. Hier ist es besonders wichtig, dass die Eltern auf eine tägliche Hygieneroutine bestehen, die es zu etablieren gilt, bevor er sich unbeliebt macht, ihm unterbewusst Sympathien flöten gehen – einfach, weil man es in seiner Nähe nicht angenehm findet.

Die Männerwaschanleitung – Hygiene »untenrum«

- Täglich waschen (vor allem unter den Achseln) oder duschen. Mildes Deodorant benutzen, um unangenehme Gerüche zu vermeiden.
- Den Genitalbereich, also Penis, Hodensack, Schamhaare täglich mit milder Seife oder Waschlotion waschen (pH-neutral). Das geht am besten mit der Hand oder mit der Handdusche. Auch unter der Vorhaut: Die weißlich-gelblichen Absonderungen unter der Vorhaut (Smegma) müssen abgewaschen werden, dabei die Vorhaut ganz zurückschieben, am besten unter warmem Wasser. Wenn sich die Vorhaut nur unter Schmerzen zurückschieben lässt, besser einen Arzt oder eine Ärztin fragen.
- Hygienischer ist es, zum Abtrocknen der Intimgegend ein eigenes Handtuch zu verwenden; Handtücher und Waschlappen so aufhängen, dass sie gut trocknen können (Krankheitserreger mögen es feucht und warm!).
- Nach dem Pinkeln die Eichel mit Toilettenpapier abtupfen. Sitzpinkeln ist übrigens gesünder und hygienischer.
- Außerdem: nach jedem Toilettengang die Hände waschen!
- Täglich frische Unterwäsche und frische Strümpfe anziehen.

- ▹ Juckreiz, Brennen oder Wundgefühl im Intimbereich sind Warn- oder Alarmsignale, im Zweifel Vater oder Mutter, eine Ärztin oder einen Arzt fragen. Kann peinlich sein, egal: Es ist notwendig, genauer hinzuschauen, meistens ist es nichts Schlimmes, sondern geht schnell weg. Aber nur, wenn etwas Geeignetes dagegen getan wird.

Von Körpergestaltung bis Doping

Körperpflege und -gestaltung ist für viele Jungen ein Pubertätsthema. Das beginnt mit den Haaren und der Haut und zeigt sich weiter bei Kleidung und Schmuck, hinzu kommen Bodystyling und Körpermodellierung, immer mehr begleitet von Functional Food oder Nahrungsergänzungsmitteln. Dass Jungen sich heute mehr um ihren Körper, um ihre Gesundheit und ihre Schönheit kümmern, hat durchaus etwas Positives, auch wenn es unter Jungen kontrovers diskutiert wird.

Leon: »Ein schöner Junge, der verdammt gut aussieht, hat zwar schon ordentliche Pluspunkte, aber leider ist es so, dass die schönen Jungen entweder eingebildet oder verweichlicht sind.«

Schwierig wird es dort, wo hohe Leistungserwartungen und Männlichkeitsdruck ins Spiel kommen: Du musst unbedingt noch besser, fitter, gesünder werden, um deinen Mann zu stehen; du musst in einer optimalen Weise stark, leistungs- und durchsetzungsfähig werden, um dabei zu sein und mithalten zu können.

Unter solchem Druck sind Jungen schneller dabei, ins Ungesunde abzudriften. In der Hoffnung, ihre Muskeln oder die Leistung tunen zu können, kaufen Jungen Produkte, die schnellen Muskelaufbau und Leistungsgewinn versprechen, manche harmlos, andere mit Wirkstoffen aus dem Doping. Realistisch ist das nicht, schön wär's, wenn es so einfach wäre. Sicher braucht der Muskelaufbau die passenden Grundstoffe, und etwas mehr Eiweiß schadet auch nicht. Viele dieser Produkte sind aber unkalkulierbar: Ihre Inhaltsstoffe stammen aus dubiosen Quellen und können alles Mögliche enthalten, auch Substanzen, die für pubertierende Körper Gift sind.

Bei Jungen zielt Sport oft auf einen Muskelzuwachs, über die Hälfte derjenigen Jungen, die etwas an ihrem Körper verändern möchten, nennt »mehr Muskeln« als Ziel. Während Mädchen neben der Fitness vor allem zum Abnehmen oder Gewichthalten ins Fitnessstudio kommen, gehen Jungen zum Muskelaufbau hin. Die Ungeduld – ein Zeichen des Drucks, unter dem sie stehen – ist mitunter so groß, dass Produkte wie Proteinpulver gekauft und eingenommen werden. Auch beim Sport kann zu viel des Guten schädlich wirken. Neben Überlastungs- und Verletzungsgefahr birgt Sport auch Risiken für problematisches Ernährungsverhalten. Um sportliche Ziele besser erreichen zu können, wird auf bestimmte Lebensmittel verzichtet, es werden Diäten eingehalten oder Nahrungsergänzungsmittel konsumiert. Das Risiko erhöht sich, je mehr Bedeutung der Sport – hobbymäßig oder (semi-)professionell – für das Männlichsein erhält und auch je mehr Sport getrieben wird, um andere Probleme zu vergessen oder zu verdecken.

Beim Griff zu Dopingmitteln (und auch zu anderen Drogen) spielen Väter und Mütter eine wesentliche Rolle, ihre Haltung und ihr Verhalten übernehmen die Söhne. Schnell mal etwas zu verabreichen, ist keine seltene Strategie zur Problembewältigung. Nach einer Umfrage sind ein Drittel der Eltern bereit, zehnjährigen Kindern Medikamente zur Verbesserung der Konzentrationsfähigkeit zu geben, damit sie in der Schule bessere Leistungen bringen. Wenn Mama immer verschiedene Medikamente gegen alles Mögliche dabeihat, wenn Papa nach dem Alkoholgenuss eine Tablette braucht, wenn also schon die Eltern bei kleineren und größeren Problemen Hilfe von Mittelchen erwarten und ihre Leistung damit trimmen – dann liegt es näher, dass der Sohn dem Beispiel folgt. Dabei geht es mehr ums Prinzip: Was er dann einnimmt, kann aus der Apotheke, aus dem Fitnessladen oder aus dunklen Kanälen stammen. Leistungsstreben fordert seinen Preis: Der Anteil der Schüler, die regelmäßig Medikamente konsumieren, ist bei den guten Schülern am höchsten.

Männermedizin

Viele Jungen schieben Besuche beim medizinischen Fachpersonal gern vor sich her, vor allem, wenn sie keine größeren Beschwerden haben, manchmal aber auch, obwohl es schon wehtut. Väter sind da oft keine guten Vorbilder. Eltern dürfen und sollen die klare Haltung vermitteln, dass es wichtig ist, rechtzeitig Arzt oder Ärztin aufzusuchen, und dass Zögern nicht angemessen ist, sondern meist mit Angst zu tun hat.

Das gilt selbstverständlich für alle Erkrankungen, aber im Zusammenhang mit der Jungenpubertät besonders auch für die speziellen Männerkrankheiten: Entzündungen an der Eichel oder an der Vorhaut; Blut im Urin oder im Sperma; Ausfluss aus dem Penis; Schmerzen oder Veränderungen am Hoden; Juckreiz in der Intimgegend. Auch wenn der Junge über Entwicklungen im

Genitalbereich unsicher ist, hilft oft der fachliche Blick eines Kinder- und Jugendarztes weiter.

Erkrankungen am Penis sind den meisten Jungen peinlich. Die gute Nachricht: Pickel oder Entzündungen sind meistens harmlos, müssen aber trotzdem versorgt werden. Gerade in der Zeit der Pubertät sind viele Jungen körperlich verunsichert, Probleme am und mit dem Penis lassen manche schnell panisch werden. Weißköpfige Pickel am Penis oder generell im Genitalbereich kommen häufig vor, denn wo am Körper Talgdrüsen sind, kann es auch Pickel geben, wenn die Drüsen verstopfen. Wegen der dünnen Haut können sich Pickel am Penisschaft wie Knötchen anfühlen. Jungen sollten sie nicht ausdrücken oder weggkratzen, sondern zunächst nur abwarten. Wenn es nach mehreren Tagen nicht besser wird, müssen Hausärztin oder -arzt nachsehen. Die ganz kleinen Pickel an der Eichel sind dagegen keine gewöhnlichen Mitesser, sondern Hornzipfel, das sind warzenartige Gebilde (meistens kleiner als ein Millimeter), und stellen kein Problem dar.

Mangelnde Hygiene im Intimbereich kann zu Rötungen und Entzündungen führen. Wird der Penis nicht sehr regelmäßig auch unter der Vorhaut gewaschen, sammeln sich dort weiße Talgrückstände (Smegma). Diese bilden einen Nährboden für Bakterien, es kommt zu Entzündungen und beginnt zu stinken. Die Lösung: besser die Männerwaschanleitung beachten. Bei Rötungen kann nach der Reinigung Wund- und Heilsalbe aufgetragen werden. Synthetische Unterwäsche oder chemische Rückstände (des Waschmittels) in der Unterhose können zu Hautreizungen und -rötungen führen. In dem Fall weicht der Junge besser auf andere Produkte aus.

Rötungen oder Entzündungen am Penis, Pickelchen am Penisschaft, der Eichel oder den Hoden können auf sexuell übertragbare Krankheiten (Geschlechtskrankheiten) wie Pilzinfektionen, Feigwarzen, Genitalherpes, Syphilis hinweisen, die bei ungeschütztem Verkehr übertragen werden. Keine Panik: Bei Jugendlichen, die mit Gleichaltrigen Sex haben, ist die Wahrscheinlichkeit, sich etwas Derartiges einzufangen, nicht so groß. Im Zweifel nicht lange rummachen, sondern Ärztin oder Arzt aufsuchen, danach fühlt man sich sicher.

Bei Jungen im Baby- oder Kleinkindalter sind penisbezogene Erkrankungen, die operiert werden müssen, relativ häufig: z. B. eine Vorhautverengung (Phimose) oder eine Hypospadie, wenn die Harnröhre nicht an der Eichel, sondern an anderer Stelle am Penis mündet. Meist sind die Eltern froh, wenn dabei alles gut überstanden ist. Manche Jungen haben daran diffuse, vage Erinnerungen, vor allem psychisch kann es deshalb gut sein, sie in einem Gespräch darüber zu informieren. Eine gewisse Aufmerksamkeit brauchen manchmal auch Verletzungen des Penis', vor allem Beschneidungen, weil sie manchmal nicht gut verheilt sind und das sexuelle Erleben beeinträchtigen können.

Kein Grund für Beunruhigungen sind Erektionen in der Nacht oder am Morgen. Auch während des Tages ist es gesund, wenn der Penis steif wird – nur kann das in den falschen Situationen, also meistens, ziemlich unpassend erlebt werden. Beruhigend, dass sich das im Verlauf der Pubertät wieder legt.

Erektionen am Morgen – die Morgenlatte

Morgendliche Erektionen bei Jungen und Männern – umgangssprachlich: Morgenlatte – sind ein normales und gesundes Phänomen. Damit Jungen nicht irritiert sind, sollten sie die Ursachen kennen: Lustgefühle und sexuelle Erregung in Träumen können zu einer Erektion führen; besonders morgens, mit ausgelöst durch den erhöhten Testosteronspiegel (besonders bei Jugendlichen und jungen Männern). Die nötige Versorgung der Schwellkörper mit Blut bzw. Sauerstoff ist ein weiterer Grund, der Körper hält durch die Erektion den Penis lebendig und »übt« gewissermaßen, damit das Gewebe der Schwellkörper gut durchblutet wird. Schließlich kann auch durch Harndrang eine Erektion ausgelöst werden: Wahrscheinlich stimuliert dieser – vor allem bei Pubertierenden, wenn das Nervengewebe noch nicht so ausdifferenziert ist – eines der Erektionszentren und führt deshalb mit zu einer Erektion. Es ist auch nicht die einzige Erektion während des Schlafs, beim Aufwachen wird sie dem Jungen aber bewusst, während er die in der Nacht gewöhnlich verschläft.

Viele Hodenerkrankungen zeichnen sich dadurch aus, dass sie wehtun. Schläge auf die Hoden schmerzen, heftigere können zu Blutergüssen oder Entzündungen führen. Außerdem gibt es am Hoden Krampfadern (Varikozelen), die sich ebenfalls entzünden können. Oder die Hoden können sich verdrehen, das ist schmerzhaft und kann zu Infertilität führen, deshalb gilt: Sofort zum Arzt oder ins Krankenhaus. Hodenschmerzen auszuhalten, ist nicht männlich, sondern doof.

Hodenkrebs ist bei jungen Männern der häufigste bösartige Tumor. Rechtzeitig entdeckt sind Hodenkarzinome gut heilbar. Nicht alle Jungen sind von einem gleich hohen Risiko betroffen, an Hodenkrebs zu erkranken, Risikogruppen sind insbesondere Männer, die als Kind einen Hodenhochstand hatten, vor allem wenn dies nicht oder zu spät behandelt wurde. Sie sind bereits in der Pubertät gefährdet. Das Problem: Die meisten Jugendlichen und jungen Männer, die einen Hodenhochstand hatten, wissen das gar nicht und achten deshalb nicht besonders auf ihre Hoden. Aufgabe der Eltern ist es deshalb, den Jungen zu informieren.

Hoden abtasten

Jungen und Männer sollten regelmäßig, so etwa jeden Monat, die Hoden abtasten, am besten im Stehen unter oder nach der Dusche. Das ist wichtig, weil so ein Gefühl dafür entsteht, wie sich der gesunde Hoden anfühlt. Dann merkt man schneller, wenn was nicht stimmt. Dabei jeden Hoden einzeln zwischen Daumen und Zeige- und Mittelfinger abtasten, so sind Unebenheiten oder Knoten zu spüren. Die Nebenhoden sind übrigens keine Veränderungen, die gibt es immer; sie liegen oben und an der Außenseite der Hoden. Im Internet finden sich Anleitungen mit Bildern (suche am besten mit »Hoden« und »Selbstuntersuchung«). Wenn Veränderungen bemerkt werden, nicht lange warten, sondern gleich in ärztliche Behandlung! Kritische Warnhinweise sind eine einseitige schmerzlose Vergrößerung oder Verhärtung des Hodens; ein kleiner, harter schmerzloser Knoten auf dem Hoden; ebenso ein Schweregefühl oder ein Ziehen im Hodenbereich.

Identitätsfragen

Durch die Veränderungen im Gehirn ist die Pubertät eine Phase, die Jungen wie Mädchen psychisch stark fordert. Ängste und Zweifel, Chaos im Kopf, euphorische Gefühlsstürme, Wut und Aggression sind Anzeichen und Ursachen für diese Entwicklung. Die volle Dröhnung Testosteron setzt bei Jungen eigene Akzente, weshalb sie ihre Gefühlslagen schneller und heftiger ausagieren oder ihre Sexualität oft drängender und triebhafter erleben. Schon dies zu wissen, hilft, manches besser einordnen zu können und den Geist zu beruhigen: Dieser Aufruhr wird allmählich wieder vergehen.

Identitätsfragen treiben alle in der Pubertät um. Für Jungen dreht es sich spezifisch um ihre männliche Identitätsfindung. Dass Jungen in ihrer Biografie oft reichlich mit Frauen, aber nur wenig mit Männern zu tun haben, macht diese Suche nicht einfacher. Zudem werden Jungen mit Männlichkeitsnormen unter Druck gesetzt, die sie zwar nicht einfach übernehmen, mit denen sie sich aber auseinandersetzen müssen. Viele Jungen sind in ihrem Männlichsein verunsichert, gleichzeitig folgen sie einem männlichen Größenwahn, weil traditionelle Männlichkeitsbilder eine Tendenz zu Größenfantasien beinhalten. Übernehmen Jungen diese, können sie sich als Mann großartig fühlen, gleichzeitig holt sie jede Konfrontation mit der Wirklichkeit hart auf den Boden der Normalität und Durchschnittlichkeit. Jungen kann es als Gegengewicht zu Männlichkeitsbildern helfen, wenn sie von ihren Eltern die Erlaubnis erhalten, ihr Männlichsein individuell zu entwickeln: Du darfst so männlich sein, wie du bist – das gilt sowohl für die Intensität (so sehr männlich, wie du bist) als auch für die Qualität (auf die Art männlich, die zu dir passt).

Etwas für den Geist, für die psychische Gesundheit zu tun, ist in Pubertätszeiten ein gutes Vorhaben. Wo die Psyche gefordert ist, braucht sie Erholung, Stärkung und manchmal etwas Training. Die alltägliche Jungenkultur sieht das weniger vor, weshalb es nützlich sein kann, in Körper-Geist-Gesprächen auf das Thema zu kommen: Der Kopf erholt sich, wenn Geräte und Reize abgeschaltet werden, auch das Erleben der Natur ist hilfreich. Ausreichend Schlaf stärkt die Psyche, auch der Verzicht auf (legale und illegale) Drogen gibt ihr Stabilität. Sich künstlerisch auszudrücken, ein Instrument zu spielen, auch Freiraum zum Nachdenken, Reflektieren und Reden – all das trainiert den Geist und stärkt die Identität.

Psychische Probleme und Abstürze sind in der Pubertät auch bei Jungen an der Tagesordnung. Oft reichen die eigenen Kräfte nicht aus, alles Neue und Unsichere zu bewältigen. Sich bei psychischen Problemen, bei Schwierigkeiten mit den Eltern oder mit Gleichaltrigen Hilfe zu holen, fällt Jungen nicht leicht. Die Zugangsschwelle für eine Jugendberatung ist für Jungen höher, nur ein Drittel der beratenen Jungen nimmt selbst Kontakt auf (bei Mädchen: über die Hälfte). Bei den Eltern ist es anders, es finden mehr Beratungen »wegen Jungen« statt. Jungen ihr vergleichsweise geringeres Hilfesuchverhalten vorzuwerfen, bringt nichts, zumal sie für ihr Verhaftetsein an immer noch vorherrschende Männlichkeitsbilder selbst wirklich nichts können. Manche Jungen bevorzugen indirekte psychologische Beratungsangebote, also telefonische Beratung oder per E-Mail, gerne auch durch Gleichaltrige, weil die Hürde kleiner scheint.

Eltern sollten nicht lockerlassen, wenn Bedarf erkennbar ist. Sich nicht helfen zu lassen, ist eine Schwäche, die mit Ängsten und männlichen Größenfantasien einhergeht. Im Gespräch können Eltern ihre Wahrnehmungen schildern und immer wieder auf Beratungs- und Hilfsangebote hinweisen (einmalige Aufforderungen oder Hinweise genügen meist nicht). Manchen noch nicht volljährigen Jungen hilft es, wenn ihre Eltern sie begleiten oder auch wenn sie »vorangehen« und sich Unterstützung holen: »Ich war bei Frau X., sie ist okay, aber sie hat gesagt, dass du unbedingt mitkommen musst.« In sehr kritischen Fällen, etwa bei Verdacht auf starke, länger andauernde Depressionen oder bei Gewaltübergriffen auf Eltern oder Geschwister, ist die Einweisung des Sohnes in eine Kinder- und Jugendpsychiatrie zu erwägen.

3 Freunde: das neue soziale Netz

Ab der Pubertät werden die Gleichaltrigen wichtiger, die Meinung der Eltern zählt dagegen nicht mehr so viel. Jungen wollen dann die Welt auf ihren eigenen Wegen erkunden, dafür suchen sie sich Gefährten. Alkohol trinken, Schule schwänzen, Regeln überschreiten, den Style der anderen übernehmen, spät nach Hause kommen, Eltern anlügen – vieles, was die Eltern nicht toll finden, probieren Jungen in der Pubertät mit den Gleichaltrigen aus, lernen es durch sie kennen. Deshalb nehmen mit der Bedeutung der Peergroup für den Sohn oft auch die Sorgen der Eltern zu.

Zwar sind Gleichaltrige für das Verhalten von Jungen während der Pubertät wichtig, indirekt haben Eltern aber durchaus noch Einfluss: Welche Freunde Jungen wählen, welchen Cliquen sie sich anschließen, das hängt auch stark davon ab, wie Mütter und Väter mit ihrem Sohn umgehen, in welcher Bindung und in welcher persönlichen Beziehung sie zu ihm standen und stehen, wie sie ihm vertrauen und ihm das mitteilen, wie klar sie ihn begleiten. Und schon weit vor der Pubertät können Eltern etwas tun, damit die Gleichaltrigen nicht zum Problem für den Sohn werden. Wenn Eltern ihren Sohn respektieren und ernst nehmen, ihn darin unterstützen, dass er sich argumentativ durchsetzen kann, und ihn in der Kindheit Erfahrungen in Gruppen sammeln lassen, erwirbt er damit das Handwerkszeug, das er braucht, um sich in der Peergruppe behaupten zu können.

Gleichaltrige

Gute Freunde zu haben, ist für die meisten Jugendlichen sehr wichtig, für viele sogar das Wichtigste in dieser Zeit (danach kommen vertrauensvolle Partnerschaften, erst dann ein gutes Familienleben). Peergruppen, die länger bestehen, bekommen für die Jugendlichen eine ähnliche Bedeutung wie ihre Familie. Gleichaltrige sind die Stütze auf schwankendem Boden, sie ermöglichen Stabilität jenseits der Familie, sind das Netz, das den Jungen auffängt. Außerdem stärkt die Zugehörigkeit das Selbstwertgefühl. Die Gleichaltrigen ersetzen jetzt oft die Eltern als wichtigste Vertrauenspersonen. Sie können helfen, schwierige Situationen wie Stress mit den Eltern, Streit mit Lehrkräften oder Konflikte mit anderen zu bewältigen, sie unterstützen sich, wenn es um Entscheidungen, Streit oder Liebesbeziehungen geht.

In der Kindheit ging es bei Freundschaften um Gemeinsamkeiten und Erlebnisse. Nun kommen die Beziehungen selbst, Intimität, Normen und Werte mit ins Spiel. In den Gleichaltrigenbeziehungen erwerben Jungen soziale Kompetenzen wie Zuhören, Sichmitteilen, Führen oder Teilen. Heute bestehen Gleichaltrigenbeziehungen in realen – vor allem in der Schule – und in virtuellen Räumen gleichermaßen. Durch die sozialen Medien entwickelten sich in kurzer Zeit neue Formen des Zusammenseins, es entstanden virtuelle Orte der Begegnung, des Austauschs, an denen Alltagsprobleme, Werte und Ziele verhandelt werden. Geht es in Zweierfreundschaften mehr darum, sich mitzuteilen, wirken in einer Gruppe andere Kräfte. Dort herrscht eine andere Dynamik, sie stärkt Vertrauen und Zugehörigkeitsgefühl, und es geht um Loyalität zu den anderen Mitgliedern. Gleichaltrigengruppen sind für viele Jungen sehr wichtige Orte, um selbstorganisiert Gruppenfähigkeit weiterzuentwickeln. Die Themen sind zentral:

Wer gehört dazu, wer nicht? Was macht uns aus? Wie verhält sich der Einzelne zur Gruppe?

Die Bedeutung der Gleichaltrigen führt bei Jungen häufig zu Spannungen, weil ihre Werte denen der Herkunftsfamilie oder der Schule widersprechen. Zwischen unterschiedlichen, oft auch widersprüchlichen Wertebereichen vermitteln zu können, verlangt einiges an Kompetenz. Diese zu erwerben, stellt für Jungen oft ein Problem dar, das sie lösen müssen, an dem sie manchmal aber auch scheitern. Die Freunde können so starken Druck ausüben, dass der Junge sich nur an ihnen zu orientieren versucht, mit negativen Folgen für die anderen Lebensbereiche.

Auch oder gerade weil Gleichaltrige so wichtig werden, geht es mit ihnen oft gar nicht glatt. Jungen können in Peergruppen zwar Zugehörigkeit erfahren, aber auch Ausgrenzung oder sogar Ziel von Aggression werden. Eine Peergroup in der schulischen Zwangsgemeinschaft kann schwierig werden: Weil die Freiwilligkeit fehlt, ist es schwer, sich zu distanzieren, wenn einem etwas nicht oder nicht mehr gefällt. Der Umgang im privaten Bereich ist meist leichter zu regeln. Egal, ob es sich um den Treff an der Bushaltestelle oder im Jugendhaus handelt oder um Gruppen aus dem kirchlichen, sportlichen oder künstlerischen Bereich, zum Beispiel eine Band: Wenn gemeinsame Interessen den Zusammenhalt ausmachen, ist das eine andere Voraussetzung als der Zwang, in dieselbe Schule zu gehen.

Allgemein bieten Gleichaltrige den Jungen in der Pubertät alternative nahe Beziehungen und damit Bezugspunkte, die es ermöglichen, sich von Eltern abzulösen und abzugrenzen. Deshalb sind Gespräche über die Peergruppe oft nicht einfach, Kritik bedroht den Landepunkt des Jungen außerhalb der Familie. Gleichaltrigenbeziehungen versprechen zwar auf der einen Seite Sicherheit für den Jungen und für die Eltern Entlastung – wenn er dort gut aufgehoben ist. Viele Eltern freuen sich, wenn ihr Sohn einen guten Freund hat oder wenn er zu einer Gruppe netter junger Menschen gehört. Aber häufiger haben sie in Bezug auf die Peergruppe Befürchtungen, nicht ganz zu Unrecht, was die Beeinflussung ihres Sohnes betrifft. Denn Jugendliche tendieren zu riskanten Verhaltensweisen wie Mutproben, Alkohol- und Drogenkonsum, zu schnelles Fahren (auch für Beifahrer gefährlich). Manche Jungen tun fast alles für die Gruppenzugehörigkeit und fürs Akzeptiertwerden von den anderen. Die Bedeutung und der emotionale Einfluss der Gleichaltrigen kann sich auf das Risikoverhalten problematisch auswirken. Vor der Begegnung mit problematischen Gleichaltrigen, vor »schlechtem Umgang«, ist kein Junge sicher. Gerade Provokateure, Grenzgänger oder Revolutionäre sind für manche attraktiv.

Gleichaltrige machen männlich

Peergruppen bieten Orte, an denen Männlichkeit eingeübt und »aufgeführt« wird. Das zeigt sich im Verhalten, in Gesten und vor allem mit Worten. Es geht darum herauszufinden, was Männlichkeit für die Jungen bedeutet. Oft fehlt es in den Gleichaltrigengruppen noch an differenzierten Vorstellungen dazu, deshalb werden die Dinge zugespitzt und vereinfacht ausgetestet. Dann proben sich die Gleichaltrigengruppen in männlicher Dominanz (Sexismus), sexualisierter Abwertung von Mädchen (Schlampe, Hure), Abwertung von Homosexualität und Homosexuellen (Homophobie), gewaltbereiten Dominanzverhalten gegenüber anderen Jungen. Auch im Risikoverhalten wird Männlichkeit demonstriert und zelebriert, Jungen feuern sich dabei gegenseitig an. Nachweislich gibt es einen Effekt unter Gleichaltrigen, der sie dazu bringt, sich gemeinsam riskanter zu verhalten. Geht es um die Demonstration von Männlichkeit, verstärkt sich dieser Effekt: Gleichaltrige + Männlichkeit = Hochrisiko. Jungen müssen wissen, dass sie immer Teil der Dynamik sind und umgekehrt auch deeskalierend wirken können, damit etwa bei Autofahrten die Männlichkeitsrisiken gesenkt werden.

Auch die Kommunikation unter pubertierenden Jungen ist oft »männlich« geprägt, das heißt: kurz angebunden oder gar wortlos, funktional auf den Austausch von Informationen beschränkt, sexualisierend, abwertend und derb.

• • • • • • • • • •

Verena, ein Sohn, 15: »Wie Sebastian mit seinen Freunden redet, ich könnte ausrasten! Zum Glück krieg ich nicht so viel mit, aber worüber die reden, und wie! Ja, geht's noch? Ich kenne meinen Sebi nicht mehr, das ist doch nicht unsere Welt!«

• • • • • • • • • •

Zunächst stecken in solchen Kommunikationsformen Lösungen für Probleme. Gerade unter Jungen geht es darum, sich nahe zu sein, ohne Homosexualitätsverdacht oder -ängste auszulösen. Derbe Informationssprache trägt dazu bei, untereinander Nähe zu bilden, ohne zu dicht zu werden. Außerdem enthält die Cliquenkommunikation Gruppencodes, die nach innen Verbindung schaffen, aber sich gegenüber anderen Gruppen absetzen. Und schließlich dienen solche Kommunikationsformen dazu, sich von den Erwachsenen abzugrenzen.

Herabwürdigende Ausdrücke – wie z.B. Bitch, schwul, fuck, Spasti, fick dich – werden von Jugendlichen generell häufig verwendet, unter Jungen deutlich mehr und extremer. Warum tun sie das? Markige Sprüche und harte Begriffe demonstrieren Sicherheit in unsicheren Zeiten, distanziert-abgeklärte Coolness, wo Jungen schwimmen: Hinter der Fassade der Ausdrücke lässt sich oft die Verunsicherung erspüren. Abwertungen und Ausgrenzungen über Schimpfworte schaffen außerdem Gemeinschaft; wer beschimpft, gehört dazu, wer beschimpft wird, steht draußen. Abwertungen und Schimpfwörter wirken so auch in größerem Rahmen, in Bezug auf kulturelle Zugehörigkeit und Ablehnung – nicht sehr elegant, aber zweckdienlich. Viele Begriffe sind dabei Teil der Jugendsprache: Die Jungen sagen »Bitch«, wo die Eltern vielleicht »Ziege« oder »Zicke« gesagt haben – das ist so gesehen nicht schlimmer.

Abwertung ist ein Versuch, Dominanz zu vermitteln, mit der Botschaft: Ich bin männlich und stehe über anderen. Viele der Ausdrücke sind sexistisch, entweder auf »unmännliche« Männer gemünzt, insbesondere auf Homosexuelle; dies kann als Abwehr der eigenen Ängste und geschlechtlichen Unsicherheiten gedeutet werden. Begriffe, die auf das andere Geschlecht zielen – wie Bitch, Schlampe, Fotze, Nutte, Tussi –, werten Mädchen oder Frauen ab, um ein »Ich bin besser« zu etablieren. Der Grund ist problematisch, verweist aber auch auf eine Notlage beim entsprechenden Jungen: auf seine Angst davor, Mädchen unterlegen oder von ihnen abhängig zu sein, vor allem, was Beziehungen und Sexualität angeht.

WAS MACHE ICH, WENN …

… mein Sohn Worte wie »schwul«, »fuck« oder »Bitch« verwendet?

Da gibt es generell zwei Möglichkeiten: stoppen und sagen, dass man das nicht hören will; oder nachhaken, ins Gespräch und ins Verstehen kommen, sich mitteilen darüber, was solche Begriffe bedeuten und auslösen. Das kann, auch für den Jungen, interessant werden, wenn es nicht zu moralisch wird oder bei ihm Schuldgefühle auslösen soll.

Gespräche über Gleichaltrige

Auch wenn nach dem Treffen mit Freunden Alkoholfahnen oder Nikotinspuren zurückbleiben: Vertrauen und Respekt sind Grundlagen, damit die gute Beziehung zu den Eltern weiter besteht, auch neben der Peergroup. Seine Freunde sind seine Sache, auch wenn Eltern einzelne Personen oder das gleichaltrige Umfeld des Sohnes nicht mögen, sollten sie sich mit Verboten oder ungebetenen Ratschlägen besser nicht einmischen, sofern keine wirkliche Gefahr droht. Sie sollten sich mit Kritik oder Kommentaren zurückhalten. Aufgabe der Eltern ist es zuerst, die Freunde und die Clique des Sohns zu akzeptieren und die fortschreitende Entwicklung ihres Sohnes anzuerkennen, die sie auch entlastet. Hilfreich und die Sorgen relativierend kann es sein, sich an die eigene Jugendphase zu erinnern, an die eigenen Gleichaltrigengruppen und -aktionen.

Abgrenzung und Ablehnung der Erwachsenen ist ein Teil der Funktion der Peergruppen. Es geht nicht darum, dass die Gleichaltrigen den Eltern gefallen; der Junge nimmt, was er braucht, wen es gibt und wer ihm begegnet. Eltern sollten da sein, wenn es Stress mit den Gleichaltrigen gibt: Wenn der Sohn sich mit seiner Clique verkracht oder ausgeschlossen wird, braucht er den Rückhalt der Eltern.

Hat der Sohn die falschen Freunde, helfen Verbote meistens nicht, in Kontakt und im Gespräch bleiben, schon. Manchmal merken die Jugendlichen selbst, dass ihnen die Clique nicht guttut. Wenn Eltern Sorgen haben, dass der Sohn sich zu problematischen Gleichaltrigen hingezogen fühlt, können sie das ansprechen, ihre Wahrnehmungen und Vorbehalte benennen. Eltern sollten genau zuhören, um zu erfahren, warum eine Person oder Clique so attraktiv ist. Wenn die Gleichaltrigen nachweislich schlechten Einfluss ausüben, können die Eltern ihre Zurückhaltung aufgeben. Sie dürfen ihre Meinung über konkrete Verhaltensweisen der Gleichaltrigen äußern, auch, dass sie sich Sorgen machen; sie sollten die Freunde aber nicht pauschal kritisieren oder abwerten. Danach entscheidet der Junge, wie er sich verhält. Geraten Jugendliche in eine kriminelle Clique, ist es ratsam, sich Hilfe von außen zu holen, etwa bei Erziehungsberatungsstellen oder Jugendtherapeuten. Das sollten sie ihrem Sohn auch ankündigen, manchmal gibt das schon den entscheidenden Impuls, die Clique freiwillig zu verlassen.

Während der Pubertät kommt es häufig zu Konflikten unter Gleichaltrigen, oft geht es um Fehlverhalten (meistens der anderen), um Vertrauensbrüche oder um Geheimnisse. Das sind keine schönen, aber dennoch wichtige Erfahrungen, hier lernen Jungen, wie sie mit Aggressionen oder Enttäuschungen umgehen können. In solche Streitigkeiten müssen sich Eltern nicht direkt einmischen und auch ihre ungefragten Lösungsvorschläge behalten sie besser für sich; aber sie können ihren Sohn fragen, ob er etwas braucht, oder sich anbieten, Hilfestellung zu geben, damit er selbst mit der schwierigen Situation umgehen kann. Sie können Mitgefühl und Verständnis äußern oder zusammen mit ihm nach Möglichkeiten suchen, wie er die Situation bewältigen kann, den Sohn nach Ideen fragen, erst mal auch unrealistische Vorschläge anhören, oft entdeckt man darin eine Spur, die es zu verfolgen lohnt.

Um etwas besser einschätzen zu können, mit wem sich Ihr Sohn umgibt, können Sie versuchen, dezent im Gespräch zu bleiben.

* Über Gleichaltrige reden heißt, sich interessieren, ohne eine Verhörstimmung aufkommen zu lassen: »Was magst du an ihnen, an ihm oder an ihr? Was ist die Verbindung, die Basis eurer Clique?«

* Positives benennen: Eltern dürfen es sagen, wenn sie die Freunde des Sohnes mögen oder wenn ihnen am Umgang der Gleichaltrigen etwas gefällt.
* Eltern können auch sagen, was sie ganz konkret an einem Freund oder an der Gruppe stört, sie sollten dabei Person bzw. Gruppe und den »Störfaktor« trennen. Auch und gerade bei »schwierigen« Freunden lautet das Ziel, respektvoll zu bleiben und Unterstellungen zu vermeiden – dennoch können Eltern Risiken benennen, die sie sehen.
* Dem Jungen Vielfalt ermöglichen: Mehrere Bezugsgruppen verhindern zu hohe Abhängigkeiten – gut ist also z. B. das Nebeneinander von Schulfreunden, Sportclique, Skatertreff, Band …
* Eltern können es ansprechen, wenn sie sich Sorgen machen oder eine Vergewisserung brauchen, wenn sich gemischte Gefühle in Bezug auf die Gleichaltrigengruppe oder auch auf einzelne Freunde ausbreiten – aber ohne die Freunde abzuwerten. Eltern können z. B. fragen: »Willst du das selber, was du da machst?« oder Empfehlungen abgeben: »Nimm dir Zeit zu entscheiden, ob du das wirklich möchtest.«
* Vor allem Väter können von ihrer eigenen Jugend erzählen und darüber, wie sie das Wertedilemma zwischen Eltern, Schule und Peergruppe bewältigt haben.

4 No risk, no man?

Pubertierende – besonders Jungen – gehen vermehrt Risiken ein. Grund genug, das im Gespräch zum Thema zu machen: Unsere Söhne müssen Risikokompetenz erwerben, damit sie die Pubertät gut überstehen. Die Risiken, die Jungen eingehen, sind breit gestreut, von waghalsigen Aktionen über extremes Trainieren, von berauschenden Substanzen bis zur Gewalt. An dieser Stelle geht es um die prinzipielle Tendenz zu Risikoverhalten, einige Detailrisiken werden in den folgenden Kapiteln noch mal gesondert behandelt.

Risiken sind etwas Positives, sie bergen immer Entwicklungschancen: für die Jungen selbst, für ihre Eltern und für die Gesellschaft, die mit der Jugend Neues hervorbringt, weil die sich für Grenzüberschreitungen zuständig fühlt. Spontan begrüßen Eltern die Risiken kaum, sondern reagieren mit zwei Impulsen auf risikobereite Söhne: Sie zeigen einen Schutzreflex, aus dem heraus sie Risiken ausschalten oder entschärfen wollen; oder sie wollen Risiken einfach verbieten. Beides funktioniert in der Kindheit – Vorschriften, soziale Vereinbarungen und oft auch Gesetze gelten bei vielen Jungen ab der Pubertät jedoch wenig, Normen und Werte infrage zu stellen, gehört wie die hohe Risikobereitschaft zur Pubertät. Auch die Wirkung von Vernunft, Aufklärung und Information sind in der Pubertät beschränkt, eine schwierige Ausgangslage.

Werden Jungen mit der Pubertät plötzlich böse?

Die Risikobereitschaft von Jungen schlägt sich auch in Kriminalitätsstatistiken nieder. Die Ursachen für die stärkere kriminelle Tendenz liegen in der Addition der Faktoren »Pubertät« und »männlich«. Zu jugendlicher Impulsivität, Risikolust, Entdeckerfreude und Kicksuche gesellen sich Testosteronschübe, Männlichkeitsbilder und -dynamiken. Überdurchschnittlich häufig werden kriminelle Delikte gemeinschaftlich begangen, die Gleichaltrigen, vor allem die anderen Jungen, heizen die Situation an und pushen grenzüberschreitende Impulse. Jungen werden unter dem Einfluss der Clique noch etwas stärker unzurechnungsfähig, als sie es wegen der pubertären Prozesse im Gehirn ohnehin schon sind.

Risikokompetenz erwerben

Der Entwicklung von Risikokompetenz kommt also gerade hier eine entscheidende Bedeutung zu: Jungen »fit fürs Risiko« zu machen, lässt ihnen ihr Risikointeresse, sorgt aber dafür, dass riskantes Verhalten mit einer höheren Wahrscheinlichkeit nicht zu Schädigungen führt. Der Clou der Risikokompetenz liegt darin, dass Risikoverhaltensweisen weniger bewusst im Großhirn verarbeitet und gesteuert werden, sondern mehr im »impliziten« (prozeduralen) Gedächtnis verankert sind. Dort werden Fertigkeiten gespeichert, die eher automatisch ablaufen, sie funktionieren, ohne dass darüber nachgedacht werden müsste: Gehen, Schwimmen, Rad- oder Skifahren, Tanzen usw. Im Gegensatz zu Fakten werden solche Kompetenzen durch implizites Lernen erworben, im mehr spielerischen oder unbewussten Aneignen oder Antrainieren von Fertigkeiten, so wie Sprache, Kultur, soziales Verhalten.

Risikokompetenzen können erworben und trainiert werden. Ein Kennzeichen der Jungenpubertät ist der höhere Grad und die Ausprägung von Risiken und Experimenten. Risikokompetenz wächst dadurch, dass Risiken eingegangen werden. Um zu erkennen, wo die eigenen Grenzen liegen, müssen sich Jugendliche in gewissem Maße in Gefahr begeben. Jungen vor jeder Gefahr beschützen zu wollen, nützt ihnen nicht. Jugendliche lernen Grenzen über Grenzerfahrungen kennen, und dafür brauchen sie Freiräume. Die Lebenswelt, in der sich Kinder und Jugendliche am meisten aufhalten – die Schule –, ist für die Entwicklung von Risikokompetenzen leider nur wenig geeignet, weil sie aufs kognitive Faktenlernen und nicht auf Lebensbildung ausgelegt ist. Kleinste Risiken – Stichwort: Schneeballschlacht, Toben, Spaßkämpfe – werden wegen eventueller Gefahren meist radikal verboten. Um risikokompetent zu werden, brauchen Jungen aber die Ermutigung, Risiken einzugehen und sich Erfahrungsräume zu erschließen. Ergänzend benötigen sie Informationen, um Gefahren dabei besser einschätzen zu lernen.

Eltern machen fit fürs Risiko

Eltern vermitteln Kindern in der Kindheit durch klare Neins und Hinweise einen Sinn für Gefahren, z.B. im Straßenverkehr oder im Umgang mit gefährlichen Elementen wie Feuer oder heißem Wasser. Zutrauen, Ermutigung, Anleitung oder Tipps ergänzen die Fähigkeit, mit Risiken umzugehen, sodass Jungen immer mehr selbststeuernd in riskanten Feldern unterwegs sein können. Hilfreich für den Erwerb von Risikokompetenzen sind durch Eltern begleitete oder pädagogische Erlebnisräume – mit zunehmendem Alter aber vor allem auch Möglichkeiten für eigene, nicht durch Erwachsene kontrollierte Risikoerfahrungen. Das Problem: Genau solche Freiräume wurden und werden immer mehr beschnitten, natürliche Räume für Risikoerfahrungen, wie Gärten oder Brachen gibt es immer weniger. Auch zeitliche Beschränkungen durch pädagogische Dauerprogramme (Ganztagsschule, Musikunterricht, Kunstworkshop, Sportverein) verhindern den Erwerb von Risikokompetenz.

Natürlich besteht die Gefahr, dass das Austesten zu Regelverletzungen, waghalsigen Aktionen, Sachbeschädigungen oder Gemeinheiten führen kann. Die Lust, aus Frust etwas zu zerstören, nimmt womöglich auch einmal überhand. Dennoch müssen Eltern akzeptieren, dass riskantes Verhalten zur Pubertät gehört, und ihren Sohn mit einem Vertrauensvorschuss ausstatten: »Du wirst dich trotz der Versuchungen und der Risiken richtig verhalten«, »Ich verlasse mich auf dich.« Vertrauen ist der entscheidende Faktor, wenn die Risiken größer werden. Können Jungen zeigen, dass sie verlässlich sind, fällt es Eltern leichter, ihnen zu vertrauen. Dafür brauchen Jungen aber die Chance, Verlässlichkeit an den Tag zu legen. Wenn sie nie selbstverantwortlich unterwegs sein dürfen oder jeder Schritt kontrolliert wird, fehlen dazu die Möglichkeiten.

Grundlage des Vertrauens sind Vereinbarungen oder gar Versprechen des Jungens, die Antwort auf den Vorschuss: »Ja, du kannst dich da auf mich verlassen.« Enttäuschungen sind dabei fast nicht zu vermeiden. In früheren Zeiten hieß Pubertät, sich Verboten zu widersetzen, heute mehr, das Vertrauen zu missbrauchen, weil sich Jungen anders als erwartet verhalten.

....

Fabian, 17: »Meine Mama hat gerochen, dass ich geraucht habe, leugnen half nichts, ich gab es zu. Sie war echt enttäuscht von mir, ich hatte ihr ja quasi versprochen, nicht damit anzufangen. Sie hatte Tränen in den Augen, ich glaube aber nicht wegen dem Rauchen. Ich hab das nicht gezeigt, aber das hat mich schon echt mitgenommen, dass ich sie so enttäuscht hatte.«

....

Ein stabiles Selbstwertgefühl lässt Jungen weniger anfällig für extreme Risiken werden und hilft ihnen, zu riskante Verführungen abzulehnen. Mit ihrer wertschätzenden Beziehung, ihrem Interesse, auch ihrer Mitbegeisterung oder ihrem Stolz auf den Sohn tragen Eltern dazu bei, ein positives Selbstgefühl zu entwickeln, das unabhängig von Leistungen ist. Gleichermaßen benötigen Jungen auch Normen, Regeln: Wenn sie ein Risiko wie beispielsweise Klettern, Downhill oder Snowboarden eingehen wollen, sollte man sie dazu verpflichten, dass sie sinnvoll trainieren und sich ausreichend schützen (z.B. Protektoren anlegen). So können sich Risikokompetenzen ausgewogen entwickeln und wirken dann als Ressource für den Umgang mit Risiken.

Risiko Straßenverkehr

Es ist so traurig wie dramatisch, dass männliche Autofahrer sich und andere auffallend häufig gefährden. Männliche Fahranfänger etwa, die ja die Pubertät noch nicht ganz hinter sich gelassen haben, gefährden, besonders wenn sie mit anderen Jugendlichen unterwegs sind, überdurchschnittlich häufig sich und andere.

18- bis 24-Jährige stellen etwa zehn Prozent aller Pkw-Führerscheinbesitzer in Deutschland. Ihr Anteil an Fahrern, die tödliche Unfälle verursacht haben, lag allerdings bei mehr als 26 Prozent. Die sieben Jahre zwischen 18 und 24 sind die riskantesten Jahre im Straßenverkehr. Im Jahr sind rund 17 Prozent aller Verletzten und etwa 14 Prozent aller Getöteten im Straßenverkehr zwischen 18 und 24 Jahre alt – obwohl sie nicht einmal 8 Prozent der Gesamtbevölkerung ausmachen.

Junge Männer fahren im Vergleich viermal häufiger unter Alkoholeinfluss (5,2 zu 1,3 Prozent). Und sie sind wesentlich stärker gefährdet, tödlich zu verunglücken: Über drei Viertel der tödlich verletzten Pkw-Insassen in diesem Alter waren im Jahr 2018 Männer. (Destatis/Statistisches Bundesamt: *Verkehrsunfälle, Unfälle von 18- bis 24-Jährigen im Straßenverkehr 2018)*

Über Risiken reden

Risikogespräche mit Jungen sind nicht einfach. Jungen vermuten, dass man sie dazu verpflichten will, keine Risiken einzugehen. Eltern nehmen oft eine einseitige Position zum Risikoverhalten ein: Es wird negativ bewertet, Jungen sollen am besten immer »auf der sicheren Seite« bleiben, keine waghalsigen Aktionen bringen, nicht rauchen, nicht Computer spielen, keinen Alkohol trinken. Verständliche Ansichten, aber weder jungengemäß noch gesprächsförderlich. Prävention basiert oft auf der Annahme, dass Jugendliche sich riskant verhalten, weil sie zu wenig über die Gefahren des Risikoverhaltens wissen. Wenn wir mit Jungen über Risiken sprechen, sind sie aber oft überraschend gut informiert. Beispielsweise sind sich alle Jugendlichen der Gefahren des Rauchens bewusst, aber viele rauchen trotzdem. Wenn Jugendliche so schlau sind, warum tun sie dann dumme Dinge? Weil das Erleben von Risiken wichtiger ist, weil es dafür keine Alternativen gibt oder weil ihre Risikokompetenz noch nicht genügend gereift ist. Deshalb kann es für Jungen unterstützend sein, über männliche Risikodynamiken zu sprechen.

Auch für die Eltern selbst sind Risikogespräche sinnvoll; sie müssen es sich später nicht vorwerfen, nichts gesagt zu haben. Weil Eltern wissen, dass der Sohn sowieso macht, was er will, geht es um eine klare Trennung: Eltern sagen, was sie denken, und der Sohn entscheidet selbst. Eltern lassen ihren Sohn an ihrem Wissen über männliches Risikoverhalten teilhaben, sie können ihre Meinung und ihre Befürchtungen benennen, sie können sagen, wie sehr sie ihren Sohn lieben und wie schlimm es wäre, wenn ihm etwas Ernstes zustieße. Aber dazu gehört immer auch, die Verantwortung beim Sohn zu belassen: »Du entscheidest, was du machst, du bist für dich und was du tust selbst verantwortlich.«

Risiken beinhalten positive Effekte, deshalb unterschätzen Jungen oft die Gefahren. Gut ist es, wenn sie ihre Risikoimpulse kennen, wenn sie es bewusst fühlen können, wie der Kick sich einstellt. Unsere Söhne müssen wissen, dass ihr Männlichsein gefährlich sein kann, für sie selbst und für andere. Auch wenn Risikoverhalten nicht aus dem Vernunfthirn gesteuert wird, hilft solches Wissen, weil es dazu anregt, sich und die Situationen zu reflektieren und langfristig bewusster mit Risiken umzugehen. Jungen sollten darin unterstützt werden, ihrer intuitiven Vorsicht und ihren Ängsten zu vertrauen, weil sie sich damit ausgestattet im Risiko kompetenter verhalten. Ohne damit zu drohen, können Eltern die Information weitergeben, dass von allen Todesfällen im jungen Erwachsenenalter zwei Drittel aufs Konto der Männer gehen, ausschließlich Folgen ihres riskanteren Verhaltens.

Männlichkeit ist riskant, weil sie Verhalten verlangt und fördert, das Status und Anerkennung verspricht, aber für Leib und Leben gefährlich werden kann. Riskantes Männlichkeitsverhalten entsteht aus dem Wunsch, potenzielle Paarungspartnerinnen oder -partner und Konkurrenten gleichermaßen zu beeindrucken. Jugendliche sind viel stärker als Erwachsene auf mögliche Belohnungen ihres Handelns fokussiert, das gilt auch für ihr Risikoverhalten. Die Basis für spontane Entscheidungen fürs Risiko ist nicht das Abwägen von Einsatz und Ertrag, sondern von der Belohnungsintensität.

Schließen möchte ich mit einer Information, die ruhig mehrfach mitgeteilt werden kann, damit sie im während der Pubertät nur reduziert funktionierenden Gehirn verankert wird: Gleichaltrige sind in der Jugendphase stützend, sie sind aber fürs Risikoverhalten auch gefährlich, weil sie machen, dass der Junge noch weniger nachdenkt. Jungen sind doppelt so risikofreudig, wenn sie mit Gleichaltrigen zusammen sind. So haben sie Spaß zusammen, was schön ist, aber es ist sinnvoll, auch die riskanten Nebenwirkungen im Blick zu behalten.

Schritt für Schritt am Risiko wachsen

Erst allmählich, mit wieder wachsender Vernunft und vor dem Hintergrund zahlreicher Risikoerfahrungen, bildet sich eine Art inneres Programm heraus, das mit Risiken wieder kompetenter umgehen kann:

- Schritt 1: Erkennen, worin der Reiz liegt, was die Gefahr ist
- Schritt 2: Abwägen
- Schritt 3: Entscheiden
- Schritt 4: Handeln: es riskieren oder trotz der Reize lassen

5 Ich will doch nur spielen: Medien

Im Alltag von Kindern und Jugendlichen sind Smartphone, Tablet und Co. allgegenwärtig. Das nervt viele Eltern, lässt sich aber nicht mehr ändern. Genutzt werden zahlreiche Apps, Videoplattformen, soziale Netzwerke und Spiele. Anlass zur Sorge geben besonders die Dauer der Nutzung und zahlreiche Medieninhalte. Problematische Inhalte sind frei im Internet verfügbar, Jungen als neugierige Vielnutzer kommen in Kontakt mit solchen Angeboten, geraten in den Sog suchtverursachender Spiele oder gefährden sich über selbst produzierte Inhalte. Angesichts der Menge der damit verbundenen Risiken ist es erstaunlich, dass es insgesamt gar nicht so viele wirklich problematische Vorfälle gibt, aber breite Grauzonen und Beinahe-Tragödien. Es gibt keinen Anlass für Alarmismus, aber viele Gründe für Aufmerksamkeit und Information. Dafür dienen die Mediengespräche mit Jungen.

Die gute Nachricht: Smartphone, Tablet oder PC sind an sich nicht gefährlich! Die schlechte und anstrengende: In der Art der Nutzung stecken die Risiken, das Was und das Wieviel sind entscheidend.

* Mediennutzung beeinflusst die neuronalen Netzwerke, die sich in der Pubertät ja neu aufbauen. Auch pubertierende Nutzer verdummen dabei nicht, sie bilden sich sogar – nur eben meist ziemlich einseitig (z. B. in der visuellen Wahrnehmung).

* Für die Entwicklung brauchen Jugendliche und ihre Hirne vor allem reale Erlebnisse, Körper- und Sozialerfahrungen, und die sammeln sie nicht vor Bildschirmen.

Schon Kinder müssen lernen, mit Medien umzugehen, und das heißt vor allem, den Ausstieg zu finden, selbst abschalten zu lernen und auf Ausgleich zu achten. Das ist nicht leicht, auch wenn das Prinzip einfach ist: soziale Erfahrungen, Körperzeiten und Mediennutzung sollten im Gleichgewicht gehalten werden.

> *
>
> Wer schon Kinder immer wieder, weil es einfach und praktisch ist, vor Tablets, Smartphones oder Fernsehgeräten ruhigstellt, darf sich nicht wundern, wenn sich Jugendliche selbst dort dauerparken.

Geräte und damit genutzte Medien sind im jugendlichen Alltag wichtig. Sie schaffen Verbindungen unter Jugendlichen und helfen ihnen, sich von der älteren Generation abzusetzen. Mediennutzungsvorstellungen aus früheren Zeiten ließen sich heute nur mit Gewalt, Kontrolle und einer harten Verbotspädagogik wiederherstellen. Was bleibt also? Die Herausforderung annehmen, miteinander reden, Regeln und Vereinbarungen finden und dabei gemeinsam wachsen. Mit ihrer Mediennutzung, ihren Medienwünschen und -problemen tragen viele Jungen im Alltag dazu bei, nach angemessenen Wegen zu suchen und die Medienkompetenz zu entwickeln, bei Jungen wie bei Eltern. Eltern können ihren Horizont erweitern und sich von Vorurteilen befreien, wenn sie sich interessieren und ab und zu in die Medienwelten des Sohnes eintauchen.

Zahlen zur Mediennutzung

Die Nutzungsfrequenz digitaler Spiele bei Jungen ist insgesamt sehr hoch (Computer-, Konsolen-, Tablet- und Handyspiele): Fast drei Viertel der Jungen spielen täglich oder mehrmals in der Woche (73 Prozent; Mädchen: 43 Prozent). Die Spieldauer unterscheidet sich noch stärker: Jungen spielen pro Tag im Durchschnitt 146 Minuten, das ist zweieinhalbmal so viel wie Mädchen, die nur eine knappe Stunde spielen (57 Minunten). Die Spieldauer der 16- bis 17-Jährigen ist dabei am höchsten. Was Jungen und was Mädchen spielen, unterscheidet sich stark. *Fortnite* geben aktuell 29 Prozent der Jungen als liebstes Spiel an (Mädchen 6 Prozent), in der Beliebtheitsskala folgt bei Jungen das digitale Fußballspiel *FIFA*, das Open-World-Game *Minecraft*, das Actionspiel *Grand Theft Auto (GTA)* und der Ego-Shooter *Call of Duty*. Spiele können ins Geld gehen: Viele Jungen investieren in Medien und Geräte und jeder zehnte Junge hat schon einmal versehentlich etwas gekauft oder abonniert.

Quelle: JIM (Jugend, Information und Multimedia)-Studie 2018 des Medienpädagogischen Forschungsverbundes Südwest

Aufgabe von Eltern ist es, auf den Rahmen zu achten und Probleme der Mediennutzung im Blick zu behalten. Auch hier macht die Dosis das Gift. Ein zu intensiver Konsum von Medien ist schädlich, das ist bekannt. Nur: Wer sagt, für welchen Jungen was zu viel ist? Unklar ist auch, was überhaupt schadet, und vor lauter Medienängsten fallen die positiven Effekte der Nutzung elektronischer Medien schnell unter den Tisch.

*

Trotz der hohen Bedeutung von *Instagram*, *Whatsapp* und Computerspielen gab es in den vergangenen Jahren keine Anzeichen dafür, dass eine ganze Generation Jugendlicher wegen digitaler Demenz handlungsunfähig wird oder die Bildungsziele nicht erreicht!

Allerdings lassen sich auch neue Formen suchtähnlichen Verhaltens feststellen, bei dem sich Jungen in jeder freien Minute von sich selbst ablenken; soziale Medien und *YouTube* zielen massiv auf die Aufmerksamkeit von Jungen. Das Problem dieser häufigen Nutzung ist nicht, die Geräte nicht ausschalten zu können, sondern eine Schwächung in der Persönlichkeitsentwicklung. Wer nie zu sich kommt, verliert sich leicht. Manche Inhalte können auch problematisch sein. Viele Elternängste kommen daher, dass sie das, was Jungen beschäftigt, nicht richtig kennen. Es ist nicht einfach, hier den Überblick zu behalten.

Infos für Eltern

Für viele Spiele gibt es Zusammenfassungen und Inhaltsangaben, etwa auf www.spieleratgeber-nrw.de.

Die Seite des Bundesjugendministeriums zu vielen Themen und Fragen rund ums Internet ist unter www.surfen-ohne-risiko.net zu erreichen.

Für Eltern – vor allem die Mütter – sind die »Egoshooter« besonders verdächtig, bei denen ein Spieler zum Beispiel in der Rolle eines Kämpfers auf Angreifer oder Gegner schießt. Solche Spiele üben oft eine große Faszination auf Jungen aus, weil hier archaische Männlichkeitsthemen und -bilder in Formate gegossen sind, die eine aktive Beteiligung suggerieren. Bildsprache und Spielverlauf triggern Männlichkeitsbedürfnisse von Jungen und sind deshalb hoch attraktiv.

• • • • • • • • • •

Leon: »Wenn Leute das Zocken lieben, dann kriegst du sie nicht so einfach davon weg. Von der Tendenz her sind es überwiegend Jungs. Ich glaube, das liegt daran, dass die Spielindustrie schon immer mehr auf Jungs und Männer getrimmt war. Zum Beispiel diese Ballerspiele auf dem Computer, da geht's ums Töten, Sachen kaputt machen. Strategiespiele sind schon ein bisschen komplexer, aber die sind meistens auch darauf gepolt, dass man Krieg führen muss. Die Industrie weiß, dass die Kunden hauptsächlich Jungs sind, und publiziert dementsprechend auch Titel.«

• • • • • • • • • •

Also verbieten? Nein, aber regulieren. Grundsätzlich bieten die Vorgaben der Unterhaltungssoftware Selbstkontrolle (USK) den Rahmen, weil dort Spiele geprüft für bestimmte Altersgruppen zugelassen sind. Eltern sollen und dürfen Stellung beziehen und auch diskutieren; Väter sind hier besonders gefordert, weil in Jungenaugen Mütter überempfindlich sind und ohnehin von männlichen Fantasien und Kriegerwelten keine Ahnung haben, Väter schon eher. Der Vater-Sohn-Kontakt ist deshalb oft mehr gefragt, und gerade bei diesen Männer- und Männlichkeitsthemen ergeben sich Chancen zur Beziehungspflege.

Gamer erleben zwar extreme, aber eben nur virtuelle Abenteuer, dazu ist kein wirklicher Mut erforderlich, weil auch kein wirkliches Risiko besteht. Ein wesentlicher Unterschied zu tatsächlichen Erfahrungen im Real Life sind die fehlenden Grenzen. Beim Sport gibt diese der Körper vor, deshalb wird kein Junge fußballspielsüchtig. Wird musiziert, sind Körper und Konzentration oder auch die Geduld der Nachbarn irgendwann erschöpft und sorgen für Pausen. Das ist in den Weiten des Internets oder bei digitalen Spielen anders, weshalb es für Jungen schwer ist, sich selbst zu begrenzen.

WAS MACHE ICH, WENN ...

... mein Sohn von digitalen Spielen fasziniert ist?

Computerspiele sind eigene Erlebniswelten mit vielen Reizen und Chancen. Wenn es Spiel und regulierbar bleibt, wenn andere Lebenswelten weiterhin wichtig sind und es keine schulischen oder beruflichen Verschlechterungen gibt, ist das so wenig ein Problem, wie wenn Jungen gerne und viel lesen. Ist das nicht der Fall, muss verhandelt und reguliert werden, was meist nicht nüchtern und vernünftig abläuft und lange dauert. Der Einsatz der Eltern ist anstrengend und nervenaufreibend – für beide Seiten, aber er lohnt sich und ist ein Ausdruck ihrer Liebe zum Sohn.

YouTube und Influencer

YouTube ist unter Jungen eine beliebte Plattform, um sich unterhaltsam zu entspannen (Jungenperspektive) bzw. um seine Zeit sinnlos zu vergeuden (Elternblick). *YouTube* ist tendenziell ein Jungenmedium, fast alle Genres werden von Jungen deutlich stärker genutzt als von Mädchen. Das gilt insbesondere für Videos rund um Computerspiele, aber auch für die Bereiche Sport, Nachrichten und Humor. Der Nutzen von *YouTube* kann durchaus bemerkenswert sein. In einem schmalen Segment gibt es dort Bildungsinhalte mit guter Qualität, manche Mathe- oder Physikthemen können pädagogisch begabte Lehrkräfte in *YouTube* viel besser erklären als Lehrerinnen oder Lehrer in der Schule. Ziemlich viele Jugendliche bevorzugen inzwischen sexuelle Bildung im Web vor anderen Medien und auch vor Vertrauenspersonen. Sexuelle Informationen entnehmen sie Pornos oder oft auch dem *YouTube*-Kanal, der nach *Google* die beliebteste Anlaufstelle im Internet ist.

Der große Nachteil der Plattform liegt im Ablenkungseffekt, *YouTube* ist ja kein Pädagogik-, sondern ein Verkaufskanal und will die Aufmerksamkeit des Nutzers möglichst lange binden. Deshalb werden neben einigen wenigen nützlichen Informationen viele unnütze Reize gesetzt, die den Jungen fesseln. So geht vor allem viel Zeit verloren und vom Lerneffekt bleibt ohne strenge Selbstdisziplin unterm Strich nur wenig übrig. Wie die Elterngeneration gebannt vor dem Fernseher hockte, bleiben die Jungen heute bei *YouTube* hängen, nur wahrscheinlich viel länger.

Wo gibt's was?

Viele Jungen schauen bei *YouTube* gerne sogenannte »Challenges« an, das sind Videos über Herausforderungen oder Wettkämpfe. Bei Let's-play-Videos dagegen dreht es sich fast ausschließlich um digitales Spielen; die Hälfte der Jungen schaut sich solche Videos täglich oder mehrmals in der Woche an (bei den Mädchen sind das nur 12 Prozent). Bei Jungen ebenfalls beliebt sind sogenannte »Pranks«, manchmal lustige Streiche, die allerdings auch in ziemlich bösartige oder gemeine Aktionen ausarten können. Sie sind nicht zum Nachmachen empfohlen, aber manche

Jugendlichen lassen sich dennoch dazu anregen, weil sie annehmen, das sei cool. In jedem Fall können Pranks die unter Jungen ohnehin aufgeladenen Konkurrenzbeziehungen beeinflussen, das gegenseitige Reingelegtwerden wird zum Dauerrisiko, Vertrauen und echte Nähe können sich dabei kaum entwickeln.

Was unsere Jungen wissen sollten: *YouTube* ist kein gemeinnütziges Unternehmen, sondern verfolgt kommerzielle Ziele und dient seinem Eigentümer *Alphabet* (*Google*) als Plattform für Werbung. Nachdem ein Video gesehen wurde, bietet *YouTube* weitere an, mit einer Tendenz zu Polarisierung, Emotionalisierung und trivialer Unterhaltung. Platter brachialer Klamauk garantiert hohe Aufrufzahlen. Damit erzieht *YouTube* seine Nutzer in extreme Richtungen; moralisch Fragwürdiges, Grenzverletzungen und auch Gewalt werden angeboten und konsumiert. Die Algorithmen von *YouTube* sind so angelegt, dass sie zur Radikalisierung neigen, sie organisieren den Kontakt zu brutalen Videos, zu populistischen oder politisch extremen Meinungen.

Influencer sind Medienfiguren, digitale Meinungsführer, die Plattformen wie *YouTube* und *Instagram* nutzen. Durch ihre persönliche Ausstrahlung oder durch ihre Kommunikationsstärke können sie ihre Zielgruppen erreichen und verfügen manchmal auch über ein thematisches Spezialwissen. Sie geben sich als nette Kumpel oder virtuelle Stars zum Anfassen aus, sind aber vor allem erst einmal Unternehmer, die mit Werbung Geld verdienen wollen. Die Klicks der Jungen sind der Weg dahin. Deshalb sollten Jungen wissen, dass hinter den Influencern Geschäftsmodelle und wirtschaftlich orientierte Netzwerke stehen. In ihre Videos ist Produktwerbung integriert, oder sie wird als Spot vor oder in dem Video platziert; den Ertrag dieser Werbespots teilen sich die Influencer mit *YouTube*, so verdienen beide. Neben kommerziellen

Interessen vertreten manche Influencer auch extreme Ansichten, z. B. die rechtsreaktionäre Position der sogenannten Identitären. Sie fixen Jugendliche mit ihrem Nettsein an, um sie allmählich mit hochproblematischen Inhalten zu indoktrinieren – für Jugendliche ist diese Strategie kaum zu durchschauen.

Faszination Fortnite

Fortnite und andere Onlinespiele sind für Jungen hochattraktiv, sie üben einen starken Reiz aus und können eine enorme Sogwirkung auslösen; viel mehr Jungen als Mädchen spielen sie. Jeder besiegte Gegner, jede Schatztruhe auf dem Weg und jeder kleine Erfolg triggern das Belohnungszentrum und setzen Dopamin frei, entsprechend emotional sind die Konflikte rund ums Gamen aufgeladen. *Fortnite* war 2018 mit großem Abstand das am meisten gespielte digitale Spiel, im Jahr davor erschien nämlich eine kostenlose Version (Zubehör muss gekauft werden). Inhalt des Spiels ist ein Kampf ums Überleben, die Spielenden müssen Waffen und Munition sammeln und Gegner auslöschen. Wer am Schluss übrig bleibt – Einzelspieler oder Team –, gewinnt. Eine Spielrunde dauert durchschnittlich zehn bis fünfzehn Minuten, manchmal aber auch länger.

Aber warum identifizieren sich viele Jungen so stark damit? *Fortnite* und andere derartige Spiele sind für Jungen spannend, weil es um männlich besetzte Themen wie Eroberung, Kampf, Verteidigung geht und der Spielverlauf gleichermaßen reichlich Herausforderungen und schnelle Belohnungen bietet. Das Spiel ist fesselnd und schafft soziale Zugehörigkeit (»alle spielen das«), Jungen müssen es kennen, um mitreden zu können. Zudem kann das Spiel als Ausdruck für ein Lebensgefühl interpretiert werden,

Jungen erkennen ihre Lebenslage darin wieder: Was sie erleben und empfinden, was die Gesellschaft – und als Teil davon die Eltern – von ihnen verlangt: sich anstrengen, der Konkurrenzkampf ums wirtschaftliche Überleben, und manchmal darf man nach Erfolgen ein bisschen tanzen.

• • • • • • • • • •

Britta, zwei Söhne, 13 und 15: »Also, dieses Fortnite, das ist echt anstrengend – und immer dieser Kampf um irgendwelche Zeiten: ›Gibst du mir eine Viertelstunde mehr? Außerdem, heute muss er wieder neu laden, und das Aktualisieren, das dauert auch immer.‹ Dann die Namen, die die sich da geben: Rainbow974x oder – neulich hat Nico mal laut geschrien, ich war ganz erschrocken, und da hieß einer Hitler. Den hat er dann geblockt.«

• • • • • • • • • •

Der Erfolg von *Fortnite* liegt auch darin, dass Spieler dazu animiert werden, immer wieder neu zu beginnen. Viele Jungen sind infiziert, sie lassen sich in die *Fortnite*-Welt hineinziehen, sodass sie mit dem Spielen gar nicht mehr aufhören wollen – oder können. Dieses Nicht-aufhören-Können ist in den meisten Fällen keine Sucht, geht aber tendenziell in diese Richtung. Das »Rundenprinzip« schafft Anreize, wer verliert, will es noch mal versuchen und es besser machen; wer gewinnt, möchte das gute Gefühl noch einmal bekommen, sich noch großartiger fühlen. Das führt zu endlosen Spielschleifen, vor allem Jüngere können nicht oder nur schwer wieder herausfinden. Spielt der Junge *Fortnite* im Team, kann dadurch Druck entstehen, möglichst häufig gemeinsam zu spielen.

Fortnite operiert zwar auch mit Gewalt, zelebriert sie aber nicht: Sie ist einfach nötig, um gegnerische Figuren aus dem Spiel zu eliminieren – vergleichbar mit der Brutalität, eine Spielfigur bei einem Brettspiel rauszuwerfen. Nebenbei geht es bei diesem Spiel um Kooperation. Spiel- und emotionsverschärfend ist eine Chatfunktion integriert, die Spieler können miteinander in Kontakt treten. Die Ausstattung der Spielfigur ist ein häufiger Grund für eine Beleidigung, so kann Druck entstehen, sich Zubehör zu kaufen. Eine verdeckte Botschaft des Spiels ist die Überzeugung, dass das Leben ein ständiger Kampf sei.

....

Britta über ihren Sohn Nico, 13: »Mit Fortnite ist es total nervig gerade. Aber er hat einen Freund in den Niederlanden, mit dem er online spielt, und mit dem unterhält er sich auf Englisch, immerhin. Aber dieser Suchtfaktor, das ist furchtbar, das ist katastrophal.«

Leon: »Ich persönlich habe kein Problem damit aufzuhören. Wenn ich weiß, ich muss noch lernen, dann setze ich mich hin und lerne, wenn ich weiß, da ist eine Arbeit und ich hab keine Ahnung, dann denke ich: Okay, ich würde jetzt zwar lieber zocken, aber dann nehme ich das Zocken lieber als Belohnung dafür, dass ich gelernt habe. Ich bin dazu aus Erfahrung gekommen, dadurch, dass ich mal einen Geschichtstest total verhauen habe – ich hatte alles durcheinandergebracht, schlechte Vorbereitung! Also, aus Erfahrung.«

....

Zwei Dinge helfen Jungen, mit diesen extremen Medienreizen zurechtzukommen: Das Erleben, dass Medienkonsum reizvoll, aber begrenzt ist; und die Impulskontrolle, also dass sie ihre Emotionen und ihr Verhalten regulieren können. Eltern sollten beides schon früh und kontinuierlich vermitteln, bevor der Sohn durch den Zugang zu entsprechenden Geräten die Möglichkeit erhält, solche Spiele zu nutzen. Jungen, die ihren Drang und ihre Lust auf immer mehr kontrollieren und die Grenzen – wenn auch grummelnd oder murrend – akzeptieren können, die Eltern ihnen setzen, kommen mit den Spielanreizen besser zurecht.

Zeitliche Grenzen?

Bei *Fortnite* mit seinem Rundenprinzip führen fixe tägliche Zeiteinheiten (z.B. maximal 45 Minuten) zu Ärger, denn sie passen nicht zur Spieldynamik. Es kann für einen Jungen sehr frustrierend sein, wenn sich nach strikter Zeitvorgabe kurz vor dem Sieg das Gerät abschaltet. Sind dagegen zwei Versuche erlaubt, gibt es einen zeitlichen Bewegungsraum, es kann auch mal zehn Minuten länger dauern (die dann z.B. aufs Wochen-Zeitkonto angerechnet werden). Oder der Junge muss nach einer gewissen »Basiszeit« nach jeder beendeten Runde nachfragen, ob er noch eine weitere spielen darf.

Viele Eltern fühlen sich hier hilflos, sie werden aus dem Reflex streng oder schimpfen lautstark auf die Spiele, was Jungen provoziert. Moralisches Abwerten trifft nicht das Spiel, sondern den Jungen selbst. Was dann? Es kommt auf die Beziehung an. Um gute, klare Ansagen machen und den Jungen durch den Mediendschungel führen zu können, sollten Eltern kompetente Partner auf Augenhöhe sein. Trotz aller Befürchtungen ist es besser, mit einer möglichst entspannten Haltung an das Thema Computerspiele heranzugehen – vielleicht wie an eine neue und unbekannte Sportart, für die sich der Sohn interessiert. Um wirklich mitreden und mit dem Jungen gute Regelungen vereinbaren zu können, brauchen Eltern Erfahrungen. Es hilft ihnen, wenn sie selbst erleben, wie das aktuelle Spiel ihres Sohnes (oder der nächste Hype) funktioniert und was Jungen daran so fasziniert.

• • • • • • • • • •

Britta, zwei Söhne: »Ich hab es selber noch nie gespielt, ich kann das nicht. Da habe ich echt Respekt, wie Nico das macht. Ich setze mich halt ab und zu dazu und schaue es mir an. Und dann sehe ich, wie er durch eine Gegend düst und cruist – also, es hat auch was, das Spiel, es ist ja nicht nur ein Ballerspiel, es erfordert auch wirklich Strategie.«

• • • • • • • • • •

Sich vom Sohn das Spiel zu einem möglichst frühen Zeitpunkt erklären zu lassen, kann ein guter Einstieg sein, der auch von diesem positiv bewertet wird, wenn hinter dem Interesse nicht zu viel Vorurteil steckt. Sind die Fronten einmal verhärtet, hilft das verspätete Interesse meist nicht mehr viel.

Welches Spiel für welchen Jungen?

Um beurteilen zu können, ob *Fortnite* (oder andere Spiele) für ihren Sohn (schon) geeignet ist, sollten Eltern das Spiel kennenlernen. Kriterien sind, wie gut der Junge Spannung und Stress aushält und ob er sich von dargestellten Inhalten distanzieren kann; zudem sollte er Angebote, die Geld kosten, erkennen und über Spielmechanismen, die Kaufdruck ausüben, reflektieren können. Es gibt keine offizielle Altersfreigabe, aber unter 14 Jahren ist *Fortnite* nicht zu empfehlen.

Alles unter Kontrolle?

Mediennutzung und -zeiten sind in sehr vielen Familien mit Jungen in der Pubertät eines der Hauptstreitthemen, darauf können sich Eltern schon vorab einstellen. Die Herausforderung der Mediennutzung und der Gespräche mit Jungen liegt darin, Regeln und Vereinbarungen auszuhandeln, die funktionieren, und eine Einstellung zu erreichen, mit der alle leben können. Ich kenne dafür kein Patentrezept, fast alle Eltern versuchen, ihre Wege zu finden, und brauchen dafür mitunter mehrere Jahre, harte Kämpfe und manchmal ungewohnte Experimente.

• • • • • • • • • •

Beate, ein Sohn, jetzt 18: »Und dann hatte ich so die Nase voll von den ganzen Konflikten, seit Jahren! Als Max 15 war, hat es mir gereicht. Ich trau mich fast nicht, es zu sagen: Ich bin aufs Ganze gegangen und habe ihm erlaubt, die ganzen Sommerferien durchzuzocken, sechs Wochen, ohne jede Beschränkung! Das war volles Risiko, man weiß ja nicht, wie es ausgeht. Und er hat es genutzt, am Anfang bis zur Erschöpfung, aber dadurch hat das Spielen an Reiz verloren. Und danach wurde es viel besser, irgendwann war es kein so großes Thema mehr.«

• • • • • • • • • •

Bei allen Medienrisiken: Eltern sollten sich bewusst sein, dass sie ihren Sohn nicht sicher kontrollieren können, zumindest solange sie zu Hause kein totalitäres Regime installieren. Kontrolle kann notwendig und hilfreich sein, aber die Möglichkeiten dazu sind beschränkt. Es geht um Medienkompetenz. Ein Schritt auf dem Weg dorthin ist, dass Jugendliche und Eltern miteinander darüber reden, was bei der Mediennutzung geschieht. Auch das Vorbildverhalten der Eltern zählt, nicht nur in der Nutzung, sondern auch in der Selbstkontrolle (ja, auch Eltern können Kontroll-Apps verwenden!).

....

Britta, zwei Söhne: »Er hört mich beim Gamen ja nicht wegen der Kopfhörer: Früher bin ich rein und habe wild »time out« gestikuliert, jetzt haben wir seine Onlinezeit mit Zeitschaltung begrenzt! Das ist immer mal wieder ein Problem. Aber er hat es im Blick, und dann weiß er, er fängt dann kein neues Spiel an, sonst geht mittendrin sein WLAN nicht mehr und er hängt. Wir haben die Zeit im WLAN über den Router begrenzt, und da weiß er den Zugang noch nicht (lacht).«

....

Eltern sind wegen ihrer Sorgfaltspflicht zwar dazu berechtigt, auch in die kindliche Privatsphäre einzugreifen (falls der Sohn nachfragt: § 1626 und 1631 des BGB). Wer mit Spionage-Apps die Handynutzung des 12-jährigen Sohnes überprüft oder seinen Aufenthaltsort kontrolliert, gibt damit aber vor allem seinem Misstrauen oder seinen Ängsten Ausdruck. Die App als Wanze ist technisch kein Problem, aber rechtlich eine Grauzone; sie sollte in keinem Fall ohne Einwilligung der Jugendlichen installiert werden.

Vielen Jungen in der Pubertät fällt es schwer, sich zu konzentrieren, das ist normal. Störungen von außen lenken sie zusätzlich ab. Kaum setzt er sich hin, um sich auf die Bioarbeit vorzubereiten, ploppt eine Nachricht im Handy auf, er bricht ab und schaut, was es da interessantes Neues gibt, nach einer halben Stunde kommt er zurück zur Biologie. Für solches Verhalten sind die verstärkte Neugier und die Unlust verantwortlich, sich mit lästigen Aufgaben befassen zu müssen. Es ist ein Lernprozess, zu erkennen, dass man mehr Zeit zum Entspannen hat, wenn eine lästige Aufgabe zügig und konzentriert erledigt wird. Auch die Erfolgsgefühle sind dann größer. Viele Jungen schaffen es aber nicht, bei den Hausaufgaben nicht mal eben zwischendurch das Smartphone in die Hand zu nehmen. Der Impuls dafür kommt nicht aus dem Vernunfthirn, deshalb ist es schwer, die Ablenkung mit dem Verstand zu überlisten. Es braucht Versuche, Ehrgeiz, Durchhaltevermögen und Training, damit das gelingt.

Programme, die helfen können, Ablenkungen zu vermeiden:

QualityTime hilft, die Zeit am Smartphone zu analysieren und in Statistiken festzuhalten; es ist ein Zeit-Buchhalter und gibt Rückmeldungen über die Nutzung. Zusätzlich können Einschränkungen, Pausen oder Alarme gesetzt werden, und die App hilft damit, die Selbstkontrolle über die Nutzung zu behalten.

Mit *Offtime* können Auszeiten festgelegt werden, um sich nicht ablenken zu lassen. Für diese Zeit können nur festgelegte Apps genutzt werden oder das Smartphone wird ganz gesperrt.

Ihre Nutzungsdauer können pubertierende Jungen selbst oft schwer steuern. Versuchen Eltern einzugreifen, ist das Anlass für oft heftige Auseinandersetzungen. Der Junge weiß meist, dass die Mutter oder der Vater ja recht haben, dennoch ist sein Nutzungsdrang stärker. Das Angebot an kostenfreien und -pflichtigen Apps zur Selbstkontrolle ist groß und unübersichtlich. Auf Bewertungen oder Testergebnisse kann man sich nicht verlassen, zumal die Maßstäbe von Eltern und Jugendlichen weit auseinander liegen. Ein Haken bei solchen Programmen ist, dass sie ausschaltbar sind. Clevere Jungen oder ihre schlauen Freunde könnten es schaffen, die Programme auszutricksen.

Die einfachsten Maßnahmen sind, Geräte (oder das WLAN) zu bestimmten Zeiten abzuschalten oder sie zu entfernen, also z.B. Endgeräte während der Hausaufgaben oder nachts außer Reichweite zu deponieren. Zudem lassen sich auf den Geräten Programme installieren, die Jungen helfen, sich selbst zu kontrollieren, und die Eltern beim Kontrollieren unterstützen. Leider haben es die zuständigen Ministerien bisher versäumt, dazu eine einfache und wirksame App für Eltern entwickeln zu lassen. Deshalb müssen Programme mit kommerziellen Interessen verwendet werden, die aber bisweilen übers Ziel hinausschießen und z.B. Dauerkontrolle oder das Mithören von Gesprächen ermöglichen (und überängstliche Eltern dazu verführen) – aus Fürsorge entsteht schnell Observierung. Überwachung ist moralisch nicht vertretbar und zerstört für den Jugendlichen jegliche Vertrauensbasis.

Hilfreiche Apps

Screen Time kontrolliert die Zeiten, die mit Tablets oder Smartphones verbracht werden, es lassen sich Beschränkungen für Schlafens- oder Schulzeiten festlegen. Die Basisversion ist kostenlos.

Mit *Google*s *Family Link* können Eltern den Standort überprüfen, *WhatsApp* blockieren und das Smartphone kontrollieren. Was *Google* als kommerzieller Spionage- und Werbungskonzern mit den Daten macht, ist unklar. Dafür ist die App kostenlos.

Kids Place ist in den meisten Funktionen eher für Kinder gedacht; die Timerfunktion kann auch in der Jugendzeit nützlich sein; die Basisversion ist kostenlos.

Von und mit ihren Eltern erwerben Jungen Mediennutzungskompetenz: dass sie sich mit Inhalten auskennen, auf die sie beim Surfen stoßen, dass sie Bezahlfallen erkennen und auch, dass sie ihre Befindlichkeit beim Mediennutzen reflektieren. Dafür müssen sie Erfahrungen machen und gemeinsam mit ihren Eltern (und mit Gleichaltrigen) daraus lernen. Interesse der Eltern und ein passendes Maß an Kontrolle ist notwendig, auch wenn das im Alltag oft schwierig ist. Eltern sollten sich dafür interessieren, was ihre Söhne im Netz und mit den Geräten tun. Wenn sie von Anfang an immer wieder nachfragen, gilt es für Jungen eher als normal, während das späte, plötzlich panische Interesse beim Jungen Verwirrung stiftet und zu Widerständen führt.

Weil die Mediennutzung so attraktiv ist, setzen manche Eltern sie als Prämie aus. Seine Mediennutzung muss sich der Junge dann verdienen, er darf z.B. ans Smartphone, weil er die Hausaufgaben erledigt oder die Oma so nett besucht hat. Fachlich ist es umstritten, ob es sinnvoll ist, Spielen oder Chatten als Belohnung einzusetzen, Freunde der Dressur schwören darauf. Ich sehe diese Strategie kritisch, weil sie von Eltern manipulativ verwendet wird, sie können damit indirekt ihre Macht ausspielen. Zudem wird dadurch für Jungen die Mediennutzung immer mehr zum Sinn des Lebens, sie machen alles, um die begehrte Belohnung zu bekommen. Um das Aushandeln von Regeln kommen Eltern dennoch nicht herum. Starre Regeln kommen dem Elternbedürfnis entgegen, weil sie gut zu kontrollieren sind. Je unflexibler die Regelungen aber sind, desto weniger passen sie zur Mediennutzung der Jungen.

Wie Medien wirken und ab wann sie schaden, kann heute niemand sicher sagen. Wir leben in einem unkontrollierten Freilandversuch. Zudem unterscheiden sich die Jungen ganz erheblich in dem, was sie an Medien aushalten. Insofern ist es schwer, klare Vorgaben zu begründen.

Als Grundlage für Verhandlungen helfen vielleicht folgende Faustregeln:

- Zehn Minuten tägliche Medienzeit pro Lebensjahr; für einen Zehnjährigen bedeutet das ein Wochenkontingent von rund elfeinhalb Stunden; für einen Fünfzehnjährigen siebzehneinhalb Stunden.
- Oder: eine Stunde pro Lebensjahr in der Woche.
- Ab etwa zehn Jahren können Jungen längere Zeiträume überblicken; deshalb kann eine Wochenzeit vereinbart werden. Ist das wöchentliche Zeitkontingent schon nach drei Tagen verbraucht, bleiben die Geräte für den Rest der Woche ausgeschaltet.

Ziel von Absprachen und Medienkompetenz ist es, eine gesunde Balance im Leben, also zwischen Bedürfnissen (Essen, Schlaf, soziale Kontakte), Aufgaben, anderen Hobbys und dem Spielen, zu finden. Vielen Jungen fällt es schwer, selbst in dieses Gleichgewicht zu kommen. Dann ist es hilfreich, Nutzungsregeln und -zeiten zu vereinbaren. Es erhöht die Verbindlichkeit, wenn sie in einem Vertrag festgehalten werden. Eine Vorlage oder Hilfestellung für die Inhalte der Vereinbarungen findet sich beispielsweise unter www.mediennutzungsvertrag.de

Leon: »Was man Eltern vor allem raten muss, ist Geduld. Ich rede da aus eigener Erfahrung: Wenn ein Kind gerade das Zocken entdeckt hat, ist es schier nicht mehr davon wegzubekommen. Wenn die Noten schlechter werden, müssen dann die Eltern tatsächlich zu Maßnahmen greifen, wie zum Beispiel zu der, den Computer nicht im Kinderzimmer aufzustellen. Ich hab meinen PC im Zimmer, weil meine Noten ganz gut sind.«

Vereinbarte Medienzeiten müssen dann nur noch eingehalten werden. Jungen können mitentscheiden, was ihnen dabei hilft: ein Wecker oder eine Eieruhr neben dem Gerät, Zeitbegrenzungen durch Programme auf den Geräten? Am besten und nachhaltigsten ist es, wenn Jungen ein gutes Gefühl entwickeln und sich zudem an Absprachen halten. Das ist in der Pubertät allerdings leichter gesagt als getan. Medienkonflikte aus- und durchzuhalten, ist ein wesentliches Element elterlicher Fürsorge: ein besonderer Liebesdienst für den Sohn. Offlinezeiten oder -zonen können durchaus hilfreich sein. Immer und auf Dauer gelten wenige, aber klare Regeln (auch für Papa!): Smartphone beim Essen ganz ausschalten oder weglegen; kein Handy vor dem Frühstück oder nach dem Abendessen usw.

Wann und wie Geräte genutzt werden, ist ein Teil unserer Kultur. Der gesunde Umgang muss eingeübt werden und dann allmählich selbstverständlich sein. Benimmregeln können gemeinsam festgelegt werden: Beim Essen, bei den Hausaufgaben und wenn miteinander geredet wird, bleibt das Smartphone beiseite, wegen der Ablenkung sollte es dann auch nicht auf dem Tisch liegen. Auch vor dem Schlafen braucht es eine Übergangszeit ohne Geräte (ein bis zwei Stunden). Beschränkungen sind auch deshalb sinnvoll, weil Jungen ihre Impulskontrolle trainieren müssen, um irgendwann so weit zu sein, den Computer aus eigenem Antrieb auszuschalten oder das Smartphone wegzulegen, wenn es genug ist.

*

Regelmäßiges Medienfasten – einen medienfreien Tag in der Woche, eine medienlose Ferienwoche – kann für Eltern wie für Jungen eine wichtige regulierende Erfahrung sein. Dies in der pubertären Hochphase einzuführen, ist ziemlich aussichtslos. Besser ist es, diese Medienkompetenz schon während der Kindheit zu entwickeln. Anregungen zu diesem Thema finden sich unter www.medienfasten.org.

Eltern sollten den Medienkonsum einschränken, wenn er überhandnimmt. Leider kann niemand sagen, wo genau dieses »Überhandnehmen« beginnt. Testfragen, gemeinsam mit dem Jungen beantwortet, können für mehr Klarheit sorgen – acht Mal »Ja« geantwortet, heißt, dass die Eltern ruhig schlafen können:

- Hat der Junge noch weitere Interessen?
- Schaltet er das Gerät in eigener Verantwortung ab?
- Bewegt sich der Junge, macht er Sport?
- Hat er Freunde, die er auch real trifft?
- Schläft er genügend?
- Beteiligt er sich an Familienaufgaben (Jobs im Haushalt)?
- Taucht er zu familiären Fixpunkten (Essen) auf?
- Kommt der Junge in der Schule klar – sozial und von den Leistungen?

Alle Spiele- und Internetanbieter befinden sich in hoher kommerzieller Konkurrenz. Ihr Kampf zielt darauf, möglichst viel von der Aufmerksamkeit der Nutzer zu bekommen. Spiele und weite Bereiche des Internets sind so konstruiert, dass sie möglichst grenzenlos fesseln sollen, und das tun sie auch.

• • • • • • • • • •

Felix, 13: »Ich bin halt Computerfreak. Wenn mir was zu viel wird, gehe ich in mein Zimmer und schalte den Computer an.« Jetzt lebt er dum-

merweise in einer Situation, in der ihm oft etwas zu viel wird. Vor allem wenn seine Eltern versuchen, ihn mit Regeln festzunageln oder aus Vorwürfen und dem Nörgeln nicht mehr herauskommen. Es ist eine Spiralbewegung in Gang gekommen, sein Rückzug steigert sich genauso wie die Befürchtungen seiner Eltern.

• • • • • • • • • •

Dort, wo Jungen dem – aufgrund ihrer Persönlichkeit, wegen mangelnder Impulssteuerung, wenig Selbstdisziplin oder einer schwachen inneren Struktur – nichts entgegensetzen können, ist ihr Suchtrisiko höher.

• • • • • • • • • •

Leon: »Das würde ich jetzt nicht unbedingt als Sucht bezeichnen, zumindest nicht bei mir. Ich kann es durchaus kontrollieren, wie lange ich spiele und wann ich Pause mache. Aber es ist so, dass viele Spiele extra so spannend gemacht sind, dass sie einen fesseln sollen. Und man ist immer an was dran, es gibt Spiele, wenn du da mit einer Sache fertig bist, kommt sofort die nächste. Oder du bist mit einer Sache fertig, machst dein Quest-Logbuch auf, und da sind noch zweihundert andere Aufgaben, die du erfüllen musst.«

• • • • • • • • • •

Onlinesucht rückte auch in die öffentliche Aufmerksamkeit. Die Grenzen vom häufigen, exzessiven zum suchtartigen Spielverhalten sind fließend. Ab wann ein Pubertierender spielsüchtig ist, lässt sich nicht genau bestimmen: Kritisch wird es, wenn Schule, Freizeit und Familie vom Medienkonsum des Sohnes stark beeinträchtigt sind. Handlungsbedarf besteht, wenn die Leistungen wegen des Spielens nachlassen, andere Beschäftigungen – Sport, Hobbys – plötzlich nicht mehr interessant sind oder der Junge äußert, dass er nicht mehr zur Schule gehen will. Bricht der Junge die Schule tatsächlich ab, zieht sich immer mehr zurück, sitzt er sehr oft allein am PC oder nimmt nicht mehr an den Mahlzeiten teil, ist die Grenze längst überschritten. Bei tatsächlichem Suchtverhalten kann eine klare Ansage – so schwer und hart das ist – auch darin bestehen, den minderjährigen Jungen in eine kinder- und jugendpsychiatrische Klinik einweisen zu lassen.

Wo ist die Grenze?

Nach einer Analyse des Deutschen Zentrums für Suchtfragen am Universitätsklinikum Hamburg Eppendorf zeigen rund 15 Prozent der Jugendlichen zwischen 12 und 17, die regelmäßig Computerspiele nutzen, ein riskantes oder krankhaftes Spielverhalten; rund 80 Prozent davon sind Jungen.

Hinter der exzessiven Mediennutzung können sich psychische Probleme wie Depressionen, soziale Störungen, auch Einsamkeit, Ausgrenzung und Mobbing oder körperliche Ursachen verbergen. Dann braucht es professionelle Hilfe, beispielsweise bei einer Sucht- oder Erziehungsberatungsstelle.

6 Sex und andere Peinlichkeiten

Mit Pubertierenden über Sex reden? Muss das sein, kann man das ganze Thema nicht anderen überlassen – der Biologielehrerin zum Beispiel? Nein. Jungen informieren sich aus unterschiedlichen Quellen: aus dem Internet und anderen Medien, Schule, Freunde, Eltern, Geschwister und so weiter. Sexualaufklärung »vagabundiert«. Das Problem ist, dass man nie so genau weiß, wer welchen Beitrag leistet. Gerade der Schulunterricht ist in Sachen Sexualität unzuverlässig und inhaltlich mager. Beziehungsfragen oder sexuelle Praktiken werden zum Beispiel meist nicht behandelt. Deswegen können sich Eltern nicht darauf verlassen und sich nicht aus der Verantwortung ziehen. Das Nichtstun ist nur bei Eltern entschuldbar, die selbst so stark gehemmt sind, dass sie gar nicht über Sex reden können. Unabhängig davon sollten Eltern zwei, drei gute Aufklärungsbücher haben oder anschaffen, auf die Jungen selbstorganisiert zurückgreifen können.

> *
>
> Väter stehen beim Thema Sexualität besonders in der Verantwortung, weil sie ihre männlichen Erfahrungen mit Jungen teilen. Vorabgespräche »unter Männern« führen dazu, dass sich Jungen informiert und sicherer fühlen.

Wenn es passt, kann der Vater von sich erzählen: Wie war das mit dem Sex damals bei mir? Informationen können Mütter genauso geben, Erinnerungen können sie ebenso austauschen wie Väter. Väter und Mütter entscheiden aber auch, worüber sie sprechen wollen (und können) und worüber nicht. Wer die eigenen Grenzen kennt und beachtet, kann auch leichter die des Sohnes respektieren. Ein Vater soll aktiv sein, er kann immer wieder die Initiative ergreifen und auch selbst über Sexuelles reden. Sehr schön wird dies im Film *Boyhood* (USA 2014) gezeigt: Es ist zwar eine peinliche Situation, aber dennoch oder gerade deshalb wichtig. Damit macht der Vater seinem Sohn klar, dass ihn dieses Thema auch beschäftigt und er dazu ansprechbar ist.

Für Sexgespräche förderlich ist, dass es heute zwischen Eltern und ihren Söhnen kaum Konflikte über Sexuelles gibt. Eltern gestehen Jugendlichen ihre Sexualität zu, und diese akzeptieren das wenige, was von den Eltern an Vorgaben (wie »nur mit Verhütung«, »nur in deinem Zimmer« oder auch »Übernachtung anfragen«) kommt. Viele Jungen haben ihr eigenes Zimmer und das zugestandene Recht, die Tür schließen zu können. Oft halten Jungen Sexualität für ein eher privates Thema, über das sie geschützt reden und das sie gerade nicht mit Eltern besprechen wollen, gut so: Ab der Pubertät ist die praktische Sexualität des Sohnes in erster Linie seine Sache, sie geht Eltern so wenig an, wie dies umgekehrt der Fall ist. Dennoch gibt es ein paar Dinge, die besprochen sein wollen.

Sexuell kompetent werden

Ziel in der Pubertät ist es vor allem auch, sexuell kompetent zu werden, auf diesem Gebiet Wissen anzureichern und Erfahrungen zu machen. Jungen wissen meist über ihren Körper und über Verhütungsmöglichkeiten schon gut Bescheid; bei ihren Wünschen und wie sie diese verwirklichen könnten, sieht es schon schlechter aus. Über Sex und Verhütung zu reden oder aushandeln zu können, was sexuell geht und was nicht, fällt vielen schwer. Im Internet und von Gleichaltrigen werden ihnen zudem hohe Leistungsnormen und viel Halb- und auch Falschwissen vermittelt, was ihre sexuelle Kompetenz eher schwächt.

Das Thema Sexualität bietet guten Gesprächsstoff, erst dadurch, dass Eltern dieses wichtige Thema aussparen, wird es verkrampft. Diskretion ist, wenn über Sexuelles geredet wird, besonders wichtig, Eltern sollten nie in der Öffentlichkeit Anspielungen oder Witzchen über die sexuelle Entwicklung ihres Sohnes machen. Nichts ruiniert das Verhältnis so sehr, wie wenn der Vater beim Verwandtschaftstreffen Sprüche über die Schamhaare seines Sohnes macht. Andererseits verhalten sich viele Eltern beim Thema Sexualität zu defensiv; sie warten ab, ob von den Jungen Fragen kommen – irgendwann stellen sie fest, dass ihr Sohn offenbar an sie keine solchen Fragen hatte. Es ist aber elementar, dass Eltern Themen wie Verhütung und Schutz vor sexuell übertragbaren Krankheiten (z. B. betonen, wie wichtig die HPV-Impfung ist, und einen Termin dafür vereinbaren) ansprechen – und ebenso die positiven Aspekte von Sexualität.

Mit zunehmendem Alter verstehen sich Jungen nicht mehr als inkompetent, sondern eher als »Sexualexperte«, der sich genügend auskennt. Wegen ihres kompetenten Status können Jungen häufig auch nicht direkt fragen, sie erzählen dann z. B. von einem Freund, der ein Problem hat. Diese indirekte Strategie ist ein guter Kanal, um mit Jungen zu reden, sie lässt sich in Gesprächen nutzen: Wenn der Sohn für den Fall kompetent gemacht wird, dass etwa ein Freund ihm eine Frage zu diesem oder jenem Bereich stellt; so wird beides, der Kompetenzzuwachs und die Bestätigung seines kompetenten Status' erreicht.

Jungen beschäftigen auch Moralfragen, sie reden untereinander darüber, was sie für richtig und was für falsch halten, und finden darin einen Teil ihrer sexuellen Kompetenz. Aber auch gesellschaftlich gibt es Normen, über die Jungen Bescheid wissen sollten, ein Thema fürs Sohngespräch.

Weil Sexualität gravierende Folgen für die psychische Gesundheit und bei der Fortpflanzung haben kann, mischt die Gesellschaft über Verbote mit. Besonders zu große Altersunterschiede bei Minderjährigen sind unerwünscht. Das Jugendschutzgesetz regelt den Sexualverkehr. Jungen müssen wissen, was gilt:

Sex: erlaubt oder verboten?

Folgende gesetzlichen Regelungen gelten für Sexualität (in Deutschland):

Kein Problem, gesetzlich erlaubt ist:

- Freiwilliger Sex unter Gleichaltrigen (nicht: Geschwistern) ist erlaubt und hat keine rechtlichen Konsequenzen.
- Der Junge ist 14 oder 15. Seine Sexualpartnerin oder sein Sexualpartner ist 14 oder älter, aber unter 21.
- Der Junge ist 16 oder älter, aber unter 21, seine Sexpartnerin oder sein Sexpartner ist mindestens 14.
- Der Junge ist 21 oder älter, die Sexpartnerin oder der -partner ist mindestens 16.

Gesetzlich verboten ist:

- Der Junge ist unter 14 und seine Sexpartnerin oder sein Sexpartner ist 14 oder älter – oder umgekehrt.
- Der Junge ist 14 oder 15 und seine Sexpartnerin oder sein Sexpartner ist 21 oder älter – oder umgekehrt.

Immer strafbar – unabhängig vom Alter – ist: Sex mit Geschwistern. Sex mit Eltern oder Großeltern. Sex mit Schutzbefohlenen, die jemandem zur Erziehung, Ausbildung oder Betreuung anvertraut sind. Dazu zählt z. B. Sex mit Lehrern oder Lehrerinnen, Stiefvätern oder Stiefmüttern, Beraterinnen und Beratern, Ärztinnen und Ärzten.

Die erste und mit Abstand häufigste sexuelle Aktivität von Jungen ist der Sex mit sich selbst. Eltern brauchen sich meist nicht vertieft mit der Selbstbefriedigung ihrer Söhne befassen. Jungen und Eltern ist es peinlich, über Masturbation zu reden – und dann sollten sie es auch lassen oder sagen, dass ihnen dieses Thema unangenehm ist, das ist völlig in Ordnung. Aber Jungen müssen auch ein paar Dinge übers Masturbieren wissen, und weil es sonst niemand tut, sollten Eltern es ihnen sagen. Glauben Sie nicht, dass dieses Thema in der Schule behandelt wurde; wahrscheinlich ist es dort unter den Tisch gefallen.

Es entlastet Jungen zu wissen, dass Selbstbefriedigung normal ist: Viele beginnen vor dem 13. Lebensjahr, ab dem Alter von 14 masturbiert mehr als die Hälfte der Jungen, 95 Prozent der 17-jährigen Jungen tun es häufig. Vielleicht sind an entsprechender Stelle auch ein paar Tipps zum Umgang mit dem Sperma sinnvoll. Eine Packung Taschentücher taugt mehr als eine Schlafanzughose oder ein Leintuch. Gut für Jungen zu wissen, dass Männer in der Tendenz einen Orgasmus für ihr männliches Ego dringlicher brauchen; deshalb ist es gut, wenn sie sich dieses gesunde Vergnügen selbst schaffen können. Selbstbefriedigung dient der Entspannung und dem Wohlbefinden. Jungen lernen, was sie sich wünschen und wie sie ihre sexuellen Reaktionen kontrollieren können.

Pubertierende Jungen schwelgen oft in sexuellen Fantasien, sie sind zudem die Begleitmusik der Selbstbefriedigung. Auch sie haben Sinn und Bedeutung (gehen Eltern aber auch nichts an). Ob Pornografie die Fähigkeit zu sexuellen Fantasien anregt oder einschränkt, ist nicht geklärt, wahrscheinlich kommt beides vor. Der Vorteil von Masturbationsfantasien besteht darin, dass Jungen die sexuellen Situationen inszenieren, beeinflussen und steuern können. Diese Vorstellungen können als Gegengewicht zu den Unsicherheiten und Ängsten in der Wirklichkeit wirken.

Ab der Pubertät interessieren sich Jungen (mehr als Mädchen) anders und stärker für Darstellungen von Sexualität; das ist kulturell unterschiedlich. Heute geht es dabei vor allem um Bild- und Filmmaterial, Jungen nutzen es hauptsächlich zur Anregung, Information und für die Selbstbefriedigung. Die Gefühle sind Lust und Erregung und eher nebenbei auch Angst, Leistungsdruck oder Scham. Zum Glück gibt es Pornografie, denn hier ergeben sich Anlässe, um mit dem Jungen über Sex zu reden, und unter Umständen interessante Konflikte wegen unterschiedlicher Einstellungen zum Thema. Kompetenz im Umgang mit sexuellen Medieninhalten ist wichtig. Das Gespräch darüber hilft, Sprache für sexuelle Inhalte zu finden oder zu entwickeln, damit Jungen Positives ohne Abwertung benennen können (aber auch Verstörendes) und lernen, damit umzugehen.

WAS MACHE ICH, WENN ...

... mein Sohn Pornos anschaut?

Der Pornokonsum lässt sich zwar verbieten, aber dieses Verbot ist kaum zu kontrollieren und auch nicht sinnvoll. Bei jüngeren Jungen zu Beginn der Pubertät kann vielleicht noch (in der Chronik des Browsers oder im Cache) kontrolliert werden, was er denn so schaut. Das ist allerdings bereits ein Eingriff in seine Intimsphäre. Verbote und Kontrollen sind dementsprechend wenig wirksam.

Pornografische Medien schließen zwar an Bedürfnisse an, sie trainieren und bilden aber gleichzeitig eine einseitige Sicht aufs Sexuelle. Eltern können aus ihrer Warte Empfehlungen aussprechen, z. B. lustvoll, aber auch mal nüchtern und kritisch zu schauen, was da eigentlich gespielt wird. Und wenn Jungen Pornografie nutzen, kann das Anlass sein, um über Werte zu streiten, um Konflikte zu finden oder umgekehrt, um mit dem Jungen über Sexuelles zu reden. Jungen helfen Informationen und klare Positionen: zum Teil solche, an denen sie sich abarbeiten können, ein bisschen konservativ dürfen Eltern deshalb schon sein; zum anderen Teil aber auch solche, die auf Schieflagen und Risiken aufmerksam machen, auf Gewalt, Abwertung, Ausbeutung, Standardisierung von Sexualität, auch auf Ekelgefühle oder Leistungsdruck. Die meisten Jungen können bei Hochleistungssex nicht mithalten: weder von ihrer körperlichen Ausstattung oder Ausdauer her noch was die offensichtlich erotisierende Wirkung der Darsteller auf Frauen betrifft. Diese Messlatte hängt zu hoch, das kann Jungen verunsichern.

Problematisch sind zudem überfordernde Bilder. Auf der Suche nach Pornografie tauchen Darstellungen auf, die erlaubter Sexualität widersprechen, z.B. Gewaltpornografie oder andere deviante, »harte« Formen, etwa mit Kindern, Tieren, Fäkalien. Eltern sollten, ohne Pornografie insgesamt zu verdammen, auf solche Schattenseiten und Auswüchse hinweisen, besorgte Jugendliche oder Eltern können sich an die Polizei, die Betreiber oder eine Meldestelle (z.B. www.jugendschutz.net) wenden.

*

Jungen sollten ermuntert werden, Illegales im Feld der Pornografie zu melden. Es kommt nicht jeden Tag vor, dennoch ist es leichter, über problematische Inhalte oder Belästigungen zu reden, wenn das schon vorher mal Thema war.

Jungen müssen zudem über rechtliche Aspekte informiert werden, wenn sie selbst pornografisches Material herstellen oder daran beteiligt sind. Weil Pornografie alltäglich wurde, können manche Jungen die Grenzen des Anstands nicht gut einschätzen und kennen den entsprechenden gesetzlichen Rahmen nicht. Viele Jugendliche ahnen nicht, welche Konsequenzen es haben kann, wenn sie sexuelle Bilder oder Filme von sich machen und diese anderen zuschicken; in manchen Schulen hat schon das Zeigen von Pornografie einen Schulverweis zur Folge. Wenn Jungen Pornomaterial weitergeben, wollen sie sich als sexkompetent und männlich darstellen. Manche Jungen nehmen dabei keine Rücksicht auf den Entwicklungsstand der Empfänger, Pornomaterial kann zur Provokation von noch nicht so weit entwickelten Jungen eingesetzt werden – das ist ein grenzüberschreitender Gewaltakt. Manche, vor allem vor oder zu Beginn der Pubertät, sind damit überfordert, leiden darunter und wissen nicht damit umzugehen. Gut, wenn sie offen darüber reden können und jemanden zum Reden haben.

Zur Zeugungsverhütung und zum Schutz vor Krankheiten gehören für Jungen selbstverständlich Kondome zur Grundausstattung. Dies zu vermitteln und zu unterstreichen, ist eine der letzten sexuellen Bildungsaufgaben der Eltern: Deshalb stellen Eltern an einem frei zugänglichen Ort Kondome bereit, auch mit dem Risiko, dass jüngere Jungen damit bevorzugt (aber nicht selten auch kreativ) Blödsinn anstellen.

Sexting? Das macht mein Sohn nicht!

Über Smartphone-Apps wie *Snapchat* oder *WhatsApp* können alle möglichen Inhalte verschickt werden, vom Emoji bis zur Drohung, und auch Sexuelles. Unter Sexting wird fachlich der einvernehmliche Austausch von selbst produziertem, sexuell freizügigem Bildmaterial verstanden (meist Fotos, seltener Videos), es ist eine Form der intimen Kommunikation über Bilder. Der Begriff setzt sich zusammen aus Sex und Texting. Jugendliche können heute solches Material mit ihren Smartphones ohne Weiteres herstellen und machen das auch. Der Trend scheint sich im Steigen zu befinden, es gibt aber noch keine repräsentativen Daten; derzeit haben zwischen einem Zehntel bis einem Drittel der Jugendlichen Erfahrung damit. Der Kick beim Sexting steckt in der doppelten Aufladung: Es geht um Sexuelles und Riskantes – beides zentrale Themen der Jungenpubertät. Nach Sexting zu fragen, ist riskant – ebenso, dass die Bilder ungewollt entdeckt, weitergegeben und veröffentlicht werden könnten.

Sexting-Informationen für Eltern

Animationsclips zum Thema Nacktfotos und Sexting, für Eltern und andere Vertrauenspersonen zum Umgang mit dem Thema: www.innocenceindanger.de/nacktselfies. Unter »Materialien« gibt es dort auch Arbeitsblätter, z. B. Vereinbarungen für Schulklassen.

Solche Bilder oder Filme können missbraucht werden, um andere zu beschämen, zu verletzen oder zu erpressen, für Sextortion: Dieser Begriff setzt sich zusammen aus »Sex« und »Extortion« (Erpressung), es geht um Erpressung mit intimen Aufnahmen. Das Phänomen tritt in Varianten auf, immer wieder sind auch Kinder und Jugendliche davon betroffen. Diese werden z.B. über soziale Medien und Webcams zu sexuellen Handlungen überredet und dann mit dem Material erpresst. Teilweise werden auch Screenshots von Sexting-Dialogen als Druckmittel verwendet. Die Opfer leiden unter Beschämung, Ausgrenzung oder Mobbing. Immer wieder gibt es spektakuläre Geschichten, die durch die Medien getrieben werden und bis zum Suizid führen können; viel häufiger sind kleinere Vorfälle, die sich trotzdem problematisch auswirken. Schwule Jungen sind stärker in Gefahr, Opfer zu werden, wenn Homosexualität tabuisiert und abgewertet wird (wie etwa in bestimmten traditionellen oder religiösen Milieus) und ihre Partner solche Bilder von ihnen besitzen.

*

Realistisch betrachtet kann es durchaus vorkommen, dass Ihr Sohn Pornobilder oder -filme von sich oder seinen sexuellen Partnern macht oder weitergibt. Eltern sollten Jungen auf die Risiken hinweisen, die bei nicht einvernehmlicher Weitergabe solcher Medien auftreten, und das korrekte Verhalten besprechen.

Es gilt: Private Nacktbilder oder Sexvideos kann man machen und sich schicken, wenn es allen Beteiligten gefällt und alle diskret damit umgehen; man darf sie aber grundsätzlich nicht weitergeben, weil es unfair und verletzend ist und es strafbar sein kann.

Wenn der Junge Fragwürdiges oder Gemeines bekommt, sollte er am besten Erwachsene informieren oder um Hilfe bitten (Eltern, Vertrauensperson). Ist der Junge selbst betroffen und weiß, wer dahintersteckt, sollte er diese Person auffordern, die Inhalte zu löschen. Gegebenenfalls muss die Polizei eingeschaltet werden.

7 Beziehungsliebesleben

Das Liebesleben des Sohnes ist ein sensibles Thema. Eltern müssen mit ihrem Sohn in den meisten Fällen nicht über seine Liebesbeziehungen reden, weil sie Eltern nichts oder allenfalls ganz wenig angehen. In ganz unterschiedlichen Beziehungen lieben zu lernen, ist ein Hauptinteresse und eine Hauptaufgabe der Pubertät. Die Liebe in ihren Schattierungen zu entdecken, Liebesbeziehungen einzugehen, die Intimität und genitale Sexualität beinhalten – all das beschert beglückende, möglicherweise auch bedrückende Erfahrungen. Das spüren Eltern, entsprechend interessiert sind sie, wie es ihrem Sohn wohl in Liebesdingen geht, und halten es nur schwer aus, dass sie da draußen gehalten werden.

Selbstverständlich ist es schön, wenn der Junge von sich aus über sein Liebesleben erzählt oder den Eltern Beziehungsfragen stellt, aber das lässt sich nicht erzwingen. Elterliche Neugier wird jedenfalls schnell als zu penetrant wahrgenommen. Was der Sohn und seine Partnerin oder sein Partner miteinander machen, ist deren Sache. Über Beziehungen, Liebe und Sexualität im Allgemeinen lässt sich schon reden, aber das Spezielle ist privat. Es ist mal schön, mal interessant, wenn der Junge von sich aus über sein Verliebtsein oder über die Beziehung redet, dezente und respektvolle Fragen sind je nach dem auch noch erlaubt. Grundsätzlich aber gilt: seine Sache! Das ist eine Frage des Respekts.

Und trotzdem kann das Reden darüber wichtig werden. Gut, wenn der Junge weiß, dass er im Zweifel mit seinen Eltern über

Beziehungsdinge reden kann. Insistieren oder innig hoffen, dass er endlich mal was erzählt, ist nicht notwendig. Wenn das Vertrauen stimmt, erzählt er vielleicht, dass er verliebt ist, oder informiert die Familie: »Ich habe eine Freundin, die bringe ich heute Abend mit, vielleicht übernachtet sie auch hier«, und das fühlt sich entspannt an.

In Beziehung kommen

Wann ein Junge reif für eine Beziehung wird, ist zeitlich nicht genau zu bestimmen, viele Fähigkeiten werden fürs Lieben und Sich-lieben-Lassen gebraucht. Langsamentwickler unter den Jungen sorgen sich, fühlen sich als Mauerblümchen und kommen unter Stress, besonders wenn Gleichaltrige weiter sind oder wenn sie gar einen kleinen Bruder haben, der zu den Schnellentwicklern zählt. Eltern können das wahrnehmen, mit dem Sohn mitfühlen und ihm vielleicht, wenn es passt, Mut machen. Wenn es dem Vater ähnlich ging, kann er bei Gelegenheit auch von sich und seiner Entwicklung erzählen. Wie für den Jungen selbst heißt es aber auch für die Eltern: Abwarten, bis es so weit ist.

Die Eltern realisieren meist erst dann den Entwicklungsschritt ihres Sohnes, wenn sie erfahren, dass er eine feste Freundin oder einen festen Freund hat. Sie interpretieren das dann oft vorschnell als guten Einfluss durch die Partnerin oder den Partner. Es handelt sich aber um eine Wechselwirkung: Der Junge ist gereift, kann deshalb eine Beziehung eingehen, die sich dann wieder positiv auswirkt, nicht zuletzt auf das Selbstbewusstsein und -gefühl des Jungen.

Traditionell sind die Geschlechterrollen bei der Beziehungsanbahnung ungerecht verteilt. Auch das kann ein Gesprächsthema mit Söhnen sein. Die traditionelle Aufgabenverteilung wirkt bis in die heutige Zeit: »Der Mann macht den ersten Schritt.« Das ist aber nur der eine Teil, denn daneben gibt es eine verdeckte Seite der Initiierung von Beziehungen, auch das müssen Jungen wissen: Denn genau genommen wird der Mann von der Frau eingeladen, den ersten Schritt zu machen – eine komplizierte Angelegenheit also, mit für Jungen oft nicht so eindeutig identifizierbaren Signalen.

Jungen sind oft lange vor realen Beziehungen vermehrt mit der Frage beschäftigt, wie sie einen Partner oder eine Partnerin finden könnten: Wie komme ich in Kontakt zu der Person, die mir gefällt? Wie erkenne ich positive Signale? Wie bahne ich eine Beziehung an? Dabei spielen soziale Medien eine immer wichtigere Rolle: Der Junge muss sich attraktiv präsentieren und sein Beziehungsinteresse angemessen ausdrücken können. Durch die Medien hat sich auch das Kontakttempo beschleunigt. Über eine *Whatsapp*-Nachricht zu lange nachzudenken, erst mal nicht zu reagieren, gilt als Desinteresse oder Zurückweisung. Auch deshalb stehen Jugendliche unter Druck, ständig online zu sein, weil man ja eine Beziehungschance verpassen könnte. Auch wenn Jugendliche »zusammen« sind, bleibt das Smartphone bedeutsam. Sie schreiben sich aus Erwachsenensicht zwar belanglose Nachrichten (»Was geht bei dir?«, »Ich langweil mich«), die aber viel bedeuten können, vor allem dies: Sie sind permanent füreinander da.

Vor der Beziehung kommen Verliebtheitsschübe und das Schwärmen, ein schöner Zustand. Ist der Junge unglücklich verliebt und redet darüber, können die Eltern zuhören und dann vielleicht zu anderen Themen überleiten, um ihn ein bisschen abzulenken.

Beziehungsgespräche

Die erste Liebe des Sohnes freut manche Eltern, bei anderen stößt sie weniger auf Begeisterung. Ein sehr sensibles Thema, Sohn und Eltern neigen zur Überreaktion in beide Richtungen. Der Sohn ist empfindlich, weil ihm die Erfahrung fehlt, die Eltern, weil ihnen bewusst wird, dass seine Liebe jetzt vorrangig einer anderen Person gilt. Wenn Eltern mitfühlen, fällt es dem Sohn leichter, sich ihnen anzuvertrauen, wenn es mal klemmt.

Bei der Beziehungsbildung und dann bei Fragen zu Liebesdingen ändert sich die diskrete Haltung der Eltern in zwei Fällen: Wenn der Sohn das Gespräch sucht, wenn er sich gerne mitteilt oder wenn er aktiv seine Mutter oder seinen Vater um Rat fragt oder um Hilfe bittet – dann dürfen sie selbstverständlich auch nachfragen; und wenn Eltern Beziehungsrisiken kommen sehen, die zu groß werden. Eltern wollen nicht, dass der Sohn leidet oder Schaden nimmt. Sie machen sich Sorgen, wenn der Sohn keine Partnerin oder keinen Partner hat; und umgekehrt genauso, wenn es nicht sofort die oder der Richtige ist. Dass sich Jungen in den ersten Beziehungen verändern, ist zwar ganz normal, trotzdem befürchten Eltern dann schnell, ihr Sohn würde sich von der oder dem Liebsten übermäßig beeinflussen lassen (natürlich zum Schlechten!), sie oder er würde ihn gar ausnutzen.

Eltern fällt es oft schwer mit anzusehen, wie ihre Kinder Liebes- und Sexualbeziehungen eingehen. Sie müssen sie dafür loslassen, und sie sehen die Gefahren, die sie aus eigener Erfahrung kennen oder die sie aus Angst vermieden haben. In der Pubertät stapft der Sohn munter hinein ins eigene Beziehungsleben, mit all seinem Hirn-, Hormon- und Männlichkeits-Chaos. Das fühlt sich für Eltern nicht so toll an, manchmal sind sie hin- und hergerissen zwischen dem Bedürfnis, ihn zu schützen, und dem Anspruch, ihm Freiraum zuzugestehen. Interessanterweise haben Töchtereltern diesbezüglich mehr Sorgen – seltsam, denn natürlich können auch Jungen in Beziehungen leiden und sind Risiken ausgesetzt.

Umgekehrt verhalten sich Jungen in Beziehungen selbst oft nicht besonders verantwortlich und ehrenhaft. Wenn Eltern das mitbekommen, dürfen sie ihrem Sohn sagen, dass sie das nicht in Ordnung finden.

WAS MACHE ICH, WENN …

… mein Sohn will, dass seine Freundin oder sein Freund bei uns übernachtet?

Erst mal: Freuen Sie sich, das ist ein Vertrauensbeweis und – wenn Sie gleichzeitig in der Wohnung sind – auch ein Beleg dafür, dass Ihr Sohn sich nicht für seine Familie schämt. Das elterliche Verhalten hängt dann von verschiedenen Faktoren ab: von der Situation, dem Platz, den Wertvorstellungen, von dem Partner/der Partnerin des Sohnes und von dessen/deren Eltern und davon, ob die Sache mit Sex und Verhütung schon besprochen wurde. Grundsätzlich spricht ja eigentlich nichts dagegen.

Und wenn Sie die Freundin oder den Freund Ihres Sohnes nicht mögen? Verbote sind nicht angebracht. Eltern sollten versuchen zu verstehen, was ihr Sohn an diesem Jungen oder Mädchen so mag oder so toll findet. Sie können ihn auch danach fragen, möglichst ohne gereizten Unterton. Sie können die Person einladen, um sie besser kennenzulernen, oft merken sie dann, dass er oder sie gar nicht so blöd ist. Selbst wenn sie oder er dabei keine Pluspunkte bei ihnen machen konnte, sollten sie sich zurückhalten und abwarten. Erste Liebschaften gehen oft schnell wieder zu Ende, gegenseitige Verletzungen und Überreaktionen sind dann unnötig.

Was tun, wenn Eltern vermuten, dass der Sohn in einer Partnerschaft ist, die ihm schadet? Wenig hilfreich ist, mit dem Finger auf Partnerin oder Partner zu zeigen und zu sagen: Die bzw. der ist schlecht für dich. Wenn sich der Sohn durch seine Freundin oder seinen Freund über eine Zeit hinweg deutlich negativ verändert, können Eltern versuchen, sich einzumischen, indem sie deutlich machen, was sie sorgt oder wo sie kritische Punkte wahrnehmen:

* Wir möchten mit dir über die Beziehung mit … reden.
* Ich möchte dir meine Sicht schildern. Die kann natürlich falsch sein, aber ich möchte über den Punkt mal mit dir reden.
* Ich nehme das so wahr, meine Sicht ist diese … Ich bitte dich, auf diese Gefahr aufzupassen.

Gut möglich, dass der Sohn empört ist über diese Einmischung oder dass er demonstrativ zumacht; vielleicht bringt es ihn aber auch zum Nachdenken. Problematisch ist es, wenn er die Beziehung aus Angst oder Scham verheimlicht.

> *
>
> Liebenkönnen beginnt mit dem Geliebtwerden. Leider sind Eltern ihren Söhnen gegenüber oft eher zu sparsam dabei, ihrer Liebe zu ihm Ausdruck zu geben, ihm also zu zeigen und zu sagen, dass sie ihn lieben. Sicher, es ist schön, wenn der Junge das ohnehin weiß und spürt, und klar, es sollte nicht zur ständig wiederholten Floskel verkommen. Aber es gehört auch in die glückliche Pubertät des Jungen, wenn er immer wieder mal gesagt bekommt, dass er geliebt wird – und erleichtert es ihm, sich in Liebesdingen mitzuteilen.

8 Aggression und Gewalt

In der Pubertät steigt gerade bei Jungen die dreifache Gefahr der Gewalterfahrung: Sie können Opfer, Täter oder Zeuge werden – drei unterschiedliche Gewaltrisiken und Anlass, das Gespräch zu diesem brisanten Gebiet zu suchen. Schlägereien, Raub, Erpressung, Mobbing kommen in dieser Lebensphase vermehrt vor, und Jungen sind deutlich häufiger darin verwickelt als Mädchen. Laut der polizeilichen Kriminalstatistik sind Jungen im Vergleich zu Mädchen doppelt so häufig Opfer von Körperverletzungen, und zwar sowohl in der Kindheit als auch in der Jugend. Gegenüber erwachsenen Männern haben Jungen ein dreimal so hohes Risiko, Opfer von körperlichen Angriffen zu werden. Eltern sind meistens von beidem geschockt: wenn der Sohn ein Mobber ist, der andere verprügelt, oder wenn er Opfer von Gewalt wird. Gespräche sind dann unvermeidlich. Aber weil das Risiko so groß ist, müssen Eltern mit ihren Söhnen unabhängig von tatsächlichen Gewalterfahrungen über das Thema sprechen.

Erlebte Gewalt

Das Robert-Koch-Institut veröffentlichte 2008 eine Studie, die auch die Gewaltrisiken für Pubertierende in Deutschland ermittelte. Ein knappes Drittel aller 11- bis 17-jährigen Jungen war innerhalb eines Jahres von Gewalterfahrungen selbst betroffen; jeder fünfte Junge hatte nach eigenen Angaben Gewalterfahrungen ausschließlich als Täter, jeder zwanzigste Junge gab an, ausschließlich Opfer von Gewalt gewesen zu sein; als »sowohl Opfer als auch Täter« bezeichneten sich rund 8 Prozent der Jungen.

Dass Jungen sich auch körperlich auseinandersetzen wollen, ist normal. Sie müssen aber lernen, dies innerhalb eines Regelrahmens zu tun, damit es nicht in aggressive Gewalt ausartet. Dieses Lernen findet üblicherweise in der Kindheit statt. Allerdings erwerben viele Jungen hier nur wenig Kompetenzen, weil nicht zwischen der positiven, selbstbehauptenden Aggression und gewaltförmigem Handeln unterschieden wird. Zwischen der Aggression und dem, was von anderen als Gewalt erlebt wird, liegt oft eine nicht eindeutige Grauzone. Die Grenze zu bewerten und zu bestimmen, fällt vielen Pubertierenden nicht leicht. Deshalb kommt es schneller zu Überschreitungen. Das darf auch sein, denn die Kompetenz wächst mit der Erfahrung. Gut ist es, wenn der Junge über Handlungsmodelle verfügt, wie er sich verhalten kann, wenn er übers Ziel der selbstbehaupteten Aggression hinausgegangen ist und andere verletzt hat: Verantwortung übernehmen, sich entschuldigen, Schäden beseitigen, Wiedergutmachung anbieten.

Unklar ist, inwieweit gewalthaltige Medien Jungen desensibilisieren und dazu beitragen, dass sie gewalttätig werden. Sehr viele Jungen (83 Prozent!) haben bereits einmal Computerspiele gespielt, für die sie »eigentlich« zu jung sind, die Hälfte aller Jungen bestätigt, selbst regelmäßig »besonders brutale« Computerspiele zu spielen. Die beiden wichtigsten brutalen oder gewaltaffinen Spiele sind *Call of Duty* und *Battlefield* – beide bieten kriegsverherrlichende Szenerien mit soldatischem Männlichkeitsethos. Riskant kann bei solchen Spielen die subtil vermittelte Basis-Botschaft sein, dass das Leben ein Kampf ist und aggressiv-kämpferisch, also auch gewalttätig, bewältigt werden muss. Vor allem dann, wenn man sich auf der Seite »der Guten« verortet und deshalb Gewalt unreflektiert für gerechtfertigt hält. Als kritisch für die soziale und psychische Gesundheit kann darüber hinaus gewertet werden, dass potenziell Empathie und Mitgefühl systematisch »abtrainiert« werden.

Täter, Opfer, Zeuge

Bei jugendlicher Gewalt lässt sich oft nicht eindeutig festmachen, wer Täter und wer Opfer ist. Provokationen können sich hochschaukeln, Rangeleien arten aus, und es ist unklar, wer »angefangen« hat. Eltern sind zurecht entsetzt, wenn ihr Sohn andere bedroht oder schlägt. Gewaltausbrüche in der Kindheit oder der Pubertät sind heftige Alarmzeichen. Gerade Eltern sollten sie nicht herunterspielen, weil der Sohn sonst damit Erfolge verbucht und lernt, dass er damit durchkommt. Neben der Erziehung und einer persönlichen Veranlagung haben das Umfeld, vor allem die Gleichaltrigen und die Medien einen Einfluss darauf, ob ein Junge gewalttätig wird.

Während der Pubertät lassen zwei Faktoren Gewaltübergriffe wahrscheinlicher werden: Auf der einen Seite stehen die pubertäre Impulsivität, heftige Emotionen und ein gieriges Belohnungszentrum, die eigentlich eine vernünftige Kontrolle und Steuerung bräuchten. Dem steht jedoch ein gerade darin noch nicht ausgereiftes Gehirn gegenüber, das solches Geschehen nicht oder zu spät registriert, es nicht reflektiert und deshalb nicht angemessen reagiert. Sind andere Jugendliche, und besonders ähnlich unreife Jungen, beteiligt, erhöht sich das Gewaltrisiko. Aus einer Laune heraus kann sich schnell eine zerstörerische Dynamik entwickeln, und es verlangt viel Kraft, sich davon distanzieren zu können. Viele pubertierende Jungen verfügen noch nicht über ausreichende Impulskontrolle und Reflektiertheit, sie lassen sich mitreißen: Sachbeschädigungen, Drohungen, Mobbingaktionen, körperliche Gewalt gegen Schwächere entstehen daraus. Und schließlich gibt es auch gezielte und bewusste Gewalttaten, mit denen Jungen ihre Grandiosität und ihr Machtvolumen spüren möchten.

Jungen wählen häufig Gewalt, wenn ihnen unter Stress Handlungsalternativen fehlen. Gerade für Jugendliche ist Gewalt eine Form der Selbstbehauptung und der Selbstwertstabilisierung über Machtgefühle, auch die erwünschte Statusverbesserung und die Aufmerksamkeit durch Gleichaltrige motivieren Jungen zur Gewalt. Zudem wird vermutet, dass ein Teil der gewalttätigen Jungen an Depressionen leiden, die durch die Gewalt »maskiert« werden.

Gewalttätige Jungen brauchen klare Konfrontationen und Grenzen, aber auch Zuwendung, Hilfe und Unterstützung wie Therapie und Perspektivenangebote. Der Junge darf durch Gewalt keinen Nutzen erfahren, sondern muss Verantwortung für sein falsches Verhalten übernehmen, für das es keine Rechtfertigung gibt. Für falsches Verhalten gibt es keine »guten Gründe«, Warum-Fragen sind in Gesprächen nicht angebracht. Eine wirksame Konsequenz besteht darin, entstandenen Schaden wiedergutmachen zu müssen, etwa finanziell, durch tätige Reue oder über einen Täter-Opfer-Ausgleich. Gerade bei Gewalt ist es schwer, aber wichtig, Tat und Täter zu trennen. Seine Tat wird zwar verurteilt, aber der Sohn als Person wird weiter geschätzt und geliebt. Bei Gewaltverhalten ist es sowohl für die jugendlichen Täter wie auch ihr Umfeld sinnvoll, sich professionelle Hilfe zu suchen: Sprechen Sie das Jugendamt oder einen Kinder- und Jugendpsychologen an, ebenso können Sie sich an eine Erziehungsberatungsstelle oder die Polizei wenden.

Opfer von Gewalt zu werden, ist für Jungen eine kritische Lebenserfahrung, der sie öfter ausgesetzt sind als Mädchen. Söhne werden z. B. von Vätern und Müttern eher heftig geschlagen als Töchter, auch außerfamiliär sind Jungen doppelt so häufig Opfer von schwerer körperlicher Gewalt. Die Folgen solcher Gewaltereignisse sind erheblich, neben den körperlichen Verletzungen sind es vor allem die traumatisierenden Erfahrungen, die große Probleme verursachen: Sicherheitsgefühl und Selbstwertgefühl werden beeinträchtigt, Depressionen können ausgelöst werden.

Opfer zu sein oder zu werden, ist für Jungen persönlich, aber auch in der Auseinandersetzung mit ihrer Geschlechtsidentität, problematisch. Die männliche Erwartung ist, Täter, nicht Opfer zu sein: »Du bist doch ein Junge, du musst dich wehren können!« Männliche Leitbilder beinhalten die Anforderung, Überlegenheit und Stärke zu zeigen und eine autonome Lebensbewältigung zu praktizieren, ohne auf andere angewiesen zu sein. Das bedeutet im Umkehrschluss, dass es unmännlich ist, zu unterliegen, Verlierer zu sein oder gar Opfer zu werden. Darauf weist die abwertende Verwendung des Begriffs »du Opfer« im Jungenalltag hin. Selbst Opfer zu sein, stellt eine heftige Schwächung, eine Kränkung des männlichen Selbstverständnisses dar. Logisch, dass es dies zu vermeiden gilt, weshalb man sich das Opfer-Werden quasi verbietet. Kulturelle Stereotype transportieren diese Haltung (»Ein starker Junge weint doch nicht« oder »Ein Indianer kennt keinen Schmerz«). Die Möglichkeit zur männlichen Identifikation bietet sich im Gegenteil des Opferseins: einer zu sein, der stark ist, weil er anderen hilft, weil er andere beschützt, für andere sorgt – insbesondere für Frauen, seine Familie, seine soziale Bezugsgruppe.

Weil sich die Opferseite nicht mit dem Männlichen in Verbindung bringen lässt, wird sie stärker tabuisiert und weniger problematisiert (»Damit wirst du schon fertig/Das kannst du doch wegstecken«): Und so leiden Jungen, die Opfer wurden, nun doppelt darunter. Sie fragen sich, wie sie ihr Männlich- und das Opfersein zusammenbringen können. Das muss in Gewaltgesprächen thematisiert werden, um diesen Konflikt zu entschärfen. Gewalt erleiden zu müssen, kann eine traumatische Erfahrung sein; mit einem Gespräch ist es nicht getan, es ist gut, sich nach solchen Vorfällen professionelle Hilfe zu suchen. Weil Jungen sich oft nicht eingestehen wollen, dass sie Opfer wurden, nehmen sie auch selten Unterstützung, Schutz und Hilfe in Anspruch. Dies würde ja das eigene Opfersein bestätigen – und meist wird diese Selbstwahrnehmung auch vorausgesetzt: ohne Opferstatus, keine Hilfe. So liegt bei Jungen und Männern die Dunkelziffer bei psychischen Störungen wie Depressionen oder bei Essstörungen höher, weil sie demonstrativ nicht auf Hilfe angewiesen sein wollen.

Die dritte Position im Gewaltgeschehen ist die des Zeugen oder Zuschauers. Ein guter Teil des Gewalthandelns von Jungen ist die Machtdemonstration, die Zuschauer benötigt. Zeugen, die nicht einschreiten, obwohl sie es könnten, billigen das Verhalten des Täters und stärken ihn. Sie sind dann für die Gewalttaten mitverantwortlich. Zuschauer müssen keine Helden sein. In extremen Gewaltsituationen ist es besser und auch Aufgabe des Zeugen, Hilfe zu holen, die Polizei zu rufen. Im ganzen Vorfeld von noch verkappter Gewalt kommt es auf die Courage an. Das können Eltern in Gewaltgesprächen vertreten: Gerade Jungen brauchen die Aufforderung einzuschreiten, wenn etwas nicht in Ordnung ist, durchaus auch mit einer moralischen Aufladung: Faire Kämpfe sind männlich, unfaire sind unmännlich, genauso wie sich nicht couragiert einzumischen, wenn unfair gekämpft wird.

Gewalt in der Familie

Gewalt ist während der Pubertät nicht nur außerhalb der Familie ein Jungenthema, auch hier können Jungen Täter und Opfer von Gewalt werden. Wegen der oft angespannten Situation kommen Eltern an ihre Grenzen und schlagen zu. Manche Jungen provozieren das, vor allem wenn oder weil sie wissen, dass es ein Eingeständnis von Schwäche ist, wenn sich Eltern nicht im Griff haben, sondern etwas (auch gesetzlich) Verbotenes tun. Kommt es zu elterlicher Gewalt, sollte Unterstützung von außen hinzugezogen werden.

• • • • • • • • • •

Sabine hat seit Längerem heftige Konflikte mit ihrem Sohn, es geht ums Smartphone. Julian provoziert, jetzt eskaliert der Streit, Sabine schreit Julian an: »Wenn du jetzt nicht sofort das Ding wegtust, dann scheuer ich dir eine, aber echt.« Julian lenkt zwar ein und folgt, geht aber am nächsten Tag zur Schulsozialarbeit und erzählt dort den Vorfall aus seiner Sicht: »Meine Mutter hat mir Prügel angedroht! Vielleicht schlägt sie nächstes Mal wirklich zu …« Die Schulsozialarbeiterin sieht Gefahr im Verzug und meldet den Vorfall ans Jugendamt weiter, noch am selben Tag ruft eine Mitarbeiterin bei Sabine an und lädt sie zum Gespräch ins Amt. Es wird eine Familientherapie »verordnet«, alle gemeinsam, und dann noch Einzelgespräche zwischen Julian und seiner Mutter, seinem Vater, Gespräche der Eltern mit dem Therapeut – das volle Programm.

Inzwischen, zwei Jahre später, lacht Sabine darüber, aber damals war es für sie doch eine große Sache, die die ganze Familie sehr beschäftigt, aber letztlich auch weitergebracht hat.

• • • • • • • • • •

Umgekehrt werden auch Söhne gegenüber ihren Eltern oder Geschwistern gewalttätig. Während bei geschwisterlicher Gewalt die Eltern einschreiten, sind Eltern, die Opfer von Gewalt ihrer Söhne werden, in einer schwierigen Lage. Niemand weiß, wie viele Fälle es tatsächlich sind; geschätzt werden etwa zehn Prozent aller Eltern mindestens einmal körperlich von ihren Kindern attackiert, mehr von Jungen. Männliche Jugendliche setzen bei Wutanfällen oder Konflikten gern mal den Körper mit ein. Die Scham der Eltern ist groß. Gewalt durch pubertierende Jungen in der Familie bleibt hinter der Wohnungstür, erst recht, wenn Eltern den Schlägen der eigenen Kinder ausgesetzt sind. Es besteht die erhöhte Wahrscheinlichkeit, dass Eltern, die ihre Kinder schlagen oder sich anders respektlos ihnen gegenüber verhalten, es von diesen mit der gleichen Münze zurückbezahlt bekommen. Wenn es noch möglich ist, kann es in solchen Fällen helfen, gemeinsam Streitregeln zu definieren. Was ist erlaubt, wenn es Ärger gibt: Schimpfworte schreien, Türen knallen? Ab der Pubertät sollten hier in etwa die gleichen Regeln für Eltern und Jugendliche gelten. Wichtiger als das Regelaufstellen ist es aber, die Beziehung zu verbessern und das Gespräch zu suchen.

WAS MACHE ICH, WENN …

… mein Sohn gegenüber seinen Geschwistern oder Eltern gewalttätig wird?

Stellen Sie sich sofort und mit all Ihrer Kraft gegen dieses destruktive Verhalten. Im Zweifel, wenn er dann nicht sofort aufhört, holen Sie die Polizei. Gewalt innerhalb der Familie verweist auf erhebliche psychische Probleme beim jugendlichen Täter, sie kann auch ein Hinweis auf eine psychische Störung sein. In jedem Fall sind die sozialen Probleme in der Familie erheblich. Zögern

Sie nicht, sich Unterstützung zu organisieren, kontaktieren Sie z. B. eine Erziehungsberatungsstelle, die Kinder- und Jugendpsychiatrie, die Polizei oder das Jugendamt.

Mobbing

Mobbing ist gezielte, wiederholte, andauernde und systematische Ausgrenzung, Abwertung oder Schikane über einen längeren Zeitraum. Es ist eine Form der Gewalt, die ähnlich schmerzhaft und traumatisierend erlebt wird wie körperliche Gewalt. Ausgrenzung ist in hohem Grad ungesund und belastend. Nicht jeder Streit oder jede Rangelei ist Mobbing. Die Unterscheidung ist wichtig, weil sonst »echte« Mobbingfälle untergehen oder nivelliert werden: Um Mobbing handelt es sich bei systematischer und dauerhafter Abwertung. An Orten, wo Menschen als Gruppen für längere Zeit zusammenkommen, und vor allem wo sie zusammenkommen müssen und nicht ausweichen können, gibt es mehr Mobbing. Die Schule ist dafür also leider ein idealer Ort (es gibt aber auch Mobbing in anderen Kontexten, etwa in Vereinen, Schulbussen oder Jugendtreffs). Ob im realen Kontakt oder online gemobbt wird, macht im Erleben keinen Unterschied, wohl aber in der Dauer der Belastung. Reales Mobbing wird mit der Schulglocke unterbrochen, das digitale (Cyber-)Mobbing findet rund um die Uhr statt. Zudem werden bei Letzterem die Attacken dokumentiert – die Aggression kann sich im Netz verbreiten und wird dort gleichsam »verewigt«.

Manche Jungen mobben, um sich gut zu fühlen, um vor oder mit anderen Stärke zu demonstrieren oder um Angriffe auf sich zu verhindern; andere rutschen einfach ins Mobben hinein und wissen nicht, wie sie wieder rauskommen. Nährboden für Mobbing sind Egoismus und Ellenbogenmentalität. Häufiger gemobbt wird dort, wo Fairness und Solidarität weniger zählen als Konkurrenz und Aggression, in einem Klima, in dem andere diskriminiert werden und mit Aggressivität Erfolge erzielt werden. Jungen agieren ihre Macht übers Mobbing aggressiv aus: Indem sie andere ausgrenzen, beweisen sie ihre Zugehörigkeit zur Gruppe, es geht um Anerkennung und um den eigenen Status. Andere zu verletzen, nehmen sie dabei nur in Kauf, es ist nicht das eigentliche Ziel. Aber Mobbing braucht vor allem auch Zuschauer und Unterstützer, wenn niemand applaudiert oder die Sache toleriert, macht Mobbing keinen Sinn. Wenn gemobbt wird, gibt es Mitläufer und Zuschauer, die Tätern durch ihr Nichteingreifen das Mobbing erlauben.

Wenn ein Fall bekannt wird, ist reagieren angesagt. Dabei geht es um den Schutz der Opfer, Täter sind ebenfalls entwicklungsbedürftig; sie müssen mit dem konfrontiert werden, was sie angerichtet haben, aber auch sie brauchen Unterstützung, um andere Wege zu finden, wie sie Anerkennung bekommen. Als Eltern schnell mal selbst einzugreifen, den Täter oder seine Eltern zu stellen oder anzusprechen, ist riskant fürs Opfer; es sorgt nämlich für Aufmerksamkeit für den Mobber (ein Erfolg für ihn) und wertet, wenn es ein Junge ist, gleichzeitig das Opfer ab: ein schwacher Junge, der sich nicht helfen kann, seine Eltern müssen das erledigen, wie peinlich. Besser ist es also, sofort Lehrkräfte und die Schulleitung zu informieren. Manchmal lässt es sich nicht vermeiden, sich damit auch über den Willen des Sohnes hinwegzusetzen.

> Mobbing ist nicht das Problem des Opfers,
> sondern das aller Beteiligten!

In Deutschland gibt es mittlerweile zahlreiche Projekte und Organisationen gegen Mobbing (z. B. www.mobbing-schluss-damit.de), aber noch keine systematische Evaluation der Ansätze. In der Landschaft der Mobbingintervention gibt es deshalb viel Versuch und leider auch viel Irrtum.

WAS MACHE ICH, WENN ...

... mein Sohn gemobbt wird?

Viele Jungen tun sich schwer damit, sich als Opfer zu sehen. Sie halten die erlittenen Aggressionen viel zu lange aus, wehren sich nicht und stabilisieren damit das Mobbingsystem. Aber wenn Ihr Sohn gemobbt wird und wenn Sie davon etwas mitbekommen, ist es höchste Zeit, schnell aktiv zu werden; dafür gibt es kein Patentrezept: die Klassenlehrerin oder den Klassenlehrer, Trainerin oder Trainer informieren und um Mithilfe bitten; sich an eine Erziehungsberatungsstelle wenden; Anzeige erstatten.

... mein Sohn mobbt?

Auch das kommt vor. Wenn Ihr Sohn mobbt und Sie davon etwas mitbekommen – etwa durch Eltern oder Lehrkräfte –, sind Sie gefordert: Reden Sie mit Ihrem Sohn, führen Sie das Gespräch über Gewalt, verurteilen Sie nicht Ihren Sohn, sondern sein Mobben; teilen Sie ihm mit, welche Gefühle (Scham, Schuldgefühle, Ärger, Trauer) sein Verhalten bei Ihnen auslöst. Verlangen Sie von ihm, dass er sofort, unverzüglich damit aufhört; regen Sie an, dass er sich um Wiedergutmachung zu kümmern hat; forschen Sie gemeinsam mit ihm, wie er auf legale und menschenfreundliche Weise zu Anerkennung und Wertschätzung kommen könnte.

Gewaltgespräche

Weil Gewalt, genau betrachtet, alltäglich stattfindet, finden sich immer wieder auch Anlässe, um in Gewaltgespräche einzusteigen. Aber auch unabhängig von konkreten Vorfällen können Väter und Mütter Pubertierenden sagen, dass sie mit ihnen mal über Gewalt reden wollen.

Gespräche zu Gewalt drehen sich um Vorbeugung, Schutz und um das »richtige« Verhalten, auf der Täter- wie auf der Opfer- und Zeugenseite:

* Wie geht der Junge mit seinen Aggressionen, mit Ärger und Wut um? Meistens wird Gewalt moralisch verurteilt, es wird einfach erwartet, dass Jugendliche sich beherrschen können, aber es werden ihnen keine Techniken dafür vermittelt. Sport bietet generell sozial verträgliche Formen, um Dampf abzulassen: Beispielsweise kann ein Boxsack zwischendurch gute Dienste leisten. Die Wut lässt sich auch besänftigen, wegatmen, oder man kann kritische Situationen verlassen, bevor es knallt.
* Wie kann sich der Junge davor schützen, Opfer zu werden? Durch das Üben von Selbstverteidigung, durch Deeskalierungsstrategien, verlässliche Gleichaltrige oder das Vermeiden heikler Situationen. Gleichermaßen kann erörtert werden, wie es geht, auch als Opfer einer Gewalttat männlich zu bleiben: »Wie geht männliches Bewältigen des Opferseins?«
* Schließlich ist auch die Zeugenperspektive bedeutsam, mit der Frage, wie sich diejenigen richtig verhalten, die Zuschauer von Gewalthandlungen sind. Auch sie haben Verantwortung, auch sie brauchen Schutz.

9 Berauschte Pubertät

Die Pubertät ist eine Phase der Experimentier- und Risikofreude, der Neugier, der Unbekümmertheit und des Wunsches, sich abzugrenzen – all das begünstigt den Griff nach berauschenden Substanzen. Die Jugendlichen kommen an vielen Stellen mit Drogen in Kontakt, virtuell, in Gesprächen und Prahlereien anderer Jungen oder bei realen Offerten. Das Angebot ist groß und verbreitert sich ständig: Alkohol, Nikotin, Cannabis, Psychopharmaka, Glücksspiele – für Rauschwünsche gibt es viele Transportmittel. Zu wissen, welche Drogen zu einem passen oder welcher »Rauschtyp« man ist, kann auch zur Identitätsfindung gehören.

Kiffen war lange eine Form des Protests (mittlerweile ist es eher Mainstream).Über Alkohol- oder Drogenkonsum kann aber auch die Zugehörigkeit zu einer bestimmten Gruppe markiert werden: Zusammen zu rauchen oder synthetische Drogen zu nehmen, gehört zu bestimmten Musikszenen. Rauschartige Zustände werden auch bei Wettspielen erreicht, wenn riskante Einsätze auf dem Spiel stehen. Die Konsum-, Spaß- und Genussgesellschaft vermittelt zudem, dass es ein Recht auf grenzenlose Vergnügungen gibt, der Rausch ist die komprimierte Variante davon.

Immer mehr Jungen – und deutlich mehr als Mädchen – sind an den Konsum psychoaktiver Substanzen gewöhnt, weil ihnen in der Kindheit oft vorschnell das Psychopharmakon Methylphenidat (Ritalin und andere Marken) verschrieben wurde. Andere erleben die Mechanik und registrieren sie als normal: ein Problem – ein Mittel – erledigt.

Alle Rauschmittel wirken aufs Gehirn. Besonders weil dieses sich in der Pubertät gerade massiv weiterentwickelt, sind die Folgen unkalkulierbar. Auch die Identitätsfindung wird durch zu viel Rauscherfahrung beeinträchtigt, »schlummernde« psychische Erkrankungen können durch den Konsum von Rauschmitteln zum Ausbruch kommen. Das alles müssen Jungen wissen. Möglichkeiten zu Rauscherfahrungen, die in Abhängigkeit führen können, bieten sich nun häufig. Es lässt sich weder vorhersehen, ob und welches Angebot Jungen annehmen, noch wie Mütter und Väter im Ernstfall darauf reagieren. Risikoverhalten tendiert immer zum Extrem, weshalb auch Eltern an Grenzen kommen, die sie vorher nicht kannten. Männliches Rauschverhalten ist härter: Jungen rauchen mehr, trinken größere Mengen und häufig auch Höherprozentiges (auch weil sie Alkohol meist besser vertragen) und kiffen exzessiver.

Unsere Söhne sollten darauf vorbereitet sein, Prävention genügt dafür nicht. Eltern hoffen, die Jugendlichen durch Informationen zu Rauschmitteln vor Suchtfolgen schützen zu können. Allerdings setzt sich kein Junge vor dem dritten Glas Bier oder dem ersten Joint hin, ruft sein Wissen ab oder macht eine Nutzen-Risiko-Analyse und entscheidet sich dann gegen den Konsum. Die Motive sind weniger rational: Auf Drogenexperimente lässt man sich eher aus dem Affekt ein, gesteuert aus dem Unbewussten. Kennen Jungen ihre Sehnsüchte und Impulse besser, sind sie mit ihren Entgrenzungswünschen vertrauter, mindert das die Risiken etwas ab, die hinter Rauscherlebnissen lauern.

Gesetzeslage zu Alkohol, Rauchen und Drogen

14- bis 15-Jährige dürfen Wein, Bier oder Sekt nur in Begleitung der Eltern trinken, ab 16 Jahren sind Bier, Wein und weinhaltige Getränke erlaubt, ab 18 Jahren alle anderen Alkoholika und Rauchen (auch Shisha). Illegale Drogen und Anabolika (muskelaufbauende Mittel) sind grundsätzlich verboten!

Genuss und Rausch sind nicht einfach schlecht, sondern manchmal angenehm, wenn sie gute persönliche und gemeinschaftliche Erfahrungen ermöglichen. Nur der Weg dahin kann problematisch sein. Entscheidend ist: ob der Junge etwas macht, weil es sich gut anfühlt oder weil er etwas anderes verdrängen oder beseitigen will. Und natürlich kommt es auf das Mittel an, mit dem der Rausch erzielt wird.

Berauscht vom Männlichen

Jungen sind in allen Kategorien der Rauschmittel häufiger dabei als Mädchen: Sich zu berauschen und Männlichsein passt in der Vorstellung vieler Menschen gut zusammen. Das verstärkt bei Jungen die Sehnsucht nach solchen Grenzerfahrungen: »Gleichzeitig mein Männlichsein demonstrieren und geile Erfahrungen machen – was will ich mehr?« In unserer Kultur markiert vor allem Alkohol Erwachsensein und Männlichkeit; sein Konsum ist mit Bildern des Männlichen verknüpft, wer Alkohol konsumiert, symbolisiert seinen männlichen Status. Als Junge muss man etwas vertragen, Leitsätze wie »Harte Männer trinken harte Sachen« helfen auch bei der Abgrenzung vom Weiblichen, was im

Umkehrschluss Männlichsein beweist; in westlichen Kulturen gilt das Motto »Real boys drink – nice girls don't«. Bisweilen zählt der erste Rausch als eine Art Initiation, als Männlichkeitsritual, ein Beweis dafür, männlich zu sein, und eine notwendige Erfahrung, um mitreden zu können. Neben Alkohol und Nikotin tragen auch illegale Drogen zur Demonstration des Männlichen bei, besonders deshalb, weil sie verboten sind: Ganz verwegene Kerle setzen sich über Gesetze hinweg, weshalb beim Kiffen der Mythos einer Desperado-Männlichkeit mitschwingt. Natürlich kann ein Rausch auch ein Beleg für Unmännliches sein: sich nicht im Griff haben, die Kontrolle verlieren. Und wenn der Notarzt kommen muss, ist das für viele Jungen keine Heldentat, sondern peinlich.

Auf der anderen Seite kann die Sehnsucht nach Berauschung auch dem Wunsch entspringen, enge Vorgaben der Männlichkeit zu überschreiten: endlich aus sich herauszugehen, sich nicht mehr zu kontrollieren; nichts mehr bringen zu müssen, stattdessen Spaß haben zu dürfen und die eigene Gefühlswelten intensiv wahrzunehmen und zu äußern. Manche Jungen möchten gern die Grenzen des Männlichen überwinden, die sich durch Konkurrenz und Distanz bilden, sie tragen eine Sehnsucht nach intensiverem Kontakt und engeren Verbindungen mit anderen in sich; Möglichkeiten und Wege dafür öffnen sich mit Unterstützung durch Alkohol oder Cannabis, der Rausch erlaubt solche Erfahrungen der Nähe. Unabhängig von den Gefahren geht es auch darum, diese verdeckten Reize der Rauschmittel wahrzunehmen und alternative Erlebnismöglichkeiten zu öffnen. Rauschwünsche oder -erfahrungen beinhalten manchmal die Frage nach Alternativen, die weniger schädigend sind, orgiastische Wirkung haben, aber männlich legitim sind: Beim Verlieben, in der Sexualität, bei Konzerterlebnissen oder beim Tanzen können solche Empfindungen auch ohne Drogen entstehen.

*

Heutige Eltern haben häufig selbst früher schon Drogenerfahrungen gemacht, sie kennen möglicherweise die entspannenden, bewusstseinserweiternden oder beglückenden Effekte. Trotzdem sollten Eltern auf den Drogenkonsum ihrer pubertierenden Söhne nicht zu tolerant, gar drogenbefürwortend reagieren. Die Risiken problematischer Auswirkungen auf die Psyche sinken erst nach der Reifung des Gehirns; stabile psychische Strukturen machen den Unterschied. Später können Eltern dann mehr erzählen oder zu solchen Erfahrungen raten.

Alkohol

Kommt der Sohn mehr als angeheitert nach Hause und liegt dann sturzbetrunken im Badezimmer – sind die Eltern fassungslos. Ist dann vor allem Strenge gefordert? Nein, zuerst braucht er Hilfe, vielleicht auch Mitgefühl oder ein paar Tipps. Dann müssen Eltern abwarten, bis der Alkohol abgebaut ist, sie können sich so lange freuen, dass nichts Schlimmes passiert ist. Am nächsten Tag, wenn der Rausch vorbei ist, ist die Zeit fürs Gespräch gekommen. Im Gespräch können sich Eltern dafür interessieren, wie das passiert ist, können ihre Sorgen mitteilen und ihn auf seine Verantwortung für seine Gesundheit hinweisen. Auch Nachfragen oder Vermutungen, warum so viel Alkohol in ihn geflossen ist, sind möglich: »Trinkst du, weil alle trinken?« Vor allem geht es aber darum, dass die Eltern zuhören, was ihr Sohn zu sagen hat. Vielleicht wird ihm dabei etwas bewusst. Oder war es ein Ausrutscher, er hat nicht aufgepasst? Am Schluss ist noch ein Blick in die Zukunft gestattet: »Was machst Du, dass das nicht mehr vorkommt?« Aus dem Abstand betrachtet ist es so: Pubertierende Jungen wollen sich beweisen und dürfen dabei auch Fehler machen – ein Alkoholrausch ist so einer. Entscheidend ist, ob sie daraus lernen, an Selbstvertrauen gewinnen und künftig an der entscheidenden Stelle »Nein« sagen können.

Bier, Schnaps & Co.

Meistens haben Eltern mehr Angst vor illegalen oder »harten« Drogen und unterschätzen die Alkoholrisiken, die statistisch gesehen für Jungen die größte Gefahr darstellen. Das gesellschaftliche und politische Interesse, daran etwas zu ändern, ist gering. Allein dieser Umstand schwächt die Position der Eltern; auch bei Widerstand spüren Jungen, dass die Eltern hier etwas vertreten, was sozial anders gesehen wird, bei jungen wie bei älteren Menschen. Die kulturelle Akzeptanz des Alkoholkonsums ist meist immer noch hoch, auch seine Funktion als Produzent von Männlichkeit wirkt nach wie vor. Dass man durchaus auch ohne Alkohol männlich sein kann, zeigen Jungen und Männer anderer Kulturen, beispielsweise buddhistischen oder islamischen Glaubens.

Wenn Jugendliche ins Krankenhaus eingeliefert werden, dann meistens wegen zu viel Alkohol, viel weniger wegen anderer Drogen (und Jungen generell deutlich mehr als Mädchen). Daten der Bundeszentrale für gesundheitliche Aufklärung (BZgA) zeigen, dass 2018 Jungen beim ersten Glas Alkohol im Durchschnitt (!) noch nicht einmal 15 Jahre alt waren, bis zum ersten Alkoholrausch dauerte es dann noch ein gutes Jahr, ihn erleben männliche Jugendliche im Durchschnitt mit 16,2 Jahren, beides früher als Mädchen, was umso bedenklicher ist, weil Mädchen auch schon zwei Jahre früher in die Pubertät kommen. Alkohol zu trinken ist das eine, zu viel das andere: Von den 18- bis 25-jährigen Jungen trinken fast 15 Prozent Alkoholmengen, die als riskant eingestuft werden. Auch beim »Rauschtrinken« kennen sich Jungen gut aus, rund 17 Prozent der 12- bis 17-Jährigen haben das im vergangenen Monat mindestens einmal gemacht, und fast die Hälfte der 18- bis 25-Jährigen. Gleichzeitig bietet unsere Kultur für Jungen wenig Möglichkeit, den Umgang mit Alkohol zu erlernen, es gilt das Do-it-yourself-Verfahren. Die meisten Jungen eignen sich die Droge über Erfahrungslernen an, mit dem Risiko, die Rauschgrenze zu überschreiten.

> Ist der Sohn öfter betrunken, müssen sich Eltern Hilfe holen, idealerweise zusammen mit dem Sohn. Aber auch wenn er nicht zur Drogenberatung mitkommt, sollten sich Eltern dort informieren und Unterstützung suchen; sie befinden sich als sekundär Betroffene in einer belastenden Situation.

Nikotin

Rauchende Männer, die nach harter Arbeit am Lagerfeuer sitzen: Das sind Symbole für Männlichkeit, die fest im kulturellen Gedächtnis sitzen. Jungen, die Nikotin konsumieren, hängen sich in solche Bilder ein. Jungen rauchen mehr, härter und regelmäßiger.

Jungen rauchen anfangs, um männlich zu sein; Mädchen oft, um nicht dick zu werden. Später rauchen sie wegen ihrer Sucht, sie sind häufiger körperlich abhängig. Das Suchtpotenzial des Nikotins ist groß, bereits eine gerauchte Zigarette in der Kindheit verdoppelt die Wahrscheinlichkeit, später Raucher zu werden. Wenn ein Junge aus einem Elternhaus kommt, in dem geraucht wird, ist es wahrscheinlicher, dass er selbst das Rauchen beginnt. Den größten Einfluss haben aber die Gleichaltrigen.

Die Zahl der Jungen, die rauchen, ist durch Werbeverbote, Preiserhöhungen und Schockbilder in den vergangenen Jahren stetig zurückgegangen. Aber auch heute noch rauchen deutlich mehr Jungen als Mädchen. Von den 12- bis 17-jährigen Jungen haben rund 80 Prozent noch nie Nikotin konsumiert, während das bei den 18- bis 25-jährigen nur auf rund ein Drittel zutrifft – zwei Drittel haben es also zumindest probiert. Als Raucher kann etwas mehr als jeder zehnte 12- bis 17-jährige Junge bezeichnet werden, von den 18- bis 25-jährigen Jungmännern raucht mehr als ein Drittel. E-Zigaretten werden seit einigen Jahren als gesündere Alternative vermarktet, deren Aromen und Design sprechen eher Junge an. Diese modernen Lifestylegeräte sind jedoch genauso schädlich, vielleicht noch schädlicher als Zigaretten. Außerdem greifen Jugendliche mit höherer Wahrscheinlichkeit zu Zigaretten, wenn sie Erfahrungen mit E-Zigaretten gesammelt haben.

Rauchen ist bekanntermaßen gesundheitsschädlich, es verursacht Krankheiten mit Langzeitfolgen, Lungenkrebs, Herz-Kreislauf-Erkrankungen, Durchblutungs- und Erektionsstörungen. Hinzu kommt der berauschende Beifang: Jugendliche, die rauchen, tendieren auch dazu, häufiger exzessiv Alkohol zu konsumieren. Und sie fallen häufiger durch Renitenz und extremes Risikoverhalten auf. Auf jeden Fall können Eltern es schon als Alarmsignal deuten, wenn der Sohn raucht. Sicher gibt es auch rauchende Jungen, die erfolgreich durchs Leben kommen, aber die schädlichen Folgen sind wirklich erheblich.

Mit dem Nikotinkonsum aufzuhören, ist wesentlich schwerer, als gar nicht damit anzufangen. Hoffnung gibt es auch bei Jungen, die bereits angefangen haben, die Mehrheit jugendlicher Raucher gibt bei Befragungen nämlich an, den Nikotinkonsum lassen zu wollen. Die Aussichten sind allerdings nicht so gut: zwei Drittel von ihnen haben bereits mindestens einen erfolglosen Nikotinverzicht hinter sich. Wahrscheinlich gibt es dabei zu wenig Unterstützung, die zur Problemgruppe »männliche jugendliche Raucher« passt. Angesichts der Risiken und Folgen ist das ein gesellschaftliches Armutszeugnis.

Wenn der Sohn vom Nikotin loskommen will, braucht er die Unterstützung der Eltern. Es handelt sich um einen Drogenentzug, weshalb es auch naheliegt, professionelle Hilfe in Anspruch zu nehmen. Jungen hilft es, wenn sie einen »Verbündeten« finden, der sie unterstützt. Den Ausstiegstag offiziell bekannt zu geben, alle Vorräte rituell zu vernichten, reduziert die Rückfallmöglichkeit. Weil die Peergruppe entscheidend ist, kann es das Wichtigste sein, sie miteinzubeziehen. Der Junge kann die anderen bitten, ihn zu unterstützen, oder fragen, ob vielleicht jemand Lust darauf hat, dabei mitzumachen. Manchen Jungen hilft es, sich vorzustellen, was sie sagen werden, wenn sie Nikotinprodukte angeboten bekommen (z.B. »Danke, ich bleibe beim Nichtrauchen«; »Nee, ich habe da keine Lust mehr drauf!«; »Nein danke, ich nicht mehr, das habe ich hinter mir.«)

Hilfsangebote

… finden Jungen und ihre Eltern bei den Ausstiegsportalen im Internet: www.justbesmokefree.de, www.rauch-frei.info oder bei der BZgA-Telefonberatung zur Rauchentwöhnung: 01805-313131.

Cannabis

Cannabis ist das am häufigsten konsumierte illegale Suchtmittel. Unter den jungen Erwachsenen (18 bis 25 Jahre) haben etwas mehr als ein Drittel bereits Cannabis konsumiert. Der Zugang zu Cannabis ist leichter geworden, weil die Risiken der Kriminalisierung abgenommen haben, der Konsum üblicher wurde und unter jungen Menschen auch wenig stigmatisiert ist. Der Konsum von Cannabis steigt; von den 12- bis 17-jährigen männlichen Jugendlichen gibt schon fast jeder Zehnte an, im vergangenen Jahr Cannabis konsumiert zu haben. In der Pubertät steigt die Konsumhäufigkeit mit zunehmendem Alter, sie erreicht ihren Höhepunkt im Alter von 18 bis 19 Jahren und sinkt danach wieder. Die Konsumentenzahlen der Jungen sind stets doppelt so hoch wie die der Mädchen, der Anteil männlicher Jugendlicher, die schon einmal irgendeine illegale Droge konsumiert haben, ist ebenfalls deutlich höher als der der weiblichen. Gründe dafür liegen in der höheren Risikofreude von Jungen, sind aber auch in Männlichkeitsbezügen zu finden: Cannabis gilt unter den Nutzern als cool, gechillt, intellektuell. Damit ist auch eine Art Absetzen von traditionellen, aggressiven Formen des Männlichen möglich, Kiffen strahlt mehr eine »alternative« Männlichkeit aus.

Die Risiken sind erheblich, Cannabis kann die Gehirnentwicklung beeinträchtigen und psychische Störungen bzw. das Ausbrechen psychischer Erkrankungen begünstigen. Die entspannende Wirkung kann andauern und wichtige Aufgaben oder Pflichten in den Hintergrund drängen, was sich dann auf die Motivation, die Selbstdisziplin, die Noten und den Erfolg durchschlägt. Cannabisprobleme sind ernst zu nehmende Hinweise. Zu bedenken ist dabei, dass sich dahinter auch maskierte psychische Störungen und Erkrankungen verbergen können, allen voran eine verdeckte Depression. Wegen der Auswirkungen kann auch ein »kontrollierter Konsum« problematisch sein.

Jeder Impuls, den Cannabiskonsum zu regulieren oder einzuschränken, ist zu begrüßen. Im ernsten Drogengespräch sollten Eltern besser nicht zu sehr geschockt reagieren oder wütend werden, wenn der Sohn zugibt, dass er kifft. Denn Geständnisse sind immer auch Vertrauensbeweise, Eltern können dankbar sein, dass der Sohn sich öffnet. Wenn er sein Konsumverhalten verändern möchte, können sie ihre Hilfe anbieten. Es gibt dafür aber auch Fachkräfte: Drogenberatungsstellen sind mittlerweile flächendeckend erreichbar.

Infos

… rund um das Thema Cannabis gibt es bei der Bundeszentrale für gesundheitliche Aufklärung. Auf dem Internetportal www.drugcom.de informiert sie rund um das Thema Cannabis. Unter anderem gibt es hier einen Online-Selbsttest und ein Verhaltensänderungsprogramm (kostenfrei, anonym).

Automaten- und Wettspiele

Glücksspiele an Automaten, Sportwetten oder Pokern im Internet üben auf viele Jugendliche eine starke Anziehungskraft aus. Sie bringen große Emotionen ins Spiel, lassen Alltagssorgen oder Probleme vergessen, Streit daheim, Schulden, Bruch von Beziehungen werden ausgeblendet. Gerade diese Probleme zählen zu den verdeckten Ursachen fürs Spielen. Jungen sind deutlich häufiger dabei als Mädchen, bei den »Mehrfachspielern« (mehr als einmal in 12 Monaten) sind Jungen über viermal mehr vertreten. 42 Prozent der Jugendlichen im Alter von 16 bis 17 Jahren haben schon einmal an einem Glücksspiel teilgenommen – obwohl das für Minderjährige gar nicht erlaubt ist. 2,6 Prozent aller 16- und 17-jährigen Jungen zeigen ein auffälliges Glücksspielverhalten (dreimal so viel wie bei Mädchen). 18- bis 20-jährige Männer nehmen zunehmend an illegalen Sportwetten teil (2015 waren es 13 Prozent), Geldautomaten und Onlineglücksspiele haben ein vergleichsweise hohes Suchtrisiko.

Viele Jungen spielen Glücksspiele aus Spaß, sie registrieren, wenn es genug ist, ihr Spielverhalten entwickelt sich nicht in eine problematische Richtung: nicht alle, die spielen, werden süchtig. Aber wer eine Anlage dafür mitbringt, kommt durchs aktive Spielen schneller in Gefahr, daran zu erkranken. Auch für unter 18-Jährige ist der Zugang zu Angeboten im Internet leicht möglich, sei es auf Pokerseiten oder zu Casinos oder Sportwetten. Von den 16- und 17-Jährigen nimmt innerhalb eines Jahres fast jeder Fünfte an einem solchen Glücksspiel teil. Weil Glücksspiele unter 18 grundsätzlich verboten sind, muss aber von einer höheren Dunkelziffer ausgegangen werden. Etwa vier Prozent sind riskante Spieler, drei bis vier Prozent der Jugendlichen haben glücksspielbezogene Probleme.

Was kann auf problematisches Spielverhalten hinweisen?

- Die Gedanken kreisen häufig ums Spielen.
- Beim Versuch, weniger zu spielen, stellen sich Gereiztheit und Unruhe ein.
- Bei Nachfragen nach der Spielhäufigkeit wird nicht die Wahrheit gesagt.
- Nach Geldverlust wird bald wieder gespielt.
- Einsätze werden gesteigert.
- Es wird gespielt, um Probleme zu vergessen oder ihnen auszuweichen.

Glücksspielsucht ist eine Erkrankung. Im Grenzbereich von ungefährlichem und suchtkrankem Glücksspiel liegt das problematische Spielverhalten. Wenn Eltern dies wahrnehmen oder vermuten, sind Vorwürfe nicht hilfreich, weil der Sohn sein Spiel dann eher vertuscht oder eine Abwehrhaltung einnimmt. Erfolg versprechender ist, ins Gespräch zu gehen, neugierig und interessiert zu bleiben, die Faszination anzusprechen, die das Spielen auf den Sohn ausübt. Spätestens wenn klar wird, dass der Sohn allein oder auch mit Unterstützung der Eltern mit dem Spielen nicht mehr aufhören kann, braucht es professionelle Hilfe für ihn oder auch für die Eltern. Sie werden bei Suchtberatungsstellen oder im Internet angeboten.

Infos

Online Beratung und ein Test: www.verspiel-nicht-dein-leben.de

Informationen für Eltern und andere Familienmitglieder: www.verspiel-nicht-mein-leben.de

Diskussionsplattform für Spielsüchtige und Angehörige: www.gluecksspielsucht.de

Rauschgespräche

Rauschmöglichkeiten und -erlebnisse sind ein wichtiges Thema im Gespräch mit Jungen. Dazu gehört Information, Benennung von Grenzen der eigenen Haltung. Aber am hilfreichsten sind Nähe und Respekt, persönliche Anerkennung und möglichst vorbildliches Verhalten der Eltern im Umgang mit Suchtmitteln. Es braucht Eltern, die in Krisen da sind, wenn Jungen ihre eigenen Grenzen und die vereinbarten Regeln überschreiten. Was können Eltern tun, wenn sie merken oder nur vermuten, dass ihr Sohn Drogen nimmt, spielt oder zu viel Alkohol trinkt? Ganz klar: versuchen, im Gespräch zu bleiben, darüber zu reden. Das ist schwierig, aber schweigen ist noch schwieriger – und hilft nichts.

Gespräche über Rausch und Sucht sind nicht einfach, viele Jungen machen erst mal zu und sehen Eltern kaum als Hilfe. Es kommt bei solchen Gesprächen darauf an, dass sie möglichst offen geführt und bei den Eltern von Interesse geleitet werden. Ziel ist nicht, gesundheitliche oder moralische Vorstellungen durchzusetzen, sondern Kontakt, Verstehen, Akzeptanz, die Jungen zu stärken und Gefahren zu minimieren. Verbote, Drohungen und

Strafen helfen wenig oder gar nicht, im familiären wie im gesellschaftlichen Rahmen. Das zeigt auch die über Jahrzehnte verfehlte Drogenpolitik. Deshalb sind Ansagen wie »Du trinkst keinen Alkohol, basta!« oder »Ich verbiete dir zu rauchen!« kaum wirksam.

*

Besser, als Verbote auszusprechen, ist es, die eigene Haltung zu erklären: Was ist mir bzw. uns wichtig? Welche Werte vertreten wir (z. B. Gesundheit oder Gewaltfreiheit)? Was macht Alkohol im Körper? Wie wirkt sich Rauchen aus? Manchmal hilft es auch, wirklich attraktive Anreize zu geben oder auszuhandeln: Wenn du bis 20 nicht rauchst, dann bekommst du von uns ... – nur: Wer weiß, was so lange attraktiv bleibt, dass es wirkt? Vielleicht ein Bausparvertrag, eine Reise nach New York, ein Porsche?

Wenn über Berauschendes gesprochen wird oder wenn es um konkrete Rauscherlebnisse geht, sollten Eltern besser erst mal nüchtern bleiben. Es hilft nicht, panisch zu werden oder Drogen zu verteufeln. Eltern müssen sich klar sein, dass sich bereits eingeübtes Verhalten meist nicht »einfach mal schnell« ändern lässt. Je nach der Intensität oder der Form des Drogenkonsums zielen Gespräche nicht unbedingt auf radikale Abstinenz, sondern eher auf Kooperation. Es geht also vielleicht darum, einen Kompromiss auszuhandeln: zu Zeiträumen – unter der Woche kein Alkohol – oder zu Orten – zu Hause nicht kiffen.

Eltern sollten bedenken, dass sie die Atmosphäre mitbestimmen (oder bestimmt haben), in der Suchtverhalten gedeiht. Ihre eigene Vorbildfunktion, ihr Umgang mit Schwierigkeiten zeigt gerade in der Jungenpubertät Wirkung, Jungen folgen unbewusst dem Beispiel der Eltern, übernehmen deren Bewältigungsstrategien. Ein ernstes Gespräch über Suchtmittel kann auch beinhalten, dass Vater oder Mutter ihr eigenes Verhalten kritisch in den Blick nehmen.

Zu hohe Erwartungen wirken ebenfalls schädlich und lassen Jungen schneller zu Rauschmitteln greifen. Der Leistungsdruck ist heute enorm. Viele Eltern vergleichen unter diesem Druck die Leistung ihres Kindes mit der anderer: Konkurrenz bestimmt das Klima, Stress und Erfolgsdruck vergiften die noch schwach entwickelte Psyche Jugendlicher. Bedürfnisse nach Flucht, Ablenkung oder Betäubung entstehen. Die innere Unzufriedenheit lässt den Griff zu Substanzen, Sucht- und Dopingmittel, die diese unguten Gefühle dämpfen oder aushebeln können, verführerisch erscheinen.

Infos

Ein unabhängiges Informations- und Beratungsportal für Eltern zu Rausch- und Suchtfragen findet sich unter www.elternberatung-sucht.de. Dort gibt es auch ein kostenloses Beratungsprogramm und Unterstützung durch ein professionelles Beratungsteam.

Beim Rausch kommt es auf den Einzelfall an: Ein Junge, der täglich und reichlich Alkohol trinkt oder regelmäßig raucht, ist viel stärker gefährdet als einer, der ein-, zweimal im Monat auf Partys oder Konzerten kifft. Jungen sollten wissen, dass alle Drogen (auch) schädlich sind, aber nicht alle sind gleich schädlich, die Risiken sind ungleich verteilt. Harte (halb-)synthetische Drogen wie

Kokain, Heroin, Crystal Meth sind dagegen eindeutig hochproblematisch. Hier müssen Eltern schnell und kräftig konfrontieren und sich möglichst sofort professionelle Unterstützung holen.

Erfahrungen und Experimente mit berauschenden Stoffen gehören bei Jungen mit recht hoher Wahrscheinlichkeit zur Jugendphase. Eltern können ihrem Sohn Orientierung geben:

* Beziehen Sie eine klare Haltung: Wir wollen nicht, dass du Rauschmittel konsumierst. Den Rahmen gibt das Jugendschutzgesetz vor.
* Eltern dürfen und sollen ihrem Sohn ihre Meinung mitteilen, zum Beispiel übers Kiffen oder über Alkoholräusche, und dann anfügen: »Letztlich entscheidest du, was du machst. Was du mit Drogen anstellst, dafür bist du selbst verantwortlich.«
* Alle Drogen haben angenehme Effekte. Deshalb werden oft auch die Risiken unterschätzt. Wer Drogen verharmlost, ist nicht ehrlich – aber wer Drogen pauschal verteufelt, genauso wenig.
* Versuchen Sie Ihren Jungen dazu anzuregen, sich seiner Motive für den Drogenkonsum bewusst zu werden. Er soll sich befragen: Warum konsumiere ich Alkohol, Nikotin oder anderes? Es macht auch im Erleben einen Unterschied, ob man auf Genuss aus ist oder sich nur abschießen will.
* Nach oder neben dem Zuhören dürfen Eltern sich erklären. Fragen Sie Ihren Sohn, ob er hören möchte, was Sie dazu denken. Wenn er offen ist: Vermitteln Sie Ihre Haltung als Ihre Meinung, nicht als Forderungskatalog, und fragen Sie, was er dazu denkt.
* Illegale Rauschmittel sollten Eltern generell nicht erlauben. Und hier keine Ausnahmen machen, auch dann nicht, wenn sie selbst bisweilen diskret solche Stoffe konsumieren: Also,

kein Pflänzchen auf dem Balkon, auch wenn es der Sohn wünscht.

* Wer Drogen nimmt, sollte sich aus zuverlässigen Quellen Informationen über diese Drogen verschaffen.
* Nikotin (Tabak rauchen und andere Formen des Nikotinkonsums) und Alkohol sind zwar legal, aber dennoch Drogen. Es gibt keinen unschädlichen Konsum dieser Drogen.
* Drogen zu spritzen, ist die gefährlichste Art des Drogenkonsums. Legen Sie Ihrem Sohn ans Herz: »Wir hätten furchtbare Angst um dich, wenn du das machen würdest. Bitte fang nie damit an.« Wenn er schon angefangen hat, braucht er unverzüglich Hilfe.
* Vermitteln Sie, dass gerade die Kombination verschiedener Rauschmittel unkalkulierbare Risiken birgt: Alkohol zusammen mit illegalen Drogen zu konsumieren, maximiert vielleicht den Kick – ist aber auch ungleich schädlicher als die einfache Summe der Drogenwirkungen.
* Ermutigen Sie Ihren Sohn, auf seinen inneren Skeptiker zu hören und seiner Intuition zu vertrauen! Wenn er den Eindruck hat, dass Drogen ihm Probleme machen, sollte er sich so schnell wie möglich Hilfe suchen. Versichern Sie ihm, dass er damit auch zu Ihnen, seinen Eltern, kommen kann, und versprechen Sie ihm, für ihn da zu sein und ihn nicht zu bestrafen. Sagen Sie ihm aber auch, dass Sie Hilfe dazuholen werden, wenn nach Ihrem Eindruck die Probleme zu groß werden.

Es ist schwierig, Drogenkonsum ohne Tests zu beurteilen. Tabak, Schnapsflaschen oder ein Stück Hasch sind neben dem auffälligen Verhalten schon eindeutige Indikatoren. Anzeichen, die drauf hindeuten, dass der Junge Drogen konsumiert, sind: Seine Freizeitgestaltung verändert sich stark, seine Schulnoten sacken ab, seine Interessen versanden, er zieht sich mehr und mehr zurück, bricht gute Freundschaften ab. All das kann aber auch völlig normales pubertäres Verhalten sein. Werden allerdings die sozialen Aufgaben nicht mehr bewältigt – aufstehen, zur Schule oder zur Arbeit gehen, an den Mahlzeiten teilnehmen –, dann können die Eltern davon ausgehen, dass es ein Problem gibt. Ob das unmittelbar mit Drogen zusammenhängt, lässt sich allerdings nicht sagen.

Katastrophenmaßnahmen

Wenn der Sohn unter starker Drogeneinwirkung aufgefunden wird: Bei akuten Notfällen oder Symptomen wie Krämpfen oder Bewusstlosigkeit nicht zögern, den Rettungsnotruf 112 zu wählen.

Der Giftnotruf ist dagegen nicht bundeseinheitlich, vielmehr gibt es verschiedene regionale Zentralen. Bei einem Notfall mit mutmaßlicher Vergiftung ist schnelles und zielgerichtetes Handeln dringend erforderlich. Daher ist der Giftnotruf die erste Anlaufstelle, um die Situation zu erfassen und zu verhindern, dass eine lebensbedrohliche Situation eintritt.

Rat in Krisen – dazu gehören auch Drogenprobleme – gibt es bei der Telefonseelsorge (0800 – 1110111), das gilt für direkt Betroffene und für ihre Angehörigen.

Bei der Bundeszentrale für gesundheitliche Aufklärung gibt es reichlich Informationen und Listen von Ansprechpartnern für Drogenkonsumenten und deren Angehörige, z. B. ein Verzeichnis von Suchtberatungsstellen; auch eine Drogen-Hotline ist dort geschaltet (01805 – 313031, anonym, kostenfrei).

Speziell für Eltern von betroffenen Kindern und Jugendlichen: das Elterntelefon der Nummer gegen Kummer (0800 – 111 0 550).

10 Sinnfragen: Ich und die Welt

Das Interesse an Sinnfragen gehört zur Jugendphase, unabhängig davon, ob der Junge religiös ist oder nicht. Oft verbirgt sich die Sinnsuche hinter den anderen Schwierigkeiten der Pubertät. Jugendliche wollen herausfinden, woran sie glauben und für was sie einstehen können. Gespräche mit dem Sohn über den Sinn des Lebens und verwandte Unterthemen sind immens wichtig, nicht zuletzt auch deshalb, weil das Sinnsystem der Eltern so wieder mal renoviert werden kann. Konsum als oberstes Ziel der Kommerz- und Leistungsgesellschaft sollte hinterfragt werden – gut, wenn Jugendliche ihre eigenen Sinninteressen ins Spiel bringen.

Viele Erwachsene erinnern sich im Rückblick an die guten, intimen und befriedigenden Gespräche über Sinnthemen und Spiritualität während ihrer eigenen Jugend. Gespräche am Lagerfeuer oder im Zeltlager am Strand folgen Abläufen, die sich spiralförmig zur Mitte entwickeln: Erst geht es um Alltagsdinge, um Produkte, dann um Probleme, oft auch um Sex, und irgendwann mit dem Blick in die Weite oder zu den Sternen geht es um spirituelle Fragen, um Transzendenz, den Tod, um Göttliches und um den Sinn des Lebens.

Sinn des Lebens?

Leben ist nicht nur schön und genussvoll, sondern enthält auch reichlich Probleme, Sorgen und Mühsal, das wird Jugendlichen in der Pubertät bewusster. Deshalb ist das Wohlbefinden ständig in Gefahr, körperliche Bedürfnisse äußern sich und lassen sich nicht unmittelbar befriedigen, die Selbstverantwortung nimmt zu, Grenzen und Verbote umgeben den Pubertierenden, lästige Aufgaben müssen mühevoll bewältigt werden, drohendes Unheil – Beziehungskrisen, Taschengeldentzug, schlechte Noten – muss abgewandt werden. Pubertät ist wie die Vertreibung aus dem kindlichen Paradies: Dass Leben auch Leiden heißt, wird jetzt existenziell erlebt.

Diese Erkenntnis kann einen schon umhauen oder depressiv machen. Ein Gegengewicht, das die Stimmung hebt und stabilisiert, ist Sinn: Leiden fühlt sich dann sinnvoll an, wenn es eingebettet ist oder zu etwas Wichtigem führt oder wenn es dem Erreichen eines erfreulichen Zieles dient. Obwohl persönliches Leben meist Mühe und Leid bedeutet, bleiben wir dann einigermaßen bei Laune, wenn wir daran glauben, dass es auf etwas Positives zusteuert: auf einen Schulabschluss und einen interessanten Beruf, auf Liebesbeziehungen und Sexualität, auf Spaß und Lebensfreude, auf Erwachsenenrollen und Vatersein.

In der Pubertät sind Sinnkrisen wichtig, um sich selbst zu definieren: Wer bin ich, wie will ich leben? In dieser offenen Zeit lässt sich das Leben erspüren, das vor dem Jungen liegt, mit seinem potenziellen Reichtum und seiner Erlebnistiefe – großartig, was möglich ist. Sinnfragen entstehen oft aus der Leere, wenn es keine Perspektiven gibt oder vorgefertigte Antworten nicht mehr befriedigen, aber auch in freien, offenen Situationen (Lagerfeuer, Blick aufs Meer, Tagträume). In der Pubertät gibt es mehr von dieser Offenheit, allein durch die Entwicklungen im Gehirn und die neuen sozialen Konstellationen mit den Gleichaltrigen. Die Chancen, die ihr innewohnen, werden heute allerdings durch die Omnipräsenz mobiler Endgeräte oft abgewürgt. Auch die Wirtschaft ist nicht daran interessiert, in materialistischen Konsumgesellschaften werden offene Sinnfragen nicht gerne gesehen. Gerade solche Sehnsüchte sollen mit Käuflichem befriedigt werden. Jugendliche spüren eher, dass dies nicht funktioniert. Richtet sich das Leben nur auf Materielles aus, auf persönliches Glück, auf den Beruf oder eine Liebesbeziehung, kann das durchaus eine gewisse Zeit lang tragen, aber langfristig helfen andere Dimensionen. Und es hilft auch zu lernen, manche Sinnlosigkeit aushalten zu können.

Verhaltensweisen von Jungen, die sie oft fesseln und faszinieren, transportieren auch ihre Sinnfragen: Ihr Risikoverhalten bringt sie erfahrbar an die Grenzen des Lebens – sie kommen mit dem Tod in Berührung, oder ihnen wird zumindest die Möglichkeit des Sterbens bewusst, sie interessieren sich für den Tod; Rauscherfahrungen sind Erlebnisse der Entgrenzung und können als Kontakt mit dem Göttlichen, dem alles Verbindenden erlebt werden. Die psychische Entwicklung in der Pubertät führt immer auch zu einer Unsicherheit in der eigenen Persönlichkeit, zur Krise. Wer sich fragt, wer er ist, fragt auch danach, in welchem Gefüge und mit welchen Zielen oder welchem Sinn er unterwegs ist. Identitätskrisen hängen direkt mit Sinnsuchen zusammen: Wer »Was soll ich hier?« fragt, will auch wissen: »Was soll das Ganze?«

Sinn und Spiritualität

Der Einfluss der Eltern bei Sinnfragen ist nicht zu unterschätzen, auch wenn viele Jungen gerade in der Pubertät ihre metaphysischen Fragen lieber für sich behalten oder mit Gleichaltrigen erörtern. Dennoch prägen die religiösen und weltanschaulichen Überzeugungen der Eltern auch die Spiritualität der Jugendlichen und damit auch ihre Suche nach eigenen Antworten. Gelang es in der Familie, Jungen eine Basis zu vermitteln, können sie nun darauf zurückgreifen. In der Jugendphase können Spiritualität und manchmal auch Religionen Ressourcen darstellen, die Jugendlichen und jungen Männern in ihrer Entwicklung helfen, z. B. weil sie dadurch stabilisiert und orientiert werden.

....

Während eines Streits in seiner Pubertät hat mich mein Sohn aufgebracht gefragt: »Weißt du überhaupt, was der Sinn des Lebens ist?« »Nein«, gab ich zu, »sag du's mir.« »Der Sinn des Lebens ist es, Spaß zu haben«, antwortete mein Sohn. Erst beim Nachdenken darüber wurde mit klar, worauf das abzielte: Unsere Konflikte drehten sich viel ums Funktionieren, um Aufgaben und um Leistungen. Auch mein Leben war in dieser Zeit mehr von Stress als von Spaß geprägt, für ein entspanntes, lustvolles Zusammenleben mit ihm blieb wenig Raum. Daraus reifte mein Entschluss, etwas zu ändern, um wieder mehr Spaß in unserem Leben zuzulassen.

....

Auch bei diesen Lebenssinnfragen haben sich die Bedingungen durch Medien und Internet innerhalb einer Generation gravierend verändert. Jugendliche können sich innerhalb von Sekunden Zugang zu allen möglichen spirituellen Vorstellungen, weltanschaulichen und politischen Ideen erschließen. So ist es kein Wunder, dass das Sinnangebot explodiert ist: Wer »Sinn des Lebens« in seine Suchmaschine eingibt, erhält Millionen Ergebnisse. Dies ermöglicht es, sich Sinnelemente zu erschließen und zu einem eigenen, individuellen Sinnbild zusammenzustellen.

Studien belegen, dass bei Jugendlichen das Interesse an Sinnfragen nach wie vor groß ist. Viele Jugendliche suchen nach Sinn, sie stellen ihn sich allerdings mehr individuell aus verschiedenen Elementen zusammen und formen daraus einen persönlichen Glauben, der wandelbar bleibt und sich weiterentwickelt. Deshalb finden sie Antworten immer weniger in Kirchen, die als unflexibel wahrgenommen werden. An etwas zu glauben, ohne sich als religiös zu bezeichnen oder als Teil einer Glaubensgemeinschaft zu sehen, ist heute für viele Jugendliche kein Problem. Sinn, Gott, Glauben hängen mehr an individuellen Erfahrungen. Gerade männliche Jugendliche mit ihren Freiheits- und Autonomiewünschen suchen stärker nach der »persönlichen« Spiritualität. Mit traditionellen Kirchen tun sie sich schwer, die als träge Institutionen den Glauben verwalten. Die Mehrzahl ist zumindest in der Grundschulzeit noch kirchlich sozialisiert, aber böse gesagt wird den meisten Jungen ihr Interesse an Sinnfragen und Spiritualität im Kommunions- oder Konfirmandenunterricht vollends ausgetrieben.

Das Engagement und die Begeisterung der »Fridays for Future«-Bewegungen zeigen deutlich, dass sich Jugendliche durchaus für Politik, die Zukunft und weitergedacht auch für Sinnfragen interessieren. Und wer mit Jungen ins Gespräch darüber kommt, erhält sehr vielfältige, immer aber interessante Antworten.

Jungen nach dem Sinn gefragt

Antworten auf Sinnfragen von Jungen und Mädchen unterscheiden sich. Jungen beziehen ihren Sinn öfter aus Statusthemen, wenn sie sich etwas leisten können oder einen angesehenen Beruf haben, aber auch aus dem Nützlichsein für andere:

. . . .

Jakob ist 12 und denkt über seinen Lebenssinn nach: Zunächst sei sein Leben für seine Eltern sinnvoll, »weil sie halt Kinder haben wollten«, dann ergänzt er, dass er später als Fußballstar mal so viel Geld haben wird, dass er seine Eltern unterstützen kann.

Der 14-jährige Marc sagt: »Sinn des Lebens – ich weiß nicht, vielleicht dass ich Kinder habe und ohne Sorgen leben kann, dass ich einen gescheiten Beruf habe und viel Geld verdiene.«

Philipp ist 16 und findet Lebenssinn darin, »anderen Menschen zu helfen«.

Eric (15) meint, dass er Sinn dann finden wird, wenn er »etwas mache, was ohne mich nicht geht, wofür es mich braucht«.

Matteo wird 14, er denkt, es gibt seinem Leben Sinn, wenn er »anderen helfen kann, wenn sie in Not sind, bis sie wieder allein zurechtkommen.«

Und Linus (17) sieht sein Leben dann als sinnvoll an, wenn er sich gegen die Erderwärmung einsetzt: »Ich will weiter für die Umwelt kämpfen, dass wir wegen der Klimakrise nicht aussterben.«

. . . .

Die sich erneuernde Psyche der Jugendlichen scannt die Welt nach Anregungen: Wo gibt es Interessantes, Aufregendes? Wo riecht es nach Spannung, nach Pfeffer im Leben? Auseinandersetzungen um Grundfragen des Lebens sind hervorragende Anlässe für Sinngespräche. Und was auf der gesellschaftlichen Ebene ein Auftrag an die Jugend ist – nämlich für Entwicklung zu sorgen –, findet im kleineren Rahmen in Familien, mit Eltern und

Geschwistern statt. Jugendliche zwingen ihre Eltern, sich infrage zu stellen, dafür können sie dankbar sein.

....

»Das ist doch sinnlos«, quittierte mein Sohn gern große oder kleine Anforderungen, deren Sinn er spontan nicht einsah (oder auch lieber nicht einsehen wollte).

....

Auch Sinnsuchen bergen Risiken, man kann sich darin verlieren, gerade weil so viele Wege möglich sind. Großartige Heilsversprechen warten hinter jeder Ecke, unerfahrene Jugendliche lassen sich davon leicht ansprechen und locken. Das war schon immer so, nur war die Auswahl früher kleiner: Es musste eine Sekte vor Ort oder eine Gruppe durchreisender Jesus-People geben, um mit deren Gedankengut in Kontakt zu kommen. Wie bei anderen Verführungen steigt das Risiko mit der eigenen Unsicherheit und mit geringem Selbstbewusstsein. Jungen sind anfälliger für Radikalisierungen, wenn sich ihre Begeisterungsfähigkeit mit Sinnsuche, Handlungs- und Statuswünschen verknüpft: evangelikale Gruppen, Scientology, auch politisch extreme Ausprägungen von ganz rechts oder links können attraktiv werden. Immer wenn ein »Ismus« ins Spiel kommt, braucht es Eltern, die aufmerksam begleiten; dem stimmen Eltern beim Islamismus oder Rechtsextremismus ohne Zögern zu; aber auch andere Religionen (inklusive Katholizismus, Protestantismus oder Pietismus) und politische Überzeugungen mit Extrempositionen gilt es kritisch im Auge zu behalten.

Viele Jungen wollen wissen, wozu es gut sein soll, zu leben: »Warum das alles?« Sie beschäftigen sich damit offen oder indirekt auch mit Sterben und Tod. Es gibt generell im Leben nur zwei Gewissheiten: Ich lebe und ich werde sterben. Jungen sind auch wegen des Risikoverhaltens (ihr eigenes oder das von anderen) näher an Todeserfahrungen und beschäftigen sich damit. Damit werden Sinnfragen radikal angesprochen. Eltern brauchen in Sinngesprächen keine Antworten geben, viel besser begeben sie sich gemeinsam mit ihrem Sohn auf die Suche.

Reden über Sinn

Auch wenn Jungen sich mit Sinnfragen beschäftigen, reden sie oft nicht gern mit ihren Eltern darüber. Jungen ahnen, dass hinter den Antworten der Eltern der Versuch steckt, sich vor den Abgründen der Sinnfragen zu schützen. Fragen nach dem Sinn des Lebens hoffen auf großartige Antworten. Und in der Tat sind die Erlebnisse in diesem Suchraum manchmal gewaltig, mystische Momente, in denen die Zeit stehen bleibt, die Verbundenheit mit dem Göttlichen erfahrbar wird, wo alles als großartig-stimmig erlebt wird. Es kommt vor, dass Eltern solche Erlebnisse gemacht haben, und es ist schön, wenn sie mit ihrem Sohn darüber reden können. Solche tiefen, sinnstiftenden Erfahrungen sind selten, passieren in der Pubertät aber häufiger: Im Gruppenrausch, beim Musikerleben, beim Blick ins Lagerfeuer, aufs Meer oder in den Nachthimmel.

Es geht auch eine Nummer kleiner. Denn wer nur nach dem einen, dem großen, allumfassenden Sinn sucht, übersieht leicht die Elemente, die dort hinführen. Es gibt so etwas wie Landmarken eines sinnvollen Lebens, an denen sich Gespräche entlanghangeln oder orientieren können. So gesehen entsteht Lebenssinn in einer Kombination von sieben (oder vielleicht auch noch mehr) verschiedenen Facetten:

* Sinn entsteht, wenn Bedürfnisse erfüllt werden. Kommerzielle Produkte stellen allenfalls kurzzeitig Ziele dar, sie werden ersehnt oder es wird darauf hingearbeitet, die Freude an Kleidung, einem neuen Smartphone oder Fahrrad hält meist nur kurz. Es lohnt sich, nach tiefer liegenden Bedürfnissen zu forschen: Was brauche ich wirklich? Das Leben fühlt sich sinnvoller an, wenn für Bedürfnisse Platz ist.
* Sinnlichkeiten stiften Sinn. Lebenssinn entwickelt sich mit den Sinnen: Das Fühlen, Schmecken, Riechen, Hören und Sehen sind die Komponenten des sinnlichen Erlebens. In der Jugendphase blühen sinnliche Erlebnisse auf, Jungen wollen mit allen Sinnen Neues erfahren, Erfahrungen sammeln und genießen.
* Selbstwirksamkeit, gestalten können, Verantwortung fürs eigene Leben übernehmen, sich selbst und damit sein Leben steuern können produziert Sinnpartikel – und einen »sense of coherence«, den Sinn im Leben entwickeln, auch nachträglich: Was ist der Sinn in dem, was mir widerfahren ist, was ich erlebe?
* Der Sinn des Gebens: Lebenssinn entsteht, indem sich Menschen um andere kümmern; anderen etwas zu geben, für andere wichtig zu sein, etwas abzugeben, macht glücklich und stiftet Sinn, das kann Nachhilfe für einen Mitschüler oder das Engagement in der Jugendarbeit sein: andere zu unterstützen, Jüngeren (Geschwistern, Kindern) etwas beizubringen.
* Etwas bewirken, schaffen, Spuren hinterlassen, etwas weitergeben schafft Sinn, schöpferisch etwas Eigenes in die Welt bringen, Markierungen setzen, etwas verändern.
* Sich gute, persönliche, größere und gleichermaßen vernünftige Ziele setzen und verfolgen, die realistisch erreichbar sind und die abgestimmt sind auf die eigenen Kompetenzen und persönlichen Möglichkeiten, wirkt sinnstiftend.

* Und schließlich ergibt sich Lebenssinn auch über den Zugang zu spirituellen Dimensionen: verbunden oder eingebettet sein in etwas Größeres, in den Strom des Lebens. Das muss kein Gott einer bestimmten Religion sein, wir sind immer eingebunden in größere Zusammenhänge; den höheren Geist fühlen, dass es Mächte gibt, die stärker sind als eine Person.

* TEIL 3 *

Der Schritt ins Erwachsenenleben

Wenn die Schule geschafft ist

Wenn die heftigsten pubertären Stürme und Auswüchse überstanden sind, ist die Entwicklung noch nicht abgeschlossen; Körper, Gehirn und Psyche reifen weiter. Es gibt junge Männer, die trotzdem zügig erwachsen werden; andere reizen ihre Reifung aus und lassen sich Zeit. Da gibt es diverse Möglichkeiten: Experimentierfreudige, Urlauber, Praktikanten, Jungunternehmer oder *YouTuber*, politisch engagierte Jungen, Schnellstudierer – und viele bleiben in dieser Phase erst einmal hängen. Vor allem viele Abiturienten stolpern an der Schwelle, die den nächsten Schritt in eine Welt ohne Schulrahmen erfordert. Jetzt gilt es, selbst Entscheidungen zu treffen, die Weichen für das spätere Männerleben zu stellen und damit Schritte in Richtung Erwachsenwerden zu machen.

Bis zum Schulende war die Jugendzeit wie eine große Spielwiese, jetzt wird es unverhofft ernst. Plötzlich zeigt sich, dass trotz Abschluss die Perspektiven nicht automatisch rosig sind. Wem der Schritt über die Schwelle nicht gelingt, wer nichts tut oder sich nicht entscheiden will oder kann, der landet automatisch erst mal auf dem Abstellgleis oder fällt in ein Loch. Verantwortlich dafür ist nicht ein entscheidendes Element, sondern ein Wechselspiel mehrerer Einflussfaktoren, die hier wirken.

Die Pubertät kann lange dauern, die Jugendphase hat sich ausgedehnt; der endgültige Abschied von der Jugend, das Einmünden in den Erwachsenenstatus mit der wirklichen Übernahme von Selbstverantwortung fürs eigene Leben finden heute später statt. Wenn es aufs Ende der körperlichen Entwicklung zugeht, wenn sich die Pubertät so ausschleicht, wie sie sich im Alter von zehn oder elf Jahren eingeschlichen hat, kann es deshalb zu anderen Krisenformen kommen.

Nach der Pubertät ist vor der nächsten Krise?

Die Wahrscheinlichkeit, dass beim Sohn in der pubertären Endphase alles glattgeht, ist nicht sehr groß. Mit der Volljährigkeit und wachsendem Lebensalter kommen Freiheiten hinzu, die Jungen oft in Rückzug oder Abtauchen umsetzen. Deshalb ist mit 18 oder 20 Jahren noch nicht ruhigeres Fahrwasser erreicht, die Pubertät wirkt nach dem Schulabschluss noch weiter. Eltern dürfen sich darauf einstellen, dass es noch Zeit braucht, bis der Sohn vollends ausgereift ist. Er braucht Sie in Ihrer Rolle als Mutter oder Vater noch eine Zeit lang. Währenddessen können alle ihren Beitrag dazu leisten, dass er ins Erwachsensein findet.

In früheren Zeiten, als die Eltern streng und ihre Erziehungsmethoden gewalttätig waren, als kleine Zimmer mit Geschwistern geteilt werden mussten oder Kinder Dienstpersonal ihrer Eltern waren, entwickelte sich der Fluchtimpuls aus solchen Verhältnissen stärker. Das half, die Schwierigkeiten außerhalb der Familie zu meistern, schlimmer als dort würde es draußen auch nicht sein. Außerdem mussten Kinder deutlich mehr Verantwortung übernehmen, was ihre Reifung beschleunigte. Heute dagegen ist es zu Hause emotional warm, man ist versorgt, der Generationskonflikt ist kaum spürbar. Verzagte Jungen fühlen sich auch nicht wohl, sie schlagen aber neue Fluchtwege ein, indem sie sich drücken, in die innere Emigration gehen, das Bewältigen vermeiden oder aufgeben und abtauchen: exzessiver Aufenthalt in elektronischen Spielwelten, die junge Männer suchtähnlich fesseln; das Schwelgen in Träumereien und Größenfantasien;

die leichte Zugänglichkeit von Cannabis mit seiner berauschend sedierenden Wirkung, Alkoholkonsum, offensiver Rückzug, Sprachlosigkeit.

Es kann für die Entwicklung der Persönlichkeit sehr förderlich sein, durch diese Krise, durch dieses Tal von Versagensgefühlen und Orientierungslosigkeit gekommen zu sein. Die Befürchtung, dass manche junge Männer zu lang darin hängen bleiben, ist aber ebenfalls begründet. Weil die Gesellschaft diese Krise nicht thematisiert, gibt es keine Unterstützungsangebote, Jungen und Eltern sind auf sich allein gestellt. Hinzu kommt das Problem, dass sich Gleichaltrige in den sozialen Medien, vor allem auf *Instagram*, mit ihren Schokoladenseiten präsentieren. In der Krise entsteht möglicherweise für Ihren Sohn der Eindruck, dass alle ein supertolles, cooles Leben haben, nur er selbst nicht.

Schwellenängste

Der Druck, von jetzt auf nachher Lebensentscheidungen zu treffen, verunsichert viele Jungen nach der Schule. An der Schwelle zu mehr Selbstverantwortung finden sich die Jugendlichen mit Aufträgen konfrontiert, die sie überfordern: Sie könnten jetzt tatsächlich das machen, was sie möchten – aber dafür müssten sie erst einmal wissen, wer sie sind, was sie wollen und können; oft liefern Schule und Gleichaltrige dafür nur wenig Orientierung. Zudem hat der Ökonomisierungsdruck zugenommen, Zukunftsängste machen sich breit, und ein Chor von elterlichen Stimmen und gesellschaftlichen Botschaften erklingt: »Mach was aus dir!«; »Jeder ist seines Glückes Schmied«; »Zeit ist Geld, die anderen laufen weiter vorn.«; »Nicht den Anschluss verlieren« usw. – Stimmen und Botschaften, die mit jeder unentschlossenen Woche lauter werden. Was sich dann in den Schwierigkeiten abzeichnet, sich für einen beruflichen Weg zu entscheiden, einen eigenen Haushalt zu führen oder eine andere Wohnform jenseits der elterlichen Wohnung zu wählen. Das hat viel mit den langen Bildungszeiten zu tun, die junge Menschen vom wirklichen Leben und der Übernahme von Verantwortung fernhalten. Deshalb lässt sich auch die Jungenpsyche viel Zeit mit dem Erwachsenwerden.

Es ist noch nicht lange her, zwei oder drei Generationen vielleicht, da hat die Mehrzahl der jungen Männer mit 15 oder 16 Jahren eine Lehre begonnen und kam darüber in feste Strukturen zu Regelmäßigkeiten und zur Verantwortung fürs eigene Einkommen; anschließend ging es zum Bund oder in den Zivildienst, und danach waren sie zu erwachsenen Männern gereift. Im Schülerleben dagegen werden mit dem 18. Geburtstag erst einmal Freiheiten und Unregelmäßigkeiten interessant, wenn man sich selbst entschuldigen kann. Schule bot Struktur, aber dieser – oft ungeliebte – Halt fällt nach dem Abitur weg. Hat sich der Junge noch nicht ausreichend gefunden, wächst das Risiko, dass er sich verliert: in den Spielwelten, in Größenfantasien, in den vielen Wahlmöglichkeiten. Das Weiterkommen ist dann blockiert, die Entwicklung stagniert; Druck von den Eltern hilft nicht weiter, weil er Widerstände weckt. Nach der Schule öffnen sich unzählige Optionen, die aber Entscheidungsfreude und Engagement erfordern. An beidem lassen es die Jungen gerne fehlen, viele hängen erst mal rum, weil sie wie blockiert sind. Das äußert sich im Aufschieben wichtiger Aufgaben, was schlechte Laune und Schuldgefühle schafft, Selbstzweifel machen sich breit.

War es bei den Vätern wirklich anders?

Sicher, es gibt Väter, die direkt nach der Schule angefangen haben, ohne Unterbrechung an ihrer erfolgreichen Karriere zu arbeiten, die stets linear verlief, und die es zu etwas gebracht haben. Die Wirklichkeit der meisten sieht anders aus. Die Väter heutiger Söhne sind damals auch nicht zielstrebig ihren Weg gegangen, viele haben ihren Weg über Umwege gefunden, einer der üblichsten war der Wehr- oder Zivildienst, politisches oder freiwilliges Engagement, Phasen der Langeweile, des Rumhängens und des Müßiggangs, Anfänge und Abbrüche. Einerseits ist die eigene Erinnerung oft geschönt und frisiert (im Zweifel könnte man die eigenen Eltern fragen); andererseits ist das Stromlinienförmige nicht förderlich für die Entwicklung der Persönlichkeit.

Bei Mädchen, die zwei Jahre früher dran sind mit Pubertieren, findet diese Entwicklungsphase vor dem Ende der Gymnasialzeit statt, in der sie sich auskennen, in der sie sich sicher fühlen, weil sie von stabilen Beziehungen umgeben und in der sicheren Struktur des Schullebens aufgehoben sind. Bei den Jungen dagegen fällt der Pubertätsabschluss in eine Zeit der Auflösung, der Offenheit und Unstruktur.

*

Einiges deutet darauf hin, dass die Pubertät bei Jungen nicht nur später beginnt, sondern insgesamt auch länger dauert. Deshalb sind viele Jungen nach dem Schulabschluss oder zu Beginn der Berufsausbildung bzw. des Studiums noch nicht so »ausentwickelt«.

Die Übergangsschwelle nach der Schule oder der ersten Ausbildung ist bei Mädchen und Jungen gleich hoch. Aber Jungen scheinen oft nicht so weit zu sein, sie hinter sich zu lassen. Viele Jungen bleiben in dieser Phase hängen und machen ihren Eltern neue Sorgen.

Die Sinnsuche und Entscheidungswege der postpubertären Jungmänner auszuhalten, ist für Eltern nicht leicht. Sie können nicht verstehen, wo es jetzt schon wieder klemmt. Dann geraten alle Beteiligten schnell in eine Spannung, in der unterschwellig eine nervöse Reizstimmung herrscht und eine Abwärtsspirale in Gang kommt: Der Sohn zieht sich zurück und verweigert das Gespräch, die Eltern steigern ihre Erwartungen, und gleichzeitig wirkt alles nur noch blockiert, was die Stimmung weiter vermiest, der Sohn zieht sich noch mehr zurück – und so weiter.

Nach der Schule

Viele junge Männer kommen in der Lebensphase nach dem Schulabschluss mit dem Abitur in eine Phase der Stagnation und in eine neue Krise. Ich kenne dazu keine Untersuchungen, aber ich teste das seit einiger Zeit: Ich frage in der Elternbildung, bei Kollegen oder auch privat immer wieder Eltern und andere Erwachsene, ob sie das Phänomen kennen: Junge Menschen, die zwischen Schule und dem nächsten Schritt »rumhängen«. Beinahe alle kennen dafür Beispiele aus der eigenen Familie, von Bekannten oder aus professionellen Bezügen; es sind also keine Einzelfälle (wenn es auch bei Weitem nicht die Mehrheit ist!) Auffällig: fast immer sind es junge Männer, die hier hängen bleiben, junge Frauen sind eher die Ausnahme.

Nach dem Abi erst mal ein bisschen den Kopf freizubekommen und sich zu erholen, ist damit nicht gemeint. In einer Phase, in der nicht alles immer von außen diktiert wird, liegt es nahe, auch Freiheiten zu genießen. Auch so kann der Junge sich umschauen, sich um seine Sachen kümmern, über Möglichkeiten nachdenken oder die nächsten Schritte planen. Wenn aber soziale Kontakte einschlafen, er sich im Zimmer verschanzt und nicht mehr auftaucht, sich die Tagesstruktur immer weiter verschiebt und sich ein dauergereizter Umgangston einschleicht, liegt die Sache anders.

Entscheidungsüberdruck

Weil jetzt Entscheidungen anstehen, die lebenswegprägend sind, wo es um die persönliche Zukunft und den Beruf geht, wächst der Druck, es richtig zu machen. Denn Selbstverantwortung kann zum »selber schuld« führen, wenn falsche Entscheidungen getroffen werden. Der hohe Anspruch, sich genau richtig zu entscheiden, kann Jungen blockieren, sie wollen sich nicht entscheiden, weil sie sich nicht entscheiden können und umgekehrt.

Manchen Jungen macht dabei vielleicht die gestiegene Menge von Möglichkeiten Probleme. Gab es früher nur zwei Alternativen – Bundeswehr oder Zivildienst – so tun sich jetzt eine große Zahl von Chancen auf: FSJ, FÖJ oder Bundesfreiwilligendienst, Work and Travel oder sich doch besser gleich in einen der über 8500 Studiengänge einschreiben? Die Zahl der Möglichkeiten hat ohne Zweifel enorm zugenommen, traditionelle Lebenswege (der Sohn wird das Gleiche wie sein Vater) haben sich aufgelöst, Bildungschancen wurden erweitert, und es gibt viele Wege, die infrage kommen. Jungen mit Inselbegabungen, die nur eine Sache können, haben es leichter, meistens sind die Begabungen aber eher breiter angelegt, dafür nicht so stark entwickelt.

Die Entscheidung für eine Alternative richtet sich immer gegen andere Talente und Interessen. Und der männliche Druck, sich für eine Zukunft zu entscheiden, die ausreichend Status verspricht, macht jede Entscheidung fragwürdig, was anderes könnte ja noch besser sein. Weil die soziale Spreizung in der Gesellschaft größer wurde, steigt zudem der Druck, sich mit dem Abitur in der Tasche auf keinen Fall »nach unten« zu orientieren (und etwa eine Lehre zu machen), sondern »nach oben« zu drängen, um zu den Gewinnern zu gehören oder um wenigstens nicht abzurutschen.

Allerdings zeigt die Entscheidungsforschung (siehe Scheibehenne et al.), dass es nicht die große Zahl an Wahlmöglichkeiten, sondern vor allem die hohen Ansprüche sind, die zur Blockade führen – man kann ja schon an zwei attraktiven Wahlmöglichkeiten scheitern. Paradoxerweise hat sich da aber etwas mit der gewachsenen Zahl von Möglichkeiten verändert. Der Anspruch ist gewachsen, weil es unzählige Alternativen gibt: Du kannst wählen, aber du musst auch wählen, und zwar musst du unbedingt die beste Alternative wählen! Damit entsteht Stress, denn jede Alternative muss geprüft werden, man darf nichts übersehen oder verpassen. Eigentlich ein Ding der Unmöglichkeit, zumal viele in diesem Alter ja noch unsicher sind, was für sie selbst wichtig ist. Es gibt hier – wie so oft im Leben – keine objektiv richtige Entscheidung, da man vorher nie weiß, welche Chancen sich eröffnen werden und wie man sich entwickeln wird. Diese Überforderungssituation kann strategisch unterschiedlich bewältigt werden: Augen zu und durch, ich mach halt irgendwas – oder eben Stillstand und Lähmung.

WAS MACHE ICH, WENN ...

... mein Sohn vom Entscheidungsstress blockiert ist?

Eltern können Druck rausnehmen, Umwege sind erlaubt, sie erweitern die Ortskenntnis. Es hilft, Ansprüche zu senken, jede Entscheidung hat zwei Seiten, es gibt keine perfekte Wahl. Oder die Anzahl der Alternativen einschränken, nach nur wenigen Kriterien: Die Optionen sortieren nach Status, Einkommen, Glücks- und Spaßfaktor. Damit entsteht ein kleineres Set an Alternativen, die alle schon recht gut sind. Damit ist es auch »unbedeutender«, wofür sich der Sohn letztlich entscheidet.

Wahrscheinlich gibt es solche Schwellenprobleme der jungen Männer schon länger, aber eher vereinzelt. Aber warum sind es deutlich mehr Jungen, die sich schwertun mit Entscheidungen und an dieser Schwelle hängen bleiben? Ein Grund dafür muss in männlichen Konstellationen zu finden sein, die das allgemeine Übergangsproblem verschärfen.

Männliche Stolperfallen

Körperlich kann sich die gegenüber Mädchen später beginnende und länger dauernde Pubertät an der Schwelle nachteilig auswirken. Besonders Spätentwickler unter den Jungen würden noch Reifungszeit benötigen, sie tauchen ab oder weichen allem aus, gehen auf Ablenkungsangebote ein und vertrödeln Zeit, während sie das elterliche Nest nutzen. Auch die schwache Impulsregulation wirkt jetzt noch nach, viele Jungmänner tun sich schwer, ihre Impulse angemessen zu regulieren, was ihre Ausdauer und ihr Verhalten beeinflusst. Bisher wirkten der Imperativ der Schule und die Vorgaben der Eltern als Halt und als Korrektiv. Jetzt müsste der Junge sich mehr selber steuern. Eigentlich wissen Jungen, was jetzt angesagt wäre: Ich sollte mich kümmern, informieren, entscheiden. Das ist aber mit Unlust und Mühen verbunden. Das lang geübte impulsive Verhalten führt zum Hängenbleiben: Es locken zahllose, lustbetonte Ablenkungsverführungen: *YouTube*-Videos oder gamen, abhängen und chillen, kiffen oder trinken und bei Kritik aus der Haut fahren oder die Eltern angreifen. So entstehen keine erfolgreichen Lebensläufe, können sich keine kreativen oder querdenkenden Köpfe entwickeln.

Der Grund dafür liegt im, überspitzt formuliert, »verprinzten« Erziehungsstil, in dem immer noch eher die Jungen erzogen werden. An sie werden weniger Anforderungen gestellt und bei Schwierigkeiten sind die Eltern stärker unterstützend zur Stelle. Mit dieser Erfahrung hat mancher Junge weniger Ambitionen, sich selbst anzustrengen, er erwartet, dass ihm weiterhin alles geboten wird. Bei einem Teil der Söhne, die im Übergang stecken, äußert sich das darin, dass sie es sich bequem machen, keine Lust zeigen, sich auf die Mühen der Verantwortung einzulassen und die Welt zu gestalten. Es stärkt Jungen, wenn an sie Anforderungen gestellt werden, Krisen, Schwierigkeiten und gemeisterte Herausforderungen führen zu innerer Stabilität – umgekehrt verunsichert den Jungen ein problemarmes Leben, in dem sich die persönliche Umwelt darauf einstellt, dass es ihm gut geht.

Auch die Tatsache, dass Jungen in ihrer Biografie sehr viele Erfahrungen mit erwachsenen Frauen – und nur relativ wenige mit realen Männern – sammeln konnten, kann sich negativ auf sie auswirken. Wurden sie nur mit medialen Männlichkeitsbildern, -normen und hohen Erwartungen versorgt, kann das dazu führen, dass sie überhöhte Ansprüche an sich stellen. Für Jungen, deren Selbstbewusstsein nicht so ausgeprägt ist, kann die unbekannte männliche Erwachsenenwelt unterschwellig so bedrohlich wirken, dass sie den Schritt in sie scheuen oder zu verzögern versuchen. Im Ergebnis zeigen sich bei vielen Jungen gleichzeitig Verunsicherungen in ihrem Männlichsein und Idealisierungen, die zu zu hohen Ansprüchen führen, die an Perfektionsvorstellungen reichen und sie unter Druck setzen, unbedingt die richtige Entscheidung treffen zu müssen.

Der Entscheidungsüberdruck wird dadurch verstärkt, dass Männern nur eine Lebenswegoption offensteht, und die heißt: Beruf. Es wirkt sich zwar für Berufsbiografien von Frauen eher nachteilig aus, aber die meisten Mädchen planen – mehr oder weniger bewusst – mit zwei Optionen, mit dem Beruf und mit dem Mutterwerden. Damit entspannt sich der Entscheidungsdruck, sicher ist der Beruf sehr wichtig, aber daneben gibt es immer noch die zweite Chance in der Familie.

Bilder, mit denen sich Jungen identifizieren, können zudem eine Tendenz zu Größenfantasien verursachen, nach der Logik: Das Männliche ist großartig, ich bin männlich – also muss ich großartig sein! So infizierte Jungen neigen zur Selbstüberschätzung, sie erwarten zu viel, wollen immer nur das Allerbeste. Dass dies völlig unrealistisch ist, wird ihnen aber nicht bewusst. Die Auswahl männlicher Vorbilder, die ein stets müheloses und cooles Leben vorgaukeln (vor allem auf *YouTube* und *Instagram*), sind dafür mitverantwortlich. Und so wünschen sich das die Jungen auch für sich selbst. Selbstüberschätzung lässt sich durch die Jugendphase aufrechterhalten; die Erwachsenenschwelle konfrontiert Jungen aber mit der Realität, es ist, als würde jetzt der Beweis gefordert: Bist du wirklich grandios? Das verlangt, keine Fehler zu machen, die Weichen für den männlichen Erfolg richtig zu stellen. Zu diesem Überdruck der Ansprüche können auch Eltern ihren Teil beitragen, wenn sie Zukunftsängste oder großartige Erwartungen auf Jungen projizieren.

Eine indirekte männliche Falle stellt sich mit den im Vergleich zu den Mädchen durchschnittlich schlechteren Abschlussnoten. Sie holen Jungen oft unsanft auf den Boden der Wirklichkeit in der Konkurrenzgesellschaft. Im Soziotop Schule und unter dem Einfluss gleichaltriger Jungen zählen gute Noten nicht so viel. Aber in der Wirklichkeit der Berufs- oder Studienwahl können ein paar Zehntel entscheidend sein, mit dem Ergebnis: »keine Chance«, zumindest nicht gleich. Studienpläne und berufliche Ideen zerplatzen im Kontakt mit der Notenwirklichkeit und katapultieren Jungen auf eine ungewisse Warteposition. Eine Reaktion auf diese Erfahrung ist erst einmal die Lähmung.

Ein zusätzliches Männerproblem entstand dadurch, dass eine wichtige männliche Markierung in der Biografie verschwand: Die Verpflichtung zu Wehr- oder Zivildienst wurde im März 2011 ausgesetzt. Dadurch ergab sich ein kultureller Umbruch in der männlichen Standardbiografie, der sozial noch nicht aufgefangen ist. Für junge Männer war die Dienstzeit eine Zäsur und eine Lebensphase, in der sie relativ enge Führung erlebt haben und dadurch Orientierung finden konnten. Sicher haben auch viele in der militärischen Hierarchie oder in sinnarmen Zivildienststellen gelitten, dennoch wird ein Verlust erkennbar, nachdem die verpflichtende Sicherheit fehlt. Damit wurde eine Bewältigungskultur des Pubertätsabschlusses, eine feste Zeit des Übergangs abgeschafft: Vorher waren Militär- oder Zivildienst wie für orientierungslose junge Männer gemacht, offenbar war diese Pflicht auch für viele hilfreich. Die Zeit bot ein Moratorium, in dem man sich noch nicht entscheiden musste, die Schulzeit sacken, die Pubertät ausklingen und Berufs- oder Lebensentscheidungen reifen lassen konnte; und gleichzeitig wurden durch den Erfahrungsraum auch Anregungen geboten. Wegen des früheren Pubertätsbeginns und der kürzeren Dauer sind Mädchen darauf weniger angewiesen,

Jungen schon. Wehr- und Zivildienst waren eine höchst zwiespältige, ungerechte Angelegenheit – dennoch hatten sie ihren sozialen Wert, der mit ihrem Wegfall jetzt bemerkbar wird: Entwicklungsräume, in die die jungen Männer mehr oder weniger sanft gezwungen wurden.

Auch Eltern nabeln sich ab

Wenn Kinder sich lösen, steht eine Veränderung, ein Einschnitt an. Das kann bei Eltern Abschiedsschmerzen auslösen, ein gutes Zeichen, weil es auf liebevolle Gefühle verweist. Eine gewisse Leere gehört dazu, weil damit definitiv etwas zu Ende geht. Eltern wird bewusst, dass etwas vorbei ist, an das sie sich die ganze Zeit durch die Kindheit und Jugend des Sohnes hindurch gewöhnt haben. So weit, so schwer und normal. Die Bindung bleibt dann dadurch bestehen, dass die Eltern trotz oder gerade wegen der Abnabelung des Sohnes da- und dranbleiben.

Schwierig wird es für den Sohn, wenn die Eltern sich nicht von ihm lösen können. Der Junge spürt es, wenn ihn seine Mutter (oder sein Vater) braucht und deshalb an ihm klebt und ihn nicht ziehen lässt. Wenn der Sohn, seine Entwicklung, sein Leben ihrem eigenen Leben viel Sinn gibt, den sie ohne ihn nicht sehen können, wird es schnell harzig. Der Übergang in die Selbstständigkeit wird dem Sohn dort erschwert, wo die Eltern mit ihm verschmolzen sind, wo er gleichsam ein wichtiger Teil ihrer selbst geblieben ist; Eltern würden etwas Wesentliches verlieren, wenn der Sohn sich aufmacht und sich löst, wenn er auszieht.

Dieses »Brauchen« des Sohnes kann unterschiedliche Gründe haben: z.B. dass es ein Ziel für die Fürsorglichkeit braucht, das sich mit dem Auszug des Sohnes verlieren würde; oder dass es ganz praktisch ist, den Sohn emotional zwischen sich und seine Partnerin bzw. seinen Partner stellen zu können. Manche der Jungen mit Übergangsproblemen und Schwellenängsten leben damit unbewusst etwas aus, was mehr von den Eltern herrührt: Reste unbewältigter Beziehungsprobleme, die jetzt den Übergang erschweren. Eltern sollten für ihre eigene Beziehung (die es jetzt unter Umständen neu zu überdenken gilt) die Verantwortung übernehmen und ihren Sohn ausdrücklich von dieser freisprechen. So geben sie ihm die Erlaubnis, erwachsen zu werden.

Manche Eltern sind nicht so sehr mit ihrem Sohn verstrickt, aber sie hatten ihm gegenüber eine überengagierte Haltung, die sich an der Schwelle als Problem erweist. Weil sich das Bild von Jungen gewandelt hat, vom Stammhalter zum Sorgenkind, werden Eltern dazu animiert, *ihrem* Sohn die besten Chancen bieten zu wollen und durch ihren Einsatz dafür zu sorgen, dass er es schaffen wird. Waren sie in der Kindheit und der Jugendphase zu stark dabei engagiert, alle möglichen Probleme vom Sohn fernzuhalten, kann das den Sohn an der Schwelle blockieren. »Curling-Eltern« würden gerne dem Jungen jeden Störfaktor, jedes Hindernis aus dem Weg räumen. Der Hang zum Überbehüten wird bei Eltern vielleicht auch dadurch inspiriert, dass Jungen in der Kindheit im Durchschnitt anfälliger für Störungen und Krankheiten sind. Auf die Sorge folgt die übereifrige Fürsorge, die manchmal zum Prinzip oder zum Konzept wird und dann nicht mehr nachlässt, auch wenn es der Junge längst nicht mehr braucht.

> Die Erwartungen an Eltern sind gestiegen,
> haben sich bei vielen aber auch dermaßen verinnerlicht,
> dass sie es einfach genau richtig machen wollen.

Sie besuchen jedes Fußballspiel des Sohnes, kennen seine Noten und seine Freunde, pflegen sein Fahrrad und seine Turnschuhe, seine Fehler werden ausgebügelt, bevor er selbst daraus lernen kann. Gibt es Schwierigkeiten, wird Logopädie oder Nachhilfe organisiert. Gleichzeitig konzentrieren sie sich darauf, ihn bei Laune zu halten, und verlieren dabei das Gefühl für sich selbst. Stattdessen gehen sie lieber auf seine Forderungen ein, die gerade in der Pubertät bisweilen ziemlich unverschämt werden.

Übereifriges Kümmern bewirkt aber, dass Söhne zu wenig die Erfahrung machen, dass sie Schwierigkeiten selbst bewältigen können. Sie erleben auch nicht, dass ihre Eltern Grenzen und Gefühle haben, weil die Eltern ihnen zu wenig zumuten. Der Sohn ist es nur gewohnt, im Mittelpunkt zu stehen, und wird deshalb anspruchsvoll, unselbstständig und hilflos, unfähig, Alltagsprobleme zu bewältigen; in Kindheit und Jugend konnte er sich darauf verlassen, dass die Eltern alles erledigen, weshalb alles perfekt war. Seine Wünsche wurden erfüllt, oft ohne Eigen- oder Gegenleistung. Dann stellen Jungen Erwartungen und Anforderungen an ihre Umwelt, entwickeln gleichzeitig wenig Fähigkeiten, Kompromisse zu schließen, Schwierigkeiten selbst zu bewältigen, und zeigen wenig Leistungsbereitschaft – das wäre das notwendige Handwerkszeug für die Schwelle.

Wenn sich immer alles um den Sohn, um seine Launen und Leistungen dreht, geht etwas von der Autorität der Eltern verloren: Der Sohn kann nicht genügend Achtung vor seinen Eltern erwerben, wenn diese zu wenig Selbstachtung empfinden. Und dann mangelt es ihm an Möglichkeiten, eine innere Struktur aufzubauen, die aber nötig ist, um zu entscheiden, um Spannungen und Enttäuschungen auszuhalten, um Grenzen zu akzeptieren. Und auch um Ansporn und Motivation zu entwickeln, die Eltern zu entthronen, über sie hinauszuwachsen (wenn ich ohnehin schon so groß bin wie sie, ist das nicht nötig).

Aufgabe von Eltern ist es nicht, um den Sohn herum eine geschützte, einfache und wunschlos glückliche Welt zu organisieren. Jungen brauchen ihre Eltern als authentische Modelle, an denen der Sohn im direkten, auch emotionalen Kontakt den Umgang mit Gefühlen, Problemen oder Konflikten erfahren und lernen kann.

Gepaart mit ihrem Arbeitsmarkt- und Karrierewissen wandelt sich das Überengagement in hohe Ansprüche der Eltern an die Berufsziele des Sohnes. Was früher traditionelle Vorschriften waren – sich am Vater orientieren, machen, was männlich ist oder was alle machen –, entwickelten sich zu neuen verengten Vorstellungen und Stereotypen. Geblieben ist der Anspruch, »eine Familie ernähren zu müssen«. Bilder und Stereotypen wirken, Eltern reagieren deshalb oft spontan kritisch auf Berufsideen, wenn sie ihren Bildern und Erwartungen zuwiderlaufen. Das bremst Jungen aus oder blockiert sie.

WAS MACHE ICH, WENN ...

... mein Sohn unrealistische Berufswünsche hat?

Nicht alles, was den Eltern nicht gefällt, ist deshalb unrealistisch. Meistens sind die Vorstellungen nicht mehr so realitätsfern wie in der Kindheit (Astronaut, Ritter, Fußballstar). Eltern können deshalb seine Ideen grundsätzlich ernst nehmen. Ziel ist, im Gespräch zu bleiben, aber ihm auch mit Rat und Tat zur Seite stehen: z. B. Kontakte herstellen zu Menschen, die in der Branche arbeiten. Entscheiden muss er selbst. Sind die Berufsideen zu klein, unter seinem Niveau? Er kann später noch weitermachen. Sind sie zu groß, völlig unrealistisch (Steve Jobs Nr. 2)? Sie können das Ziel sein, auf das er sich schrittweise hinbewegt (programmieren lernen).

Wer lebenslang Vorwürfe hören möchte, kann versuchen, dem Sohn seine Wünsche auszureden oder zu verbieten.

Raus aus dem Nest

Der große Aufbruch ins eigene Leben zeigt sich im Auszug aus dem Kinderzimmer und aus dem gemeinsamen Wohnen bei den Eltern. Dazu müssen im Jungen zwei unterschiedliche Kräfte wirken: die »Weg von«-Kraft und die »Hin zu«-Energie. Sind diese zu schwach, bleibt der Sohn lieber zu Hause. Auch hier gibt es ganz deutliche Geschlechterunterschiede.

Nesthocker

Junge Männer sind eher Nesthocker als gleichaltrige Frauen; sie wohnen deutlich länger im Elternhaus. Dort genießen sie den Service im »Hotel Mama«, das offenbar für Söhne verlockender ist als für Töchter: Über ein Drittel (34 Prozent) der jungen Männer im Alter von 25 Jahren lebt zu Hause (bei jungen Frauen: ein gutes Fünftel, 21 Prozent); mit Anfang dreißig lebt noch gut jeder neunte junge Mann bei den Eltern, bei den Mädchen nur noch jede Siebzehnte (Zahlen Statistisches Bundesamt/Destatis 2017).

Insgesamt leben junge Erwachsene heutzutage zu lange daheim; manchmal gibt es dafür wirtschaftliche Gründe, die oft aber auch Ausreden sind. Jedenfalls ist es schwer, sich psychisch abzulösen und eigenständig zu werden, solange man zu Hause wohnt und dort mitversorgt wird. Um wirklich erwachsen zu werden und auf eigenen Füßen stehen zu können, braucht es meistens einen klaren Schnitt. Eigentlich sollten junge Männer nach der Pubertät emotional und soziokulturell selbständig sein. Wo sich die Abhängigkeit vom Elternhaus verlängert – nicht selten übers dreißigste Lebensjahr hinaus –, macht sie das unselbstständig und führt zu inneren und äußeren Konflikten.

Es ist schön, dass sich Generationskonflikte entschärft haben, dass Eltern von ihren Söhnen nicht durchgängig als Vollidioten oder als reaktionäre Unterdrücker gesehen werden, vor denen man möglichst bald fliehen muss. Aber die Kehrseite ist nicht unbedingt besser: wenn zu Hause bei den Eltern der sichere Hafen liegt, von dem aus man gar nicht erst losfährt oder in den man schnell zurückkehren kann. Denn zu denen, die gleich daheim bleiben wollen, gesellen sich die, die es sich, sobald etwas schiefläuft oder es im Leben etwas härter wird, wieder zu Hause bequem machen: Bumerang-Männer, die nur einen kleinen Bogen drehen, um dann wieder daheim aufzuschlagen.

....

Vater: »Wir haben Hannes immer gesagt, wie wir uns das vorstellen, dass er eben nach dem Abi auszieht, das war irgendwie gar keine Frage. Und so hat er es dann auch gemacht, fast ein wenig zu schnell für uns, ein paar Monate wären schon noch nett gewesen, haben wir hinterher dann gemerkt.«

Mutter: »Mir hat es dann echt gereicht, ich konnte einfach nicht mehr, wir waren zwar gut im Kontakt, haben auch oft persönlich geredet, aber: Mann, er war fast 25 und immer noch daheim, mir war das einfach zu viel und zu dicht. Und als ich gespürt habe, mir reicht's jetzt, habe ich ihm gesagt: ›Du hast drei Monate Zeit, im August bist du ausgezogen!‹ Ich glaub, für ihn war das gar nicht so schlimm, mehr für mich: Was bin ich für eine Mutter? Aber hinterher hab ich gesehen, genau diesen Stups hat er gebraucht!«

• • • • • • • • • •

Was tun? Nur in heftigen Fällen ist ein Rausschmiss angezeigt. Aber Eltern können Jungen den Weg aus dem Hotel Mama weisen und ihn darin bestärken, den Sprung zu wagen.

> Je größer der Sohn, desto gewichtiger auch die Bedürfnisse der Eltern, z. B. mehr Zeit oder Geld für eigene Interessen zu haben, das Leben als Paar neu zu gestalten, weniger Pflichten und Verbindlichkeit durch ständiges Kochen, Waschen und Bügeln usw.

Auszugsimpulse von Jungen sollten Eltern begrüßen und unterstützen, ihn nicht bremsen oder halten wollen, weil es bequem (für ihn) und billiger (für die Eltern) ist.

Zwei Strategien zum Abnabeln sind Auswildern und Vergrämen: Beim Auswildern werden Lebewesen, die domestiziert wurden oder in Gefangenschaft gelebt haben, langsam an ein Leben in der freien Natur gewöhnt. Bei Tieren mit dem Ziel, ein Revier zu besiedeln und sich selbstständig fortzupflanzen – aber genau genommen ist das auch das Ziel beim Auswildern der Jungmänner. Eltern können dies fördern, indem sie frühzeitig den Erfahrungsspielraum ihres Kindes erweitern. Möglichkeiten dazu bieten sich durch Aufenthalte bei Großeltern oder Verwandten und in den Bereichen Sport, Jugendarbeit, Freizeiten, Sprachaufenthalt im Ausland. Der Begriff Vergrämen wird in der Jagdwirtschaft und im Naturschutz verwendet, er bezeichnet das

Vertreiben oder Fernhalten von Wildtieren, auch dies lässt sich übertragen. Wenn es im Nest nicht mehr warm ist, sondern zieht, animiert das zum Aufbruch in neue Gefilde. Fordern Sie ein, dass der Junge Verantwortung übernehmen muss: Als erwachsener WG-Genosse leistet er einen gerechten Anteil der Hausarbeit, beteiligt sich angemessen finanziell an den Kosten (statt weiterhin welche zu verursachen) und begibt sich wegen seiner psychischen Probleme (Spielsucht, Kiffen) in therapeutische Behandlung usw. Mit zunehmendem Alter wird es für den Jungen zu Hause nun unbequem und teuer, womit starke Gründe wegfallen, dort wohnen zu bleiben.

Eltern dürfen ihre Erwartungen schon frühzeitig und klar formulieren. Sie sind weder lieblos noch Rabeneltern, wenn sie dem Sohn eine gute Entwicklung wünschen, und die bekommt er in der nachpubertären Phase besser draußen.

Ein Wort zum Schluss

Das Ende der Pubertät stellt sich meistens noch schleichender ein als ihr Beginn. Eltern merken es eher beiläufig, vielleicht wenn der Sohn weniger aufbrausend wird oder sich der Widerstand gegen alles, was Eltern sagen, auflöst; wenn pubertäre Reflexe nicht mehr nötig sind; wenn der Sohn seine Eltern als Erwachsene auf Augenhöhe wahrnimmt und sogar wertschätzend anhört, was sie zu sagen haben.

Vielleicht ist die Pubertät wirklich vorbei, wenn sich die Beziehung entspannt hat und die Söhne ihre Eltern als kompetent oder hilfreich wahrnehmen dürfen. Ein Bonmot des Kommunikationswissenschaftlers Paul Watzlawick bringt das gut zum Ausdruck:

»Menschliche Reife ist, das Richtige zu tun,
selbst wenn es die Eltern empfohlen haben.«

Literatur

Zum Lesen für Jungen

- Augustin, Eduard; von Keisenberg, Philipp; Zaschke, Christian: Ein Mann. Ein Buch. München: Goldmann, 2009.
- Borchers, Stephan: Das Jungs-Buch: Der ganze Kram, den du mit 14 wissen solltest. Berlin: Schwarzkopf & Schwarzkopf, 2019.
- Bundeszentrale für gesundheitliche Aufklärung (Hrsg.): sex ‚n' tipps – Jungenfragen. Köln.
- Bundeszentrale für gesundheitliche Aufklärung (Hrsg.): Wie gehts – wie stehts? – Wissenswertes für Jungen und Männer. Köln.
- Cox, Lizzie: Nur für Boys – Alles was du wissen musst. Ravensburg: Ravensburger, 2018.
- Joannides, Paul: Wild Thing. Sextipps for Boys and Girls. München: Goldmann, 1998.

Zum Weiterlesen für Eltern

- Bundeszentrale für gesundheitliche Aufklärung (Hrsg.): Über Sexualität reden … Die Zeit der Pubertät. Ein Ratgeber für Eltern zur kindlichen Sexualentwicklung in der Pubertät.
- Gardner M., Steinberg L.: Peer influence on risk taking, risk preference, and risky decision making in adolescence and adulthood: anexperimental study. Developmental Psychology 2005; 41: 625–35.
- Heßling, Angelika; Bode, Heidrun: Jugendsexualität 2015. Die Perspektive der 14- bis 25jährigen. Ergebnisse einer aktuellen repräsentativen Wiederholungsbefragung. Bundeszentrale für gesundheitliche Aufklärung, Köln.
- Juul, Jesper: Pubertät – wenn Erziehen nicht mehr geht: Gelassen durch stürmische Zeiten. München: Kösel, 2010.
- Juul, Jesper: Vier Werte, die Eltern & Jugendliche durch die Pubertät tragen. München: Gräfe und Unzer, 2015.
- Konrad, Kerstin; Firk, Christine, Uhlhaas, Peter J.: Hirnentwicklung in der Adoleszenz. In: deutsches Ärzteblatt, Heft 25, 21. Juni 2013.

- Martignon, Laura; Hoffrage, Ulrich: Wer wagt, gewinnt? Wie Sie die Risikokompetenz von Kindern und Jugendlichen fördern können. Göttingen: Hofgrebe, 2019.
- Milzner, Georg: Digitale Hysterie. Warum Computer unsere Kinder weder dumm noch krank machen. Weinheim und Basel: Beltz, 2016.
- Scheibehenne, B.; Todd, P.M. (2009): Introduction to the Special Issue on Assortment Structure and Choice. Psychology & Marketing, 26, 195–196.
- Scheibehenne, B.; Greifeneder, R.; Todd, P.M. (2010): Can There Ever be Too Many Options? A Meta-Analytic Review of Choice Overload. *Journal of Consumer Research, 37*, 409–425.
- Schmid Mast, M.; Sieverding, M.; Esslen, M.; Graber, K.; Jäncke, L. (2008): Masculinity causes speeding in young men. Accident analysis and prevention, 40(2), 840–2.
- Stier, Bernhard; Höhn, Katja: Abenteuer Pubertät. Was sich die Natur dabei gedacht hat. München: Kösel, 2017.
- Wiemken, Jens: Computerspiele & Internet – der ultimative Ratgeber für Eltern. Ostfildern: Patmos Verlag, 2009.
- Winter, Reinhard: Jungen. Eine Gebrauchsanweisung. Jungen verstehen und unterstützen. Weinheim und Basel: Beltz, 2012.
- Winter, Reinhard: Wie Jungen Schule schaffen. Ein Ratgeber für Eltern. Weinheim und Basel: Beltz, 2018.
- Winter, Reinhard: Jungen brauchen klare Ansagen! Ein Ratgeber für Kindheit, Schule und die wilden Jahre. Weinheim und Basel: Beltz, 2019.

Links, Adressen, Informationen

Körper, Urogenitalbereich, Entwicklung, Hormone

- Berufsverband der Deutschen Urologen und Deutsche Gesellschaft für Urologie: www.jungensprechstunde.de.

Rat und Hilfe: Deutschland

- Internet-Beratung bei Jugendproblemen: www.youth-life-line.de – Online-Beratung durch geschulte Jugendliche, anonym, für Kinder, Jugendliche und junge Erwachsene in Krisen.
- www.junoma.de – Anonyme und kostenlose Beratung, Träger ist der Verein jungundjetzt e.V. in Berlin.
- www.schulpsychologie.de – Suche nach Schulpsychologen für den Wohnort, auch E-Mail-Kontakt und -beratung oder Weitervermittlung.
- Beratungsstellensuche der Bundeskonferenz Erziehungsberatung: bke.de
- Beratungsstellensuche der Deutsche Arbeitsgemeinschaft für Jugend- und Eheberatung: www.dajeb.de/de/beratungsfuehrer-online/beratung-in-ihrer-naehe.
- E-Mail-Beratung für Eltern, Träger Caritas: www.caritas.de/hilfeundberatung/onlineberatung/elternundfamilie/elternundfamilie.
- Die *Nummer gegen Kummer* ist in Deutschland kostenlos, der Anruf erscheint nicht auf der Telefonrechnung, Anrufende bleiben anonym.
  - Telefon für Kinder: 0800 111 0333 oder vom Handy: 116 111 Sprechzeiten: Montag bis Samstag 14.00 bis 20.00 Uhr (am Samstag sitzen Jugendliche am Telefon).
  - Telefon für Eltern: 0800 111 0550 Sprechzeiten: Mo. bis Fr. 9.00 bis 11.00 Uhr, Di und Do 17.00 bis 19.00 Uhr.
- Telefonseelsorge Nummer: 0800 111 0 111 (Angebot der evangelischen Kirche) oder Nummer: 0800 111 0 222 (Angebot der katholischen Kirche) Der Anruf ist kostenlos und anonym.

Rat und Hilfe: Österreich

- Kindernotruf *Nummer gegen Kummer*, 24 Stunden, anonym und vertraulich. Telefonnummer: 0800 567 567.
- Rat auf Draht, kostenlos, anonym, vertraulich; Träger: Österreichischer Rundfunk, Telefonnummer: 147 (vom Handy und Festnetz).
- E-Mail-Beratung, Träger: österreichischer Rundfunk: www.rataufdraht@orf.at.

Rat und Hilfe: Schweiz

- www.kopfhoch.ch – Online-Beratungsangebot für Kinder und für Ältere; Träger: IOGT, Schweiz.
- Pro juventute Telefonhilfe, innerhalb der Schweiz kostenlos, 24 Stunden, vertraulich und anonym. Telefonnummer: 147 (vom Handy und Festnetz).

Sexualaufklärung/Sexualinformationen

- 61Minutensex: Der *YouTube*-Kanal bietet lockere, informative und lustorientierte Sexualaufklärung.
- Survival guide love&sex: *YouTube*-Kanal mit informativer, entspannter und lustorientierter Sexualaufklärung.
- Sexting-Informationen für Eltern, Animationsclips zum Thema Nacktfotos und Sexting, für Eltern und andere Vertrauenspersonen zum Umgang mit dem Thema: www.innocenceindanger.de/nacktselfies; Unter »Materialien« gibt es dort auch Arbeitsblätter, z. B. Vereinbarungen für Schulklassen.

Sexuelles: Deutschland

- Online-Beratung der BZgA unter www.loveline.de.
- Online-Beratung der pro familia: www.profamilia.sextra.de oder www.sexundso.de.
- Liebe Lore, Online-Beratung der AWO: www.liebe-lore.de.
- Informationsseiten zu sexueller Gesundheit und Schwangerschaft: www.profamilia.de, www.schwanger-info.de.
- Thema sexuelle Orientierung: www.lsvd.de, www.mhc-hamburg.de.
- HIV/Aids: www.aidshilfe.de.
- sexuelle Gewalt: www.wildwasser.de, www.dunkelziffer.de, www.nina-info.de, www.wendepunkt-ev.de.

Sexuelles: Schweiz

- Beratung, Informationen für Jugendliche: www.tschau.ch.
- Fachstelle für Sexualpädagogik, zwei »Abteilungen«: für Jugendliche und Fachpersonen: www.lustundfrust.ch.
- Für Kinder und Jugendliche; animierte Darstellung: www.vomerwachsen werden.ch.
- Zu Liebe, Sex, Verhütung usw. – informativ, etwas nüchtern: www.durchblick.ch.
- Lesbische bzw. schwule Jugendseiten: www.otherside.ch/www.cominginn.ch / www.traudi.ch / www.packs.ch.
- Fachstelle Opferhilfe bei sexueller Gewalt: www.lantana.ch.
- Informationen zur sexuellen Gewalt gegen Kinder: https://www.familien wegweiser.ch/stichwort/sexueller-missbrauch/.
- Kompetenzzentrum »Amorix«, Bildung und sexuelle Gesundheit: www.amorix.ch.
- Informationsplattform Beratungsstellen sexuelle und reproduktive Gesundheit: www.isis-info.ch.

Sucht

Alkohol, Nikotin, andere Drogen

- Infotelefon der Bundeszentrale für gesundheitliche Aufklärung (BZgA) zu Sucht, Rauchen, Essstörungen usw.: Tel.: 0221-892031.
- www.justbesmokefree.de – Online-Programm der DAK zum Rauchstopp für Jugendliche und junge Erwachsene.
- www.nichtraucherhelden.de – Kommerzielles Programm, auch als App, wird teilweise von Krankenkassen übernommen.
- BZgA-Telefonberatung zur Rauchentwöhnung: 01805-313131.
- BZgA-Nichtraucherportal (nicht geschlechterdifferenziert): www.rauchfrei.info.
- ELSA – Elternberatung bei Suchtgefährdung und Abhängigkeit von Kindern und Jugendlichen: www.elternberatung-sucht.de.
- Onlineberatung für Jugendliche der Bundeskonferenz für Erziehungsberatung: https://jugend.bke-beratung.de.
- Informationen der Bundeszentrale für gesundheitliche Aufklärung: www.drugcom.de.

- Projekt »mindzone – sauber drauf« des Landes-Caritas Bayern: www.mindzone.info.
- Informationen der Drogenhilfe Köln: www.partypack.de.

Onlinesucht/Gamen/ Automaten- und Wettspiele:

- www.ins-netz-gehen.de ist ein Portal der BZgA für Jugendliche. Es gibt einen Selbsttest zur Online-Nutzung und einen Onlinewecker, Videoclips machen auf Suchtrisiken aufmerksam, und es werden Hinweise auf Beratungs- und Hilfeeinrichtungen gegeben.
- Online Beratung und ein Test: www.verspiel-nicht-dein-leben.de.
- Informationen für Eltern und andere Familienmitglieder: www.verspiel-nicht-mein-leben.de.
- Diskussionsplattform für Spielsüchtige und Angehörige: www.gluecksspielsucht.de.

Medien

- Informationen für Erwachsene zum Jugendschutz: www.jugendschutzaktiv.de.
- Informationen für Erwachsene zum gesetzlichen Jugendmedienschutz und zur Medienerziehung: www.bundespruefstelle.de.
- Handysektor: eine Art Informations- und Anlaufstelle für den digitalen Alltag Jugendlicher – und gleichfalls informativ für Eltern: www.handysektor.de.
- Informationsportal von BMFSFJ, ARD, ZDF und anderen: www.schauhin.info.
- Seite des Bundesjugendministeriums zu vielen Themen und Fragen rund ums Internet: www.surfen-ohne-risiko.net.
- Informationen und Videos (für Kinder und jüngere Jugendliche): www.klicktipps.net.
- Mediensicherheit, für (mehr) Durchblick im digitalen Leben: www.mediensicher.de.
- Abofallen und Abzocke: www.computerbetrug.de, www.abzocknews.de, www.echte-abzocke.de, betrugsopferforum.com.
- Hilfe bei Cybermobbing, *WhatsApp*-Stress & Co – Onlineberatung von Jugendlichen für Jugendliche: www.juuuport.de.
- Sicher unterwegs in Social Media: www.chatten-ohne-risiko.net.

Dank

Ich bedanke mich bei der Natur dafür, dass sie uns etwas so Großartiges wie die Pubertät unserer Söhne geschenkt hat. Ich möchte auch den vielen Menschen danken, die am Entstehen des Buchs beteiligt waren. Danke vor allem Jasper für seine Pubertät und die Entwicklungsmöglichkeiten, die er mir dadurch gegeben hat, danke »Leon« fürs große Interview und den anderen Jungen und Eltern für die Gespräche. Danke auch den Jungen in der Pubertät, mit denen ich arbeiten durfte und darf.

Herzlichen Dank auch den vielen Müttern und Vätern, den Kolleginnen, Kollegen und vielen Fachkräften, die aus verschiedenen Perspektiven zum Gelingen von Jungenpubertäten beitragen.

Petra Dorn vom Beltz Verlag hat die entscheidenden Anstöße zu diesem Buch gegeben und sein Werden wohlwollend begleitet. Judith Roth trug als fachkompetente Lektorin wie auch als erfahrene Jungen-Mutter reichlich zur inhaltlichen Schärfung und zum sprachlichen Verständnis bei. Es ist für mich sehr bereichernd, mit beiden zusammenzuarbeiten, vielen Dank dafür.

Und für ihre allgemeine oder spezielle Unterstützung auf unterschiedlichen Ebenen, persönlich und fachlich, in Höhen und Tiefen danke ich von Herzen Jasper, Vera, Herma, Claudia, Elisabeth, Georg, Georg, Mattis, Andreas, Mechthild und Martin.

Über den Autor

Reinhard Winter ist der bekannteste Experte für Jungenthemen im deutschsprachigen Raum. Seine Stärke ist die Verbindung von Praxis, konzeptioneller Weiterentwicklung und Theorie und die verständliche Vermittlung komplizierter Sachverhalte. Seit über 30 Jahren arbeitet er mit Jungen und führt Projekte in Schulen, in der Jugendarbeit und mit Eltern durch. Zudem berät er Eltern in Jungenerziehungsfragen. Ein weiterer Schwerpunkt ist die Jungenforschung; so untersuchte er beispielsweise im Rahmen von Männergesundheitsberichten Aspekte des gesunden Aufwachsens von Jungen und männlichen Jugendlichen. Aktuell leitet er zudem das Projekt *Passerelle* für geflüchtete Menschen in Tübingen. Dort arbeitet er u. a. mit Jungen und Eltern aus zugewanderten Kulturen, was seine Sicht auf die Jungenpubertät nochmals erweitert hat.

Sein Wissen zu Jungenthemen gibt er gerne weiter, in der Elternbildung und in schulischen Elternabenden, als gefragter Fachreferent in Deutschland, Österreich und der Schweiz. Er berät Jungen, Eltern sowie Fachkräfte und leitet pädagogische Tage sowie andere Weiterbildungen für Lehrerinnen und Lehrer. Zudem ist er in der Leitung des Sozialwissenschaftlichen Instituts Tübingen (SOWIT) und des Schweizerischen Instituts für Männer- und Geschlechterfragen (SIMG). An der Universität Tübingen und an Fachhochschulen in der Schweiz unterrichtet er als Lehrbeauftragter.

2011 erschien sein Buch *Jungen. Eine Gebrauchsanweisung. Jungen verstehen und unterstützen*, 2014 *Jungen brauchen klare Ansagen*

(2019 in einer überarbeiteten und erweiterten Neuauflage) und 2018 *Wie Jungen Schule schaffen*, alle im Beltz Verlag. Außerdem ist er Mitherausgeber eines Handbuches zur Jungengesundheit und Autor verschiedener anderer Bücher und Beiträge zu Jungen- und Familienthemen.

Reinhard Winter ist verheiratet, Vater zweier erwachsener Kinder, eines Sohnes und einer Tochter, und lebt in Tübingen.

Jenseits von Rosa und Hellblau

Wir haben feste Erwartungen an die Geschlechterrollen, die Jungen zu erfüllen haben. Noch immer sollen sie stark sein, ab einem gewissen Alter lieber nicht mehr weinen und keine Röcke tragen.

Der Feminist, Journalist und Vater Nils Pickert hat ein leidenschaftliches, gedanklich präzises und berührendes Plädoyer für die Freiheit von Geschlechterrollen in der Erziehung unserer Söhne geschrieben. Er beschreibt, wo diese Männlichkeits-Normierung beim Spielzeugkauf, auf dem Schulhof oder im Gefühlsleben stattfindet und wie sehr sie Jungen in ihrer Entfaltung schadet. Der Autor zeigt, wie sehr viele Jungen Fürsorglichkeit und Puppen lieben – und brauchen. Es gibt eine unendliche Vielfalt an Wegen, vom Jungen zum Mann zu werden. Wie Eltern ihre Söhne dabei unterstützen können, schildert Nils Pickert mit vielen Hinweisen und Beispielen.

»[E]in echter Augenöffner.« Christopher End, bindungsträume

Nils Pickert
Prinzessinnenjungs
Wie wir unsere Söhne aus der Geschlechterfalle befreien
Klappenbroschur
254 Seiten
ISBN 978-3-407-86587-8

www.beltz.de **BELTZ**